Norbert Hoffmann

Digitale Regelung
mit Mikroprozessoren

Anwendung von Microcomputern

Herausgegeben von Dr. Harald Schumny

Die Buchreihe behandelt Themen aus den vielfältigen Anwendungsbereichen des Mikrocomputers: Technik, Naturwissenschaften, Betriebswirtschaft. Jeder Band enthält die vollständige Lösung von Problemen, entweder in Form von Programmpaketen, die der Anwender komplett oder in Teilen als Unterprogramme verwenden kann, oder in Form einer Problemaufbereitung, die dem Benutzer bei der Software- und Hardware-Entwicklung hilft.

Band 1 Digitale Regelung mit Mikroprozessoren
von Nobert Hoffmann

Band 2 Wahrscheinlichkeitsrechnung, Statistik
von Dietmar Herrmann

Band 3 Mathematische Routinen der Elektrotechnik / Elektronik
von Ernst Friedrich Reinking

Anwendung von Mikrocomputern   Band 1

Norbert Hoffmann

Digitale Regelung mit Mikroprozessoren

Mit 105 Bildern, 7 Tabellen
und umfangreichem Programmteil
für den Mikrocomputer AIM-65
(ca. 50 Struktogramme)

Springer Fachmedien Wiesbaden GmbH

CIP-Kurztitelaufnahme der Deutschen Bibliothek

Hoffmann, Norbert:
Digitale Regelung mit Mikroprozessoren/Norbert
Hoffmann. – Braunschweig; Wiesbaden: Vieweg,
1983.
   (Anwendung von Mikrocomputern; Bd. 1)
   Mit 105 Bildern, 7 Tab. u. umfangreichem
   Programmteil für d. Mikrocomputer AIM-65
   (ca. 50 Struktogramme)
   ISBN 978-3-528-04219-6   ISBN 978-3-322-96319-2 (eBook)
   DOI 10.1007/978-3-322-96319-2
 NE: GT

1983

Umschlaggestaltung: P. Lenz, Wiesbaden
Satz: Friedr. Vieweg & Sohn, Braunschweig

ISBN 978-3-528-04219-6

Inhaltsverzeichnis

Teil 1: Grundlagen der digitalen Regelung

Teil 2: Praktische Probleme

Teil 3: Beschreibung des Standardbeispiels

Teil 4: Beschreibung eines Beispiels

Vorwort

Die *Regelung von Prozessen* spielt in der Technik eine bedeutende Rolle. Überwiegend erfolgt die Bewältigung dieser Aufgabe mit analogen Mitteln; der Techniker kann hierbei auf eine Fülle von Erfahrungen und Literatur zurückgreifen. Seit dem Aufkommen der Elektronenrechner finden zunehmend digitale Regelverfahren Verbreitung. Während Prozeßrechner vor allem aus Kostengründen häufig nicht in Betracht kommen, steht mit dem Mikroprozessor ein Bauelement zur Verfügung, das preislich interessant und auf Grund seiner Flexibilität für die Lösung vieler Regelaufgaben hervorragend geeignet ist.

Um einen Mikroprozessor als Regler einsetzen zu können, benötigt man nicht nur Kenntnisse im Aufbau und in der Programmierung von Mikroprozessor-Systemen; zusätzlich muß man wissen, wie ein digitaler Regler arbeitet und welche Besonderheiten beim Mikroprozessor zu beachten sind. Letztere Probleme behandelt das vorliegende Buch.

Teil 1 gibt, aufbauend auf einer Erklärung der analogen Regelung, eine Einführung in die Grundlagen der digitalen Regelung. Diese mehr theoretischen Ausführungen werden in **Teil 2** für die praktische Anwendung nutzbar gemacht. Um diese Überlegungen zu konkretisieren und gleichzeitig ihre Brauchbarkeit zu demonstrieren, wurde ein „Standardbeispiel" entwickelt und getestet, das in **Teil 3** in allen Einzelheiten beschrieben ist. Der Prozeß wird elektronisch simuliert; als Mikrocomputer kommt ein AIM-65 zur Anwendung. Die Übertragung auf andere Mikroprozessoren dürfte keine prinzipiellen Schwierigkeiten bereiten. Schließlich beschreibt **Teil 4** die Grundzüge eines Systems, das einen einzigen Mikroprozessor zur Regelung mehrerer voneinander unabhängiger Heizungen verwendet.

Das vorliegende Buch soll den Anwender in die Lage versetzen, ein funktionsfähiges Mikroprozessor-Regelsystem zu entwerfen und zu realisieren. Vorausgesetzt wird die Kenntnis des Aufbaus und der Programmierung von Mikrocomputern; dagegen sind Vorkenntnisse aus der Regelungstechnik nicht unbedingt erforderlich.

Für die Anregung zu diesem Buch danke ich Herrn *Dr. H. Schumny* (Braunschweig).

Norbert Hoffmann

Seefeld, im Mai 1982

Zur Struktur des Buches

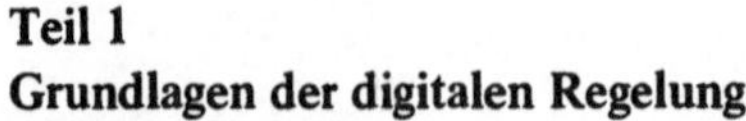

Teil 1: Grundlagen der digitalen Regelung

1 Analoge Regelung

1.1 Prinzip der analogen Regelung

In der Technik steht man sehr oft vor der Aufgabe, bestimmte Größen eines Prozesses gezielt zu beeinflussen. Schematisch kann ein Prozeß durch einen Block (Bild 1.1) dargestellt werden. Auf der einen Seite wirken *Eingangsgrößen* auf ihn ein; die Reaktion des Prozesses darauf wird durch die *Ausgangsgrößen* beschrieben.

Bei jedem technischen Prozeß gibt es Eingangsgrößen, die man gezielt — sei es von Hand oder automatisch — vorgibt; diese werden im folgenden *Stellgrößen* genannt. Alle anderen Eingangsgrößen, seien sie vorhersehbar oder nicht, heißen *Störgrößen*.

Wenn der Prozeß genau bekannt ist, braucht man nur die Stellgrößen entsprechend vorzugeben, um die gewünschten Ausgangsgrößen zu erhalten. Eine solche Anordnung bezeichnet man als **Steuerung** (Bild 1.2). Die Steuereinrichtung bestimmt aus den gewünschten Ausgangsgrößen (den *Sollwerten* oder *Führungsgrößen*) die erforderlichen Stellgrößen und gibt sie an den Prozeß weiter.

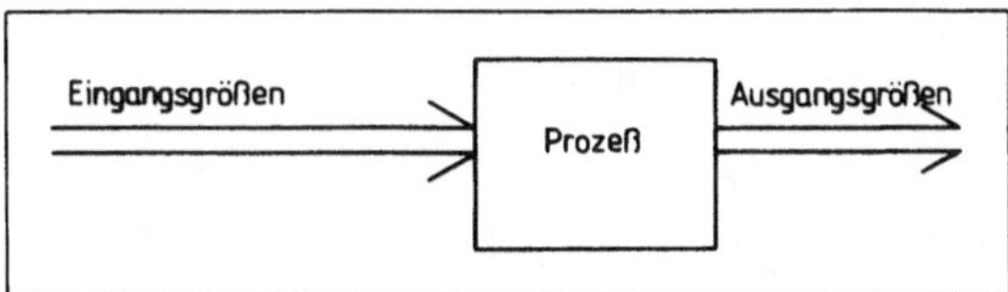

Bild 1.1
Schematische Darstellung der
Prozeßgrößen

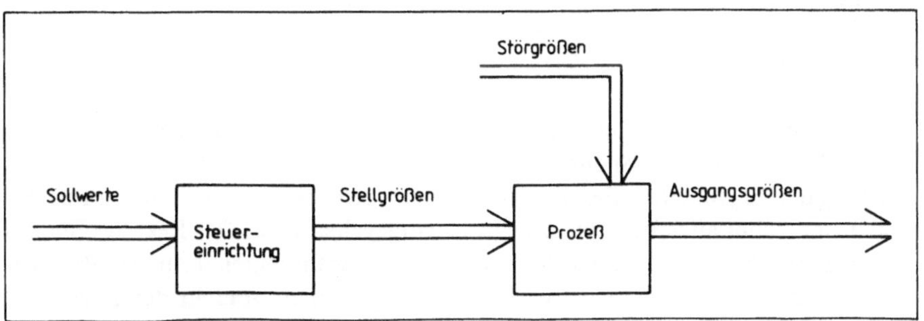

Bild 1.2 Steuerung

In der Praxis lassen sich Störgrößen niemals ganz auschließen. In vielen Fällen kann ihr Einfluß jedoch vernachlässigt werden; man denke etwa an das Schalten von Signallampen. Bei diesen interessiert in erster Linie nicht ihre Helligkeit, sondern ihr Zustand, d. h. ob sie ein oder aus sind.

Sind die Störgrößen nicht vernachlässigbar oder ist der Prozeß nicht genau genug bekannt, so genügt eine einfache Steuerung nicht mehr. Die Ausgangsgrößen des Prozesses oder *Istwerte* weichen von den Sollwerten ab. Um diese Abweichung möglichst klein zu machen, muß man die Ausgangsgrößen messen, mit den Sollwerten vergleichen und die Stellgrößen entsprechend ändern. Dadurch kommt als zusätzliches Element eine *Rückführung* hinzu. Aus der Steuerung wird eine **Regelung**; die Steuereinrichtung wird durch einen Regler ersetzt (Bild 1.3). *Das wesentliche Kennzeichen jeder Regelung ist* damit *der geschlossene Wirkungskreis.*

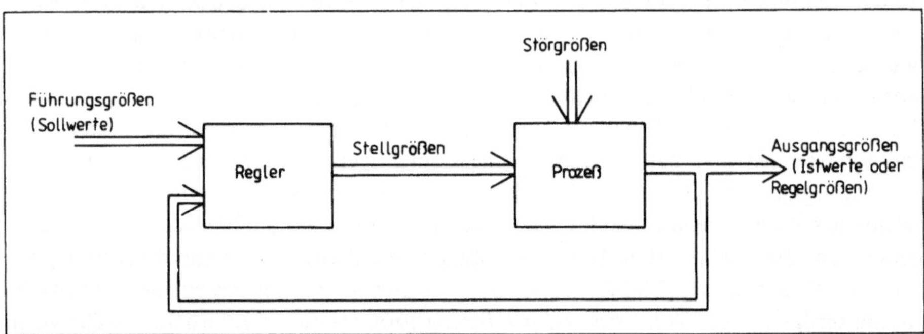

Bild 1.3 Regelung

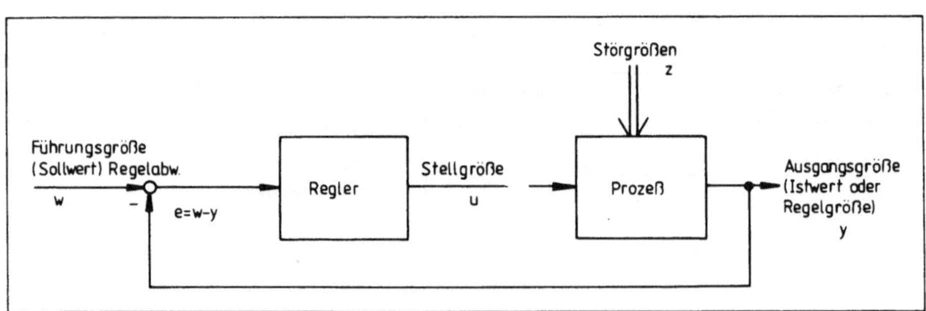

Bild 1.4 Eingrößenregelung

Bei einer Regelung bezeichnet man die Ausgangsgrößen des Prozesses auch als *Regelgrößen*; der Prozeß selbst heißt auch *Regelstrecke.*

Die wichtigsten Eigenheiten der Regelung zeigen sich bereits dann, wenn nur ein Istwert geregelt und daher auch nur eine Stellgröße vorgegeben wird. Der Rest des Buches befaßt sich daher nur mehr mit *Eingrößenregelungen* (ausgenommen Kap. 7). Bild 1.4 zeigt das Blockschaltbild einer solchen Regelung. Im allgemeinen braucht der Regler Ist- und Sollwert nicht getrennt zu bearbeiten, sondern es genügt die *Regelabweichung* als Maß für den Fehler des Istwertes.

Als Abkürzungen werden verwendet:

w Sollwert

y Istwert

u Stellgröße

e : = w−y Regelabweichung

Die in diesem Buch verwendeten Abkürzungen sind [14] entnommen. Sie weichen von den in der analogen Regelungstechnik üblichen teilweise ab. Da jedoch die analoge Regelung hier nicht weiter behandelt wird, ist ihre Einführung nicht erforderlich. Der Vollständigkeit halber gibt Tab. 1.1 eine Gegenüberstellung.

Tabelle 1.1 Bezeichnung wichtiger Größen der Regelungstechnik

	Bezeichnung nach Föllinger [9] (analog)	Isermann [14] (digital)
Sollwert	w	w
Istwert	x	y
Stellgröße	y	u
Regelabweichung	x_d	e
Störgröße	z	z

1.2 Übertragungsglieder

Um das Verhalten eines Regelkreises beschreiben und verstehen zu können, muß man zunächst seine Bestandteile untersuchen. Äußerlich betrachtet haben Regler und Prozeß (wenn man von den Störgrößen absieht) dieselbe Struktur (vgl. Bild 1.4): aus einer vorgegebenen, i.a. zeitabhängigen Eingangsgröße entsteht in gesetzmäßiger Weise eine ebenfalls zeitabhängige Ausgangsgröße. Dieser Sachverhalt wird durch den Begriff des *Übertragungsgliedes* (Bild 1.5) charakterisiert.

Die in der Technik vorkommenden Übertragungsglieder sind sehr vielfältig. Für allgemeine Untersuchungen ist es gleichgültig, von welcher Art (Druck, Temperatur, Durchflußmenge, elektrische Spannung usw.) die Ein- und Ausgangsgrößen sind; es kommt nur auf ihren Zusammenhang an. Ein Übertragungsglied ist daher vollständig beschrieben, wenn man zu jedem Eingangssignal u (t) das zugehörige Ausgangssignal y (t) angibt. Da das Ausgangssignal zu einem bestimmten Zeitpunkt t_0 nicht nur vom Eingangssignal zu diesem Zeitpunkt, sondern vom gesamten bisherigen Verlauf des Eingangssignals abhängt, ist y keine Funktion von u, sondern wird durch einen Operator φ beschrieben:

$$y = \phi \{u\} \tag{1.1}$$

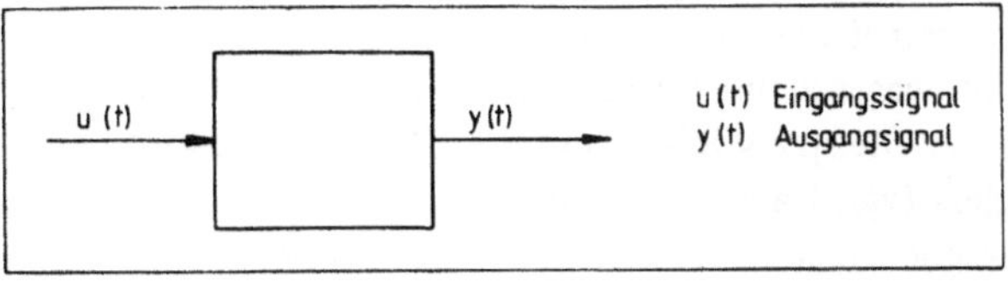

Bild 1.5
Übertragungsglied

ϕ charakterisiert das Übertragungsglied vollständig; die geschweiften Klammern deuten an, daß es sich um einen Operator handelt.

Als anschauliches Beispiel für ein Übertragungsglied möge eine Raumheizung (Warmwasserheizung) dienen: Eingangsgröße ist die mit dem Heizkörperventil einstellbare Durchflußmenge des Wassers, Ausgangsgröße die an einer bestimmten Stelle im Raum gemessene Temperatur. Auf Grund der Trägheit der Heizung ist klar, daß die Temperatur keine Funktion der Durchflußmenge sein kann, denn das würde bedeuten, daß die zur Zeit t_0 herrschende Raumtemperatur durch die Durchflußmenge im selben Zeitpunkt eindeutig bestimmt wäre; vielmehr wirkt sich die momentane Durchflußmenge erst viel später (nach einigen Minuten) auf die Raumtemperatur aus.

Der Operator ϕ ergibt zu jedem denkbaren Eingangssignal $u(t)$ eines Übertragungsgliedes das resultierende Ausgangssignal $y(t)$. In der Praxis ist es meist sehr aufwendig oder gar unmöglich, ϕ vollständig zu bestimmen. Wesentliche Aussagen über ein Übertragungsglied lassen sich jedoch bereits machen, wenn bestimmte Standard-Eingangssignale angelegt und die sich daraus ergebenden Ausgangssignale beobachtet werden. Gibt man etwa eine *Sprungfunktion*

$$u(t) = \begin{cases} 0 & \text{für } t < 0 \\ u_0 & \text{für } t > 0 \end{cases} \tag{1.2}$$

an den Eingang, so erhält man als Ausgangssignal die *Sprungantwort* oder *Übergangsfunktion* (Bild 1.6).

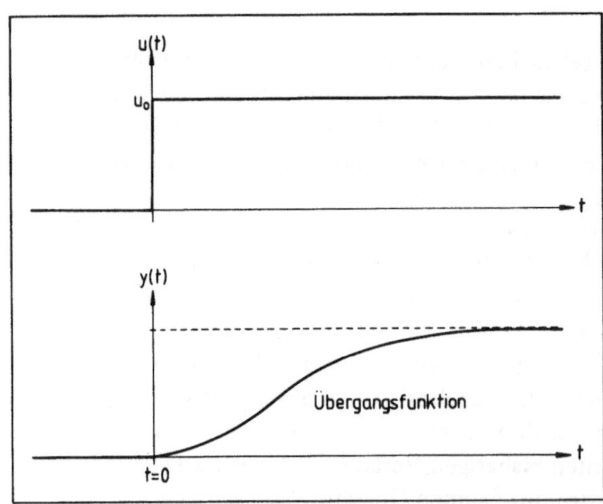

Bild 1.6
Übergangsfunktion eines
Übertragungsgliedes

Gezeichnet ist eine Übergangsfunktion, wie sie für Heizungen typisch ist. Sie kann auch ganz anders aussehen, z.B. beliebig groß werden (das ist etwa bei einem Motor der Fall, wenn der Drehwinkel als Ausgangsgröße betrachtet wird) oder oszillieren.

Die Übergangsfunktion enthält wesentliche Informationen über das Übertragungsglied und wird daher häufig verwendet. Beispielsweise kann die Übergangsfunktion eines Prozesses zur Optimierung des Reglers (vgl. Kap. 8) dienen. Allerdings charakterisiert die Übergangsfunktion das Übertragungsglied nicht vollständig: Während nämlich durch den

Operator φ die Übergangsfunktion eindeutig bestimmt ist, kann man umgekehrt nicht in allen Fällen aus der Übergangsfunktion schließen, wie das Übertragungsglied auf beliebige Eingangssignale reagieren wird.

1.3 Prozesse mit Ausgleich

Besonders häufig treten *Prozesse mit Ausgleich* auf: Legt man an einen solchen Prozeß eine Sprungfunktion $u(t) = u_0$ $(t \geqslant 0)$ an, so nähert sich das Ausgangssignal (d.i. in diesem Fall die Übergangsfunktion) asymptotisch einem konstanten Wert $y(\infty) = K_P u_0$. Der Verstärkungsfaktor des Prozesses, K_P, kann in der Praxis meist als konstant (d.h. unabhängig von u_0) angesehen werden. Zeichnet man in der Übergangsfunktion (Bild 1.7) noch die Wendetangente ein, so erhält man insgesamt 3 Kenngrößen, die den Prozeß ziemlich gut charakterisieren und z.B. für die Regleroptimierung (Kap. 8) verwendet werden können:

T_U Verzugszeit
T_G Übergangszeit
$K_P = y(\infty)/u(\infty)$

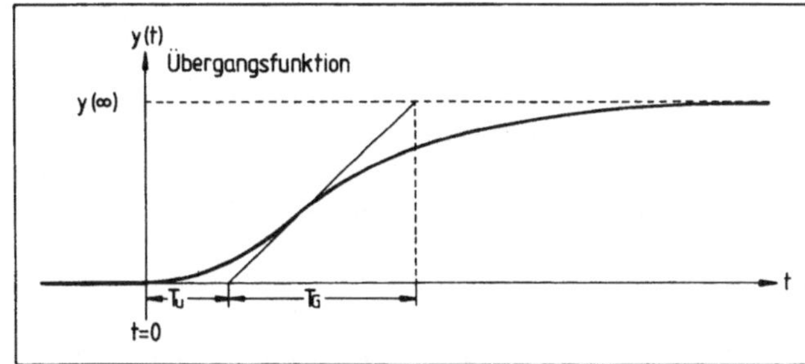

Bild 1.7
Kenngrößen eines Prozesses mit Ausgleich

1.4 Zweipunktregler

Das einfachste Reglerprinzip wird durch den **Zweipunktregler** verwirklicht, das ist ein Regler, der nur zwei verschiedene Stellgrößen ausgibt, z.B. Heizung „Ein" oder „Aus". Alle Bimetallthermostaten arbeiten auf diese Weise. Solange der Istwert zu klein ist, wird eingeschaltet; übersteigt der Istwert den Sollwert, so schaltet der Regler wieder aus. Würde man genau bei Erreichen des Sollwerts w umschalten, so würde jede geringfügige Istwertschwankung einen Schaltvorgang auslösen. Um das zu verhindern, gibt man dem Regler eine *kleine* Hysterese Δy. Die Schaltbedingungen lauten jetzt:

einschalten, wenn $\quad y < w - \Delta y$
ausschalten, wenn $\quad y > w + \Delta y$

Das Verhalten eines solchen Zweipunktreglers veranschaulicht Bild 1.8. Der Istwert sei zunächst gleich Null. Wird zur Zeit $t = 0$ eingeschaltet, so steigt der Istwert gemäß der Übergangsfunktion des Prozesses an. Erreicht er den Wert $w + \Delta y$, so schaltet der Regler ab. Wegen der Trägheit des Prozesses steigt jedoch der Istwert noch etwas weiter an und beginnt dann zu sinken. Unterschreitet er den Wert $w - \Delta y$, so schaltet der Regler wieder ein. Bei einem Zweipunktregler oszilliert daher der Istwert um den Sollwert. Dieser Effekt folgt unmittelbar aus der Trägheit des Prozesses und ist auch dann vorhanden, wenn man

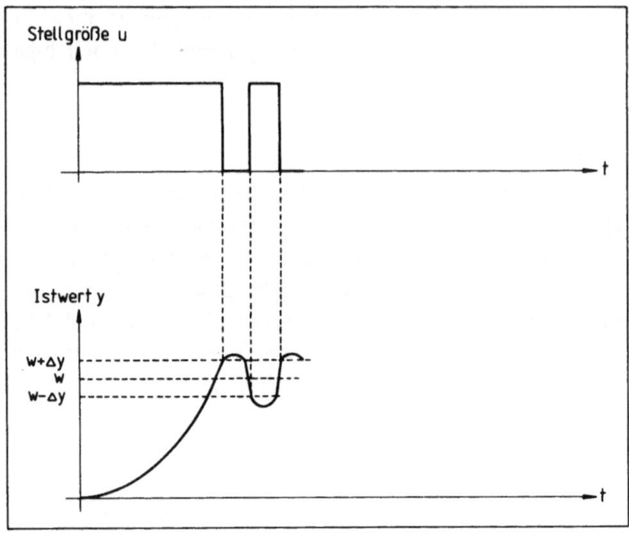

Bild 1.8
Verhalten eines Zweipunktreglers

die Hysterese zu Null macht. Da Oszillationen des Istwerts in den wenigsten Fällen trag-
bar sind, müssen Verfahren gefunden werden, die die Dynamik des Prozesses berücksichtigen und damit bessere Regelungen ermöglichen.

1.5 PID-Regler

Wie aus Bild 1.4 hervorgeht, kann jeder Regler als Übertragungsglied mit der Eingangsgröße e (Regelabweichung) und der Ausgangsgröße u (Stellgröße) aufgefaßt werden.
Der Zweipunktregler kennt nur die zwei Stellgrößen „Ein" und „Aus". Das ist eine sehr
grobe Art, auf einen Prozeß einzuwirken. Wesentlich bessere Regler kann man erhalten,
wenn man kontinuierliche Stellgrößen zuläßt. In der Praxis ist der *Stellbereich*, d.h. der
Bereich, in dem die Stellgröße variieren kann, selbstverständlich begrenzt, etwa durch 0
und u_{max}.
Ähnliches gilt für die Information, die dem Regler über den Istwert zur Verfügung
steht. Der Zweipunktregler kennt nur drei verschiedene Eingangssignale: der Istwert ist
entweder zu groß oder zu klein, oder er liegt im erlaubten Bereich. Diese Information ge-
stattet nicht, einen kontinuierlichen Stellbereich sinnvoll auszunützen, da sie zu ungenau
ist. Man braucht vielmehr ein quantitatives Maß für die Abweichung des Istwertes vom
Sollwert; als solches dient die Regelabweichung $e = w - y$.
Ein Regler ist ein Übertragungsglied und daher vollständig bestimmt, wenn zu jeder möglichen Regelabweichung e (t) die resultierende Stellgröße u (t) angegeben wird.
Dieser Zusammenhang heißt **Regelalgorithmus**. In vielen Fällen bewährt sich der folgende
Regelalgorithmus:

$$u(t) = K \left[e(t) + \frac{1}{T_I} \int_0^t e(\tau)\, d\tau + T_D\, \frac{de(t)}{dt} \right] \qquad (1.3)$$

Dieser Regler zeigt Proportional-, Integral- und Differentialverhalten und heißt daher **PID-Regler**. Der Algorithmus enthält die drei freien Konstanten K, T_I (*Integrationszeitkonstante* oder *Nachstellzeit*) und T_D (*Differentiationszeitkonstante* oder *Vorhaltzeit*), die an den zu regelnden Prozeß angepaßt werden müssen (Kap. 8).

Es ist nützlich, die drei Anteile des PID-Regler genauer zu betrachten. Der einfachste Regler ist ein **P-** (Proportional-) **Regler**

$$u(t) = K \cdot e(t). \qquad (1.4)$$

Die Regelabweichung wird um so schneller ausgeregelt, je größer der Proportionalitätsfaktor K ist. Allerdings darf K nicht zu groß gewählt werden, weil der Regelkreis sonst schwingt. Die Übergangsfunktion des P-Reglers zeigt der oberste Teil von Bild 1.9.

Ein wesentlicher Nachteil des P-Reglers zeigt sich, wenn man den eingeschwungenen Zustand betrachtet, in dem der Istwert und daher gemäß Gl. (1.4) auch die Stellgröße einen stationären Wert annehmen. Um den Sollwert zu erreichen, ist normalerweise eine von Null verschiedene Stellgröße $u(\infty)$ erforderlich; daraus folgt $e(\infty) = u(\infty)/K \neq 0$. Ein P-Regler weist also eine *bleibende Regelabweichung* auf, die wegen der Beschränkung von K nach oben nicht beliebig klein gemacht werden kann.

Diese Regelabweichung kann jedoch durch einen Integralanteil nach Gl. (1.3) abgebaut werden. Die Nachstellzeit T_I darf dabei nicht zu klein werden, damit der Regelkreis stabil bleibt. Man erhält auf diese Weise einen **PI-Regler**.

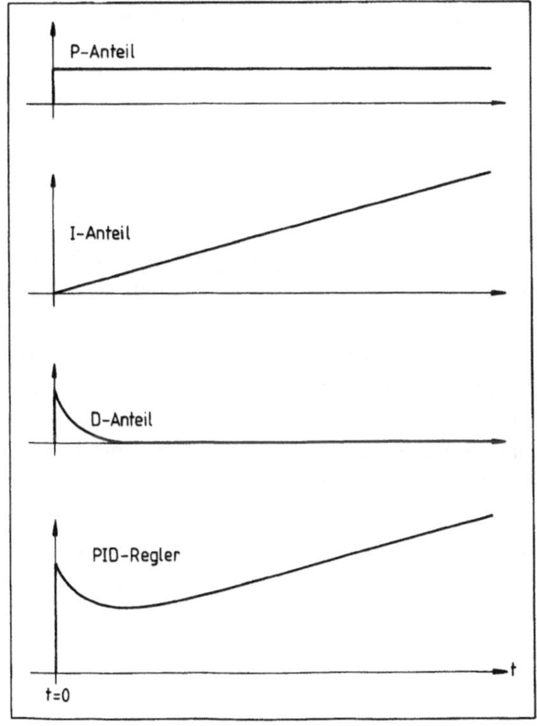

Bild 1.9
Übergangsfunktion des PID-Reglers

Durch einen Differentialanteil wird die Dynamik des Reglers noch wesentlich verbessert. Man kann dann den Proportionalitätsfaktor K größer als beim P- oder PI-Regler wählen, ohne daß der Regelkreis instabil wird.

Ein ideales Differenzierglied würde einen unendlich hohen und unendlich schmalen Nadelimpuls als Übergangsfunktion liefern. Ein reales Differenzierglied ergibt einen endlich hohen, nach rechts allmählich abfallenden Impuls wie in Bild 1.9.

Die Übergangsfunktion des PID-Reglers setzt sich additiv aus den drei genannten Anteilen zusammen und ist ebenfalls in Bild 1.9 gezeichnet.

In der Regelungstechnik werden verschiedene Kombinationen der drei Anteile verwendet. Für ihre Auswahl und für ein besseres Verständnis der Regelung sei auf die Literatur über analoge Regelungstechnik hingewiesen (s. Literaturverzeichnis).

1.6 Zusammenfassung

Aufgabe der Regelung: Die Ausgangsgrößen eines Prozesses sollen gezielt beeinflußt werden, sei es, daß sie konstant zu halten sind, oder daß ihnen ein bestimmter Verlauf vorgegeben wird.

Eine **Steuerung** (Bild 1.2) liegt vor, wenn auf Grund der bekannten Prozeßeigenschaften die Eingangsgrößen so vorgegeben werden, daß sich die Ausgangsgrößen wie gefordert verhalten.

Bei der **Regelung** (Bild 1.3) werden die Ausgangsgrößen laufend zurückgemeldet und mit den geforderten Werten verglichen. Dem Ergebnis des Vergleichs entsprechend werden die Eingangsgrößen so korrigiert, daß sich die verlangten Werte einstellen.

Grundbegriffe der Regelung:

w   Sollwert, Führungsgröße
y   Istwert, Regelgröße
z   Störgröße
u   Stellgröße
e = w − y Regelabweichung

Die angegebenen Abkürzungen sind in der digitalen Regelungstechnik verbreitet ([14]); in der analogen Technik sind teilweise andere Bezeichnungen üblich (vgl. Tab. 1.1).

Eine **Eingrößenregelung** liegt vor, wenn nur eine einzige Ausgangsgröße des Prozesses der Regelung unterworfen ist; werden mehrere voneinander abhängige Größen geregelt, so spricht man von einer **Mehrgrößenregelung**.

Ein **Übertragungsglied** ist ein Teil eines Systems, der aus der ihm vorgegebenen Eingangsgröße auf gesetzmäßige Weise eine Ausgangsgröße erzeugt. Beispiele für Übertragungsglieder sind Prozesse und Regler.

Die **Übergangsfunktion** eines Übertragungsgliedes ist durch die Ausgangsgröße gegeben, die man dann erhält, wenn man an den Eingang eine Sprungfunktion gibt. Sie ist eine wichtige Eigenschaft des Übertragungsgliedes, charakterisiert es aber nicht vollständig.

Ein **Prozeß mit Ausgleich** liegt vor, wenn sich seine Übergangsfunktion im Lauf der Zeit asymptotisch einem konstanten Wert nähert. Wichtige Kenngrößen eines solchen Prozesses sind:

T_U Verzugszeit
T_G Übergangszeit
K_P Verstärkungsfaktor

(vgl. Bild 1.7).

Unter **Regelalgorithmus** versteht man die Vorschrift, die aus der Eingangsgröße des Reglers (der *Regelabweichung*) seine Ausgangsgröße (die *Stellgröße*) erzeugt.

Ein **Zweipunktregler** kennt nur zwei verschiedene Stellgrößen (Ein/Aus). Von der Regelabweichung berücksichtigt er nur das Vorzeichen (Istwert zu groß oder zu klein), nicht aber den absoluten Wert. Das führt zu *Schwingungen des Istwertes* um den Sollwert.

Die Nachteile des Zweipunktreglers kann man vermeiden, wenn man eine kontinuierliche Stellgröße zuläßt und zugleich den Betrag der Regelabweichung mit berücksichtigt. Besonders verbreitet ist der **PID-Regler**; sein Regelalgorithmus lautet:

$$u(t) = K \left[e(t) + \frac{1}{T_I} \int_0^t e(\tau)\, d\tau + T_D \frac{de(t)}{dt} \right] \tag{1.3}$$

2 Digitale Regelung

2.1 Prinzip der digitalen Regelung

2.1.1 Analogregler

Der **Analogregler** ist dadurch gekennzeichnet, daß seine Ein- und Ausgangssignale analoge Größen sind. Der Regelalgorithmus wird durch physikalische Maßnahmen wie Bimetallschalter oder analoge elektronische Schaltungen realisiert. Die i. a. variablen Eingangsgrößen liegen ständig am Reglereingang an; ebenso stehen die Ausgangsgrößen ständig am Reglerausgang zur Verfügung. Ferner reagiert der Regler sofort auf die Eingangssignale gemäß seinem Regelalgorithmus; Verzögerungen treten nur insoweit auf, als sie durch den Algorithmus bedingt sind.

2.1.2 Zeitliche Quantisierung beim Digitalregler

Dieses Bild ändert sich wesentlich, wenn man anstelle eines analogen Reglers einen **Digitalregler** verwendet, d. h. wenn der Regelalgorithmus durch einen Digitalrechner realisiert wird. Der Rechner muß die Eingangssignale durch eine Reihe von Operationen in die zugehörigen Ausgangssignale umwandeln; dazu benötigt er eine gewisse *Rechenzeit*. Daher reagiert der Digitalregler grundsätzlich verzögert.

Solange die Rechenoperationen andauern, kann der Regler keine neuen Eingangsinformationen zur Kenntnis nehmen. Das hat zur Folge, daß die Eingangsgrößen nur zu diskreten Zeitpunkten in den Rechner eingelesen und die Stellgrößen nur zu diskreten Zeitpunkten ausgegeben werden. Man spricht daher von einer **Abtastregelung**. Die *Abtastzeit*, d.i. die Zeit zwischen zwei Einlesevorgängen, darf auf keinen Fall kleiner als die Rechenzeit sein. Nach Möglichkeit macht man die Abtastzeit sogar groß gegen die Rechenzeit. Für die folgenden grundsätzlichen Überlegungen soll das vorausgesetzt werden, so daß die Rechenzeit gegenüber der Abtastzeit vernachlässigt werden kann.

Die Abtastzeit wird mit T_0 bezeichnet.

2.1.3 Amplitudenquantisierung

Die Ausgangsdaten eines Rechners liegen grundsätzlich in digitaler Form vor. Prozesse benötigen jedoch, von Ausnahmen abgesehen, analoge Stellgrößen. In den meisten Fällen muß daher dem Regler ein *Digital/Analog-Wandler* (abgekürzt D/A-Wandler) nachgeschaltet werden. Aus der digitalen Form des Reglerausgangs folgt, daß die möglichen Stellgrößen den Stellbereich nicht mehr kontinuierlich ausfüllen, sondern nur endlich viele diskrete Werte annehmen können; es liegt eine *Amplitudenquantisierung* vor. Während jedoch die Zeitquantisierung durch die Abtastzeit T_0 eine wesentliche Eigenschaft des Digitalreglers ist, kann die Amplitudenquantisierung durch eine genügend große Wortlänge des Rechners beliebig verfeinert werden. Im allgemeinen genügen 12 Bits, das entspricht einer Genauigkeit von $(1/2)^{12} = 0{,}24^0/oo$.

Die Eingangsgrößen müssen dem Rechner ebenfalls in digitaler Form vorliegen. Da die meisten Prozesse analoge Istwerte aufweisen, ist i.a. dem Regler ein *Analog/Digital-Wandler* (abgekürzt A/D-Wandler) vorzuschalten. Der Sollwert wird dem Rechner zumeist als Inhalt eines Speicherplatzes zur Verfügung stehen, so daß die Regelabweichung zweckmäßigerweise im Rahmen des Regelalgorithmus berechnet wird.

Durch die Digitalisierung des Istwertes geht Information verloren, da Zwischenwerte nicht erkannt werden. Ähnlich wie bei der Stellgröße kann man jedoch die Genauigkeit durch entsprechende Wahl der Wortlänge erhöhen.

2.1.4 Halteglieder

Sobald der Rechner die Stellgröße berechnet hat, stellt er sie kurzzeitig an seinem Ausgang zur Verfügung. Der Prozeß benötigt jedoch die Stellgröße auch zwischen den Abtastzeitpunkten. Zwischen Rechner und Prozeß muß daher ein *Halteglied* eingefügt werden, das die Stellgröße bis zum nächsten Ausgabezeitpunkt festhält. Es kann vor oder hinter dem D/A-Wandler angeordnet sein. Die Ausgabebausteine von Mikrocomputern haben in der Regel die Eigenschaft, daß sie ihren Ausgangszustand so lange beibehalten, bis sie von der CPU umprogrammiert werden. Sie stellen daher digitale Halteglieder dar, die sich vor dem D/A-Wandler befinden. Für Mikrocomputersysteme ist das die nächstliegende und einfachste Lösung.

Wenn mehrere analoge Größen auszugeben sind, kann es aus Kostengründen günstig sein, nur einen einzigen Ausgabeport mit angeschlossenem D/A-Wandler einzusetzen. Die einzelnen Größen werden nacheinander dem Wandler zugeführt (Zeitmultiplexverfahren); für jede dieser Größen ist nun ein analoges, hinter dem Wandler angeordnetes Halteglied erforderlich.

Der vor dem Regler liegende A/D-Wandler benötigt ein analoges Eingangssignal, das sich während der Wandlungszeit nicht ändert, da andernfalls beträchtliche Fehler auftreten könnten. Unmittelbar vor der Wandlung muß daher der Istwert abgetastet und zumindest so lange festgehalten werden, bis die Wandlung beendet ist. Solche Einrichtungen heißen *Abtast-Halte-Glieder*. Bei genügend langsamen Prozessen ändern sich die Istwerte während der Wandlungszeit praktisch nicht, so daß sich in vielen Fällen ein Abtast-Halte-Glied vor dem A/D-Wandler erübrigt.

2.1.5 Blockschaltbild des digitalen Regelkreises

Bild 2.1 faßt die obigen Überlegungen zu einem Blockschaltbild des digitalen Regelkreises zusammen. Der Aufbau und das Zusammenwirken der einzelnen Komponenten des Regelkreises wird in Kap. 5 beschrieben.

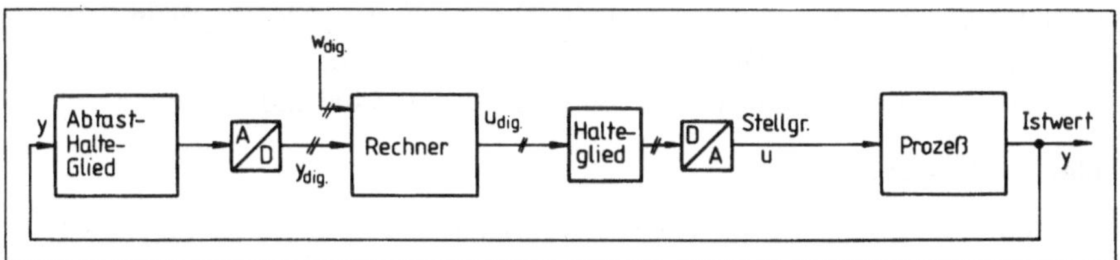

Bild 2.1 Blockschaltbild des digitalen Regelkreises

2.2 Nachteile der digitalen Regelung

2.2.1 Nachteile durch die Quantisierung

Ein digitaler Regler weist gegenüber einem analogen eine Reihe von Nachteilen auf. An erster Stelle stehen die Folgen, die sich aus der *zeitlichen Quantisierung* ergeben. Wie im vorangegangenen Abschnitt gezeigt wurde, ist die kleinstmögliche Abtastzeit durch die erforderliche Rechenzeit gegeben. Bei den meisten 8-Bit-Mikroprozessoren liegt diese bei einigen Millisekunden (vgl. das Standardbeispiel), wobei noch vorausgesetzt ist, daß die Wortlänge von Istwert und Stellgröße jeweils 8 bit beträgt. Wird, wie häufig erforderlich, eine größere Wortlänge gewählt, so kann die Rechenzeit noch wesentlich länger werden. Zeitkritische Prozesse können dadurch nicht mehr geregelt werden. Um dem abzuhelfen, muß man schnelle Prozessoren [48] oder *Arithmetikbausteine* [17] verwenden (s. Kap. 6). Bei schnellen Regelungen spielt schließlich auch die Wandlungszeit des A/D-Wandlers eine Rolle. Das Zeitproblem kann damit einen digitalen Regler unmöglich oder zumindest finanziell uninteressant machen. Eine allgemeingültige Zeitgrenze kann allerdings nicht gegeben werden, da die Bausteine laufend schneller und billiger werden.

Weit weniger schwerwiegend sind die Nachteile, die sich aus der *Amplitudenquantisierung* von Istwert und Stellgröße sowie aus den *Rundungsfehlern* im Rechner ergeben, da sich diese Fehler durch Vergrößerung der Wortlängen beliebig klein machen lassen. Die Quantisierungseffekte müssen jedoch bereits beim Systementwurf ins Kalkül gezogen werden, da eine spätere Vergrößerung der Wortlängen wesentliche Hardwareumbauten erfordert. Zudem bedeuten größere Wortlängen auch größere Rechen- und Wandlungszeiten.

Der Einfluß der Amplitudenquantisierung auf die Regelung wird sehr ausführlich in [14] S. 470—487 behandelt.

2.2.2 Störanfälligkeit

Beim Systementwurf muß auch die *Störanfälligkeit* des Mikrocomputersystems berücksichtigt werden. Ein ungünstiger Störimpuls kann den Prozessor aus dem Programm herauswerfen; ohne Hilfe von außen findet er nicht mehr hinein. Systeme, die in einer störenden Umgebung arbeiten sollen, müssen daher mit einer Hardwareeinrichtung versehen werden, die einen solchen „Absturz" des Programms erkennt und Gegenmaßnahmen einleitet.

Bei einem *Ausfall der Versorgungsspannung* reagiert ein Mikrocomputersystem in unkontrollierbarer Weise. Das kann zu erheblichen Schäden beim geregelten Prozeß führen. Daher muß das System einen drohenden Versorgungsausfall so rechtzeitig erkennen, daß die erforderlichen Schutzmaßnahmen noch getroffen werden können. Ein digitaler Regler benötigt daher meist eine *Netzausfallerkennung*, die nur durch Hardware realisiert werden kann. Da bei einem Spannungsausfall die RAM-Inhalte verloren gehen, müssen kritische RAM-Bereiche durch eine *Pufferbatterie* gesichert werden.

Maßnahmen gegen diese Störungen werden in Abschn. 6.5 behandelt.

2.2.3 Komplexität digitaler Regler

Schließlich ist zu berücksichtigen, daß ein digitales Minimal-Regelsystem bereits ziemlich umfangreich ist. Während man bei einem einfachen Analogregler mit ein paar Operationsverstärkern, Kondensatoren und Widerständen auskommt, besteht ein Mikrocomputersystem mindestens aus Prozessor, ROM, RAM, Ein-/Ausgabe-Baustein, A/D- und D/A-Wandler oder aus einem Einchip-Mikrocomputer. Dazu kommt, daß die Software schon für den einfachsten Regler ziemlich kompliziert ist. Wenn man nicht auf käufliche Softwarepakte zurückgreifen will oder kann, benötigt man ein *Entwicklungssystem* und Entwicklungszeit.

2.3 Vorteile der digitalen Regelung

Die Vorteile der digitalen Regelung sind in der *Flexibilität des Rechners* begründet. Allgemeingültige Richtlinien für die Wahl zwischen analogem und digitalem Regler lassen sich schwer angeben, da das ganze Gebiet der digitalen Regelungstechnik in rascher Entwicklung begriffen ist. Die Entscheidung muß daher nach der Lage des Einzelfalles getroffen werden. Die folgenden Ausführungen sind als Hilfe hierzu gedacht.

2.3.1 Neuartige Reglertypen

Durch den Rechner können Reglertypen verwirklicht werden, die in Analogtechnik nicht oder nur mit unverhältnismäßig großem Aufwand möglich sind. Der analoge PID-Regler, der als „Standardregler" angesehen werden kann, enthält drei frei wählbare Parameter. Es leuchtet ein, daß damit keine optimale Anpassung an komplizierte Prozesse möglich ist. Bei einem analogen Regler ist die sinnvolle Einführung weiterer Parameter sehr umständlich, während der zusätzliche Programmaufwand beim Digitalregler unerheblich ist. Erwähnt sei hier das "**Deadbeat**"-**Regelprinzip**, das nicht nur gegenüber dem PID-Regler eine deutlich verbesserte Regelgüte aufweist, sondern zudem eine besonders einfache Reglersynthese (vgl. Kap. 8) ermöglicht.

Im allgemeinen können die Reglerparameter nicht so festgelegt werden, daß sie für alle Phasen des Prozesses optimal sind. Für den Rechner ist es jedoch kein Problem, die

Parameter z. B. für den jeweiligen Sollwert geeignet zu wählen. Die Abhängigkeit der optimalen Parameter vom Sollwert muß dem Rechner bekannt sein, was einigen Syntheseaufwand erfordert, so daß sich diese Art der Optimierung nicht in allen Fällen lohnt.

Eine häufig vorkommende Regelaufgabe besteht darin, den Istwert konstant zu halten. Die Reglerparameter werden dann so bestimmt, daß die Regelgüte bei den normalerweise vorkommenden Störungen optimal wird. Für andere Phasen des Prozesses, wie etwa An- und Abfahren, können andere Parameter oder sogar andere Reglertypen optimal sein. Der Digitalrechner kann ohne weiteres zwischen den verschiedenen Reglern umschalten.

Schließlich kann der Rechner noch dazu verwendet werden, die Reglerparameter an die i. a. zeitlich veränderlichen Eigenschaften des Prozesses anzupassen. Solche Regler heißen **adaptive Regler** (Kap. 7).

Bei vielen Prozessen sind die Sollwerte in Abhängigkeit von der Zeit von vornherein fest vorgegeben. Das ist etwa bei Raumheizungen der Fall, wo die Temperatur z. B. nachts und an den Wochenenden und Feiertagen abgesenkt werden soll. Während dazu bei Analogreglern Schaltuhren u. dgl. erforderlich sind, werden im Rechner die Sollwerte einfach gespeichert.

2.3.2 Realisierung mehrerer Regler durch einen Rechner

Wenn die Abtastzeit genügend groß gewählt werden kann, ist ein Mikroprozessor ohne weiteres in der Lage, eine größere Zahl von Reglern zugleich zu realisieren. Bei mehreren unabhängigen Regelkreisen ist es allerdings meist einfacher, für jeden Kreis einen eigenen Prozessor zu verwenden, da beim Einsatz eines einzigen Prozessors ein Betriebssystem zur Verwaltung der einzelnen Kreise erforderlich ist, wodurch der Programmmieraufwand beträchtlich erhöht wird. Zudem sind beim Ausfall des Prozessors alle Regelkreise betroffen.

Wird jedoch der zusätzliche Programmieraufwand in Kauf genommen, so können komplizierte Systeme durch einen einzigen Mikroprozessor bedient werden. Genannt seien etwa *Mehrgrößenregler*, *Kaskadenregler* und *Störgrößenaufschaltung* (Kap. 7) sowie *Stellgliedsteuerung* und *-regelung* (Abschn. 5.3.4).

2.3.3 Regleränderung durch Umprogrammieren

Bei einem analogen Regelsystem muß bereits in der Planungsphase der Typ des einzusetzenden Reglers festgelegt werden. Stellt sich bei der Inbetriebnahme heraus, daß möglicherweise ein anderer Reglertyp günstiger sein könnte, so läßt sich eine solche Vermutung nur durch Umbauen überprüfen. Die Bestimmung des optimalen Reglertyps wird dadurch erschwert.

Dagegen kann man bei digitalen Reglern durch Umprogrammieren die verschiedensten Regelalgorithmen testen. Wird ein modular aufgebautes Programm verwendet, so ist der dafür erforderliche Programmieraufwand unerheblich.

2.3.4 Bedienung des Regelsystems

Auf Grund seiner Flexibilität kann der Rechner zur *Bedienung des Regelsystems* und zur *Auswertung der Prozeßdaten* herangezogen werden. Der Hardwareaufwand für die Bedienungs- und Anzeigelemente wird dadurch auch dann in Grenzen gehalten, wenn das System sehr kompliziert ist. Hoher Bedienungskomfort ist durch eine dialogorientierte Eingabe erreichbar; ferner können komplizierte Prozeduren wie das An- und Abfahren des Prozesses durch den Rechner so weit wie möglich unterstützt werden. Auf diese Weise wird das Bedienungspersonal erheblich entlastet.

Die Möglichkeiten des Rechners gehen über die unmittelbaren Bedürfnisse der Regelung noch hinaus. Oft ist eine weitergehende Verarbeitung der Prozeßdaten erwünscht. So kann der Rechner zur *Überwachung* und *Signalisierung* von *Regelkreiszuständen* und zur *Dokumentation des Regelkreisverhaltens* herangezogen werden.

Vor allen genannten Zusatzaufgaben hat jedoch die Regelung des Prozesses absoluten Vorrang. Ausgenommen ist nur die Behandlung von *Notfällen* wie Grenzwertüberschreitungen oder Betriebsstörungen (s. Abschn. 6.2).

2.4 Zusammenfassung

Die **digitale Regelung** unterscheidet sich von der analogen dadurch, daß der Regelalgorithmus durch einen Rechner realisiert wird (Bild 2.1). Dadurch ergeben sich folgende Besonderheiten:

1) Rechenzeit und daraus die Notwendigkeit der *Abtastung* (zeitliche Quantisierung, Abtastzeit)
2) *Amplitudenquantisierung*
3) Wenn der Prozeß, was meist der Fall ist, analoge Ein- und Ausgangsgrößen aufweist, sind *Abtast-Halte-Glieder, A/D-* und *D/A-Wandler* erforderlich.

Nachteile der digitalen Regelung:
1) *Langsam* wegen der Rechenzeit
2) Fehler durch *Amplitudenquantisierung*
3) *Störanfälligkeit*
4) Minimalsystem ist bereits *kompliziert*

Vorteile der digitalen Regelung (begründet durch die Flexibilität des Rechners);
1) *Neuartige Reglertypen* möglich
2) Einfache Änderung durch *Umprogrammieren*
3) *Komfortable Systembedienung* durch Rechnereinsatz.

3 Beschreibung eines Standardbeispiels

3.1 Vorüberlegungen

Um die Prinzipien und Eigenschaften der digitalen Regelung anschaulich zu machen, ist es notwendig, sie an praktischen Beispielen zu erproben. Um die ganze Vielfalt der Möglichkeiten und Probleme aufzuzeigen, sind möglichst viele Anwendungen aus den verschiedensten Gebieten erforderlich. Dabei besteht jedoch die Gefahr, daß man den Überblick verliert. Daher wird im folgenden ein **Standardbeispiel** eingeführt, an Hand dessen — soweit überhaupt möglich — die besprochenen Einzelheiten der digitalen Regelung demonstriert werden. Schon aus Platzgründen muß dabei eine Beschränkung auf das Wichtigste erfolgen. Das Beispiel wird so genau beschrieben (vgl. Kap. 9—11), daß auch dem interessierten Hobbyelektroniker ein Nachbau möglich ist. Weitere Beispiele dienen nur der Ergänzung und Vertiefung.

Bei allen Mikroprozessoranwendungen ist die relativ geringe Geschwindigkeit dieser Bausteine zu berücksichtigen. Ausgesprochen schnelle Prozesse können nicht oder nur mit großen Aufwand geregelt werden. Zudem sollen im Rahmen des Standardbeispiels die in Abschn. 2.3.4 beschriebenen zusätzlichen Anwendungsmöglichkeiten des Mikroprozessors dargelegt werden. Aus dieser Sicht wäre ein langsamer Prozeß (wie z. B. eine Heizung) wünschenswert. Andererseits möchte man den Einfluß der Reglerparameter und Störgrößen untersuchen, und zwar bei verschiedenen Prozeßtypen. Ein langsamer Standardprozeß würde einen unnötigen und unvertretbaren Zeitaufwand erfordern.

Eine Lösung für diese scheinbar unvereinbaren Forderungen ergibt sich durch Wahl eines **rein elektronischen Prozesses**. Durch Ändern einiger Bauteile können schnelle und langsame Prozesse realisiert bzw. simuliert werden, ohne daß wesentliche Umbauten erforderlich wären.

3.2 Anforderungskatalog für das Standardbeispiel

Die obigen Überlegungen führen zu den folgenden Forderungen an das Standardbeispiel; dieser Anforderungskatalog beschreibt zugleich die Vorteile des gewählten Beispiels:

1) Das Beispiel ist einfach, bietet jedoch Erweiterungsmöglichkeiten:
   a) Erzeugung von Störgrößen
   b) Stellgrößenregelung
   c) Kaskadenregelung
   d) Mehrgrößenregelung
2) Grundlegende Verfahren und Probleme der digitalen Regelung können demonstriert werden:
   a) nichtlineare Meßwertaufnehmer und Stellglieder
   b) Stellgliedanschläge
   c) optimale Wahl der Reglerparameter
   d) Einfluß und Kompensation von Störgrößen
   e) Zweipunktregler

f) Regelung durch Tastverhältnis
g) unterschiedliches Verhalten verschiedener Reglertypen
h) Interfaceprobleme
i) adaptive Regelung

3) Die Versuchsanordnung kann leicht aufgebaut werden. Ohne wesentliche Umbauten können schnelle und langsame Prozesse mit unterschiedlichem Verhalten realisiert werden.
4) Bei den langsamen Prozeßvarianten kann der Prozeßverlauf leicht beobachtet werden. Der Mikrocomputer kann außer der Regelung noch andere Aktivitäten wahrnehmen; insbesondere ist eine genaue Dokumentation des Regelkreisverhaltens möglich.
5) Der Regler kann leicht auf praktisch vorkommende Regelstrecken übertragen werden; dazu sind lediglich geeignete Stellglieder und Meßeinrichtungen erforderlich.
6) Der Leistungsverbrauch des Standardbeispiels ist gering. Dadurch entfallen aufwendige Stromversorgungen und Leistungsverstärker.

3.3 Wahl des Mikrocomputers

Während die Wahl des Standardprozesses nahezu auf der Hand liegt, können der einzusetzende Mikroprozessor und noch mehr der zu verwendende Mikrocomputer nicht ohne Willkür bestimmt werden. Die Entscheidung für ein bestimmtes System ist deshalb von besonderer Tragweite, weil ein Systemwechsel i. a. eine Neuformulierung der Software und Änderungen an der Hardware erfordert; sie ist jedoch notwendig, weil nur so die Beispiele vollständig konkretisiert werden können.

Der zu verwendende Mikrocomputer soll das Eingeben, Ändern und − in Verbindung mit dem Prozeß − das Testen der Programme ermöglichen. Wünschenswert ist ferner eine dauerhafte Protokollierung des Versuchsablaufs. Diese Forderungen erfüllt − neben vielen anderen gängigen Mikrocomputern − der **AIM-65**. Durch den *Assembler* bietet er eine komfortable Programmierung. Ferner verfügt er über einen VIA*) zur *Ein- und Ausgabe von Daten* und über einen *Drucker* zur Protokollierung. Daher wird das Standardbeispiel mit dem AIM-65 (Prozessor: 6502) realisiert.

3.4 Prinzipschaltbild des Standardbeispiels

Das Prinzipschaltbild des Standardbeispiels zeigt Bild 3.1. Kernstück bildet der Mikrocomputer, hier der AIM-65. Zwischen ihm und dem Prozeß (bestehend aus Stelleinrichtung, Regelstrecke und Meßeinrichtung) vermittelt das *Prozeßinterface*. Dessen Aufgaben sind die A/D- bzw. D/A-Wandlung, die Pegelanpassung zwischen Prozeß und Mikrocomputer sowie die Bereitstellung der Ansteuerleistung. Der Block „Störgrößenerzeugung" ermöglicht dem Experimentator, den Prozeß gezielt zu stören. Die „Bedien-

---

*) Versatile Interface Adater

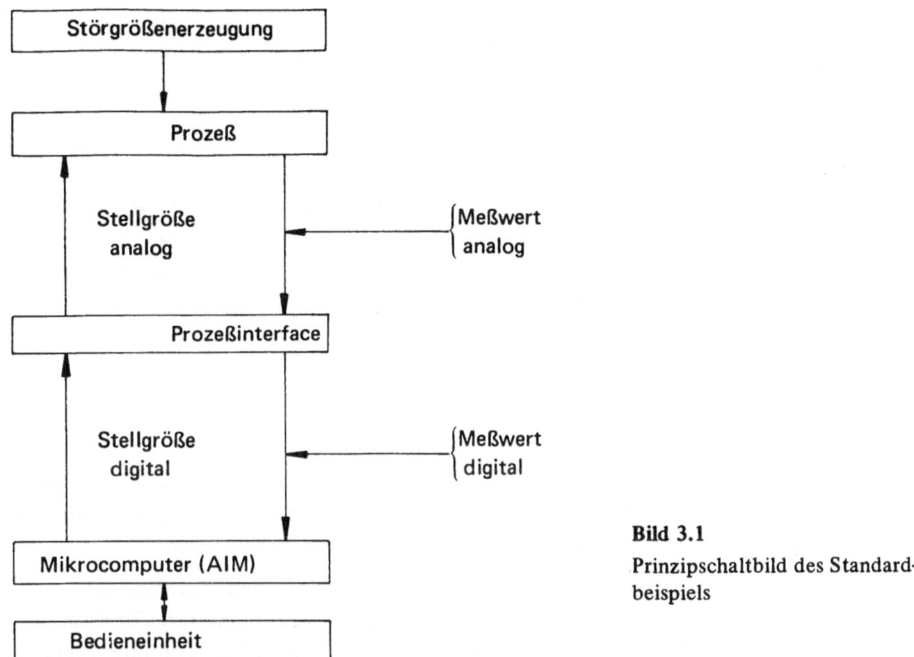

Bild 3.1
Prinzipschaltbild des Standardbeispiels

einheit" (dazu gehören Tastatur, Anzeige und Drucker des AIM sowie gegebenenfalls zusätzliche Hardware) ermöglicht die Handhabung des Gesamtsystems.

Für einige Sonderfälle (Stellgrößenregelung, Störgrößenaufschaltung, Kaskaden-regelung) ist eine weitere Differenzierung des Prinzipschaltbilds erforderlich.

Alle Einzelheiten des Standardbeispiels sind in Kap. 9—11 beschrieben.

4 Einfache Regelalgorithmen

4.1 Überblick

Die einfachsten Typen von Regelungen sind *Eingrößenregelungen*. Bei ihnen gibt es nur einen Ist- und einen Sollwert. Solange der Prozeß regulär abläuft, ist auch nur eine Eingriffsmöglichkeit erforderlich und sinnvoll, nämlich die Stellgröße. Das vorliegende Kapitel handelt von diesen drei Größen.

Bei den meisten Prozessen sind *Extremsituationen* zu berücksichtigen, die mit der Stellgröße nicht mehr beherrscht werden können. Ein Beispiel wäre etwa ein Dampf-kessel, bei dem das Sicherheitsventil neben der Heizung eine weitere Eingriffsmöglichkeit darstellt. Solche Fälle werden später, vor allem in Abschn. 6.4, behandelt.

Will man einen Mikroprozessor als Regler einsetzen, so liegt es nahe, bereits bekannte analoge Regler digital nachzubilden. Am einfachsten ist das beim *Zweipunktregler*, der in Abschn. 4.2 behandelt wird. Der digitale Zweipunktregler weist jedoch alle Nachteile des analogen auf; der außerdem erforderliche zusätzliche Aufwand erscheint nur dann gerechtfertigt, wenn das Mikroprozessorsystem ohnehin schon verwendet wird.

Abschn. 4.3 befaßt sich mit der *Digitalisierung* des *PID-Reglers*. Dieser Reglertyp enthält drei freie Parameter, die an den Prozeß angepaßt werden müssen. In vielen Fällen wird die gewünschte Regelgüte mit einfacheren Algorithmen erreicht; diese *Spezialfälle des PID-Reglers* beschreibt Abschn. 4.4. Andererseits kann der digitale PID-Regler ohne weiteren Hardwareaufwand verallgemeinert werden; es lassen sich Reglertypen realisieren, die analog nicht möglich sind. Diese Verallgemeinerungen sind Gegenstand von Abschn. 4.5.

4.2 Digitaler Zweipunktregler

Abgesehen von der Notwendigkeit der Abtastzeit funktioniert ein *digitaler Zweipunktregler* nach demselben Prinzip wie ein analoger Zweipunktregler. Daher wird ein digitaler Zweipunktregler durch folgenden Anforderungskatalog beschrieben:

1) Der momentane Istwert y wird zum Abtastzeitpunkt über einen A/D-Wandler dem Rechner zugeführt. Das Einlesen dieses Wertes ist i. a. ein komplizierter Vorgang, der von der Art der Meßgröße und vom Interface abhängt; oft ist auch noch eine Linearisierung erforderlich. Daher ist es ratsam, ein Unterprogramm zu verwenden, das den Meßwert für den Rechner aufbereitet und in einen Speicherplatz ablegt, auf den der Regelalgorithmus anschließend zugreift. Dadurch bleibt das eigentliche Regelprogramm übersichtlich und vom Interface unabhängig.

2) Der Sollwert w kann dem Rechner auf verschiedene Weise dargeboten werden:
   a) als analoge Spannung
   b) digital an einer oder an mehreren Eingangsleitungen des Rechners (seriell bzw. parallel)
   c) als Speicherinhalt (entweder fest vorgegeben oder als Ergebnis von Operationen des Rechners); dieser Speicherplatz muß nicht derselbe sein, auf den der Regelalgorithmus zugreift.
   In allen diesen Fällen wird der Sollwert durch ein entsprechendes Unterprogramm an den Speicherplatz gebracht, auf den der Regelalgorithmus anschließend zugreift.
   Dieses Unterprogramm entfällt selbstverständlich dann, wenn sich der Wert bereits dort befindet.

3) Beim analogen Zweipunktregler war eine Hysterese Δy notwendig, um unkontrolliertes Schalten zu vermeiden. Beim digitalen Zweipunktregler ist die Hysterese in einem Register gespeichert. (Falls man die Abtastzeit groß genug wählen kann, ist auch der Grenzfall $\Delta y = 0$ möglich.)

4) Eine Ausgangsleitung des Rechners gibt die Stellgröße aus: u = 1 bedeute „Ein", u = 0 bedeute „Aus". Beispielsweise kann dann über ein Relais die Heizung ein- bzw. ausgeschaltet werden. Die Ausgabe der Stellgröße erfolgt ebenfalls durch ein Unterprogramm.

5) Die auszugebende Stellgröße hängt davon ab, wie der Istwert im Abtastmoment relativ zum Sollwert liegt (Bild 4.1). Man kann drei Hauptbereiche unterscheiden:

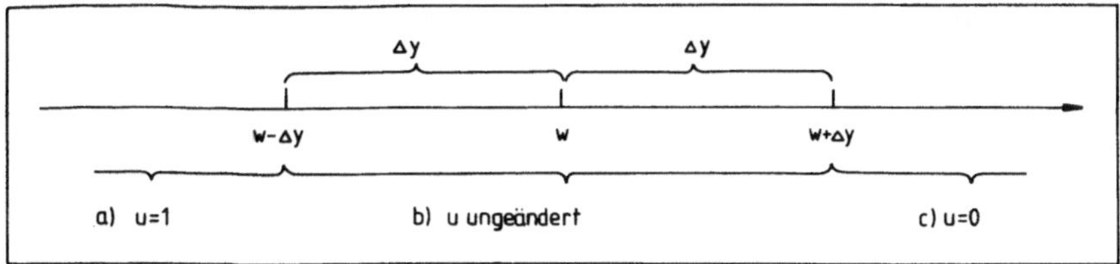

Bild 4.1 Schaltbedingungen beim Zweipunktregler

a) Ist zum Abtastzeitpunkt $y < w - \Delta y$, d.h. (wegen $e = w - y$) $0 < e - \Delta y$, so wird $u = 1$ gesetzt (einschalten) und bis zum nächsten Abtastzeitpunkt festgehalten.

b) Ist zum Abtastzeitpunkt $w - \Delta y < y < w + \Delta y$, d.h. $\Delta y > e > -\Delta y$, so bleibt u gegenüber der vorhergehenden Abtastperiode ungeändert. Dieser Fall führt zu keinem Aufruf des Ausgabe-Unterprogramms, da die Ausgangsleitungen eines Mikrocomputers ihren Zustand von selbst so lange beibehalten, bis sie wieder umprogrammiert werden.

c) Ist zum Abtastzeitpunkt $y > w + \Delta y$, d.h. $0 > e + \Delta y$, so wird $u = 0$ gesetzt (ausschalten).

Besondere Berücksichtigung verdienen die Grenzpunkte $y = w - \Delta y$ und $y = w + \Delta y$. Ob man diese Fälle zu a) bzw. c) oder zu b) rechnet, ist für die Regelung belanglos. Die Zuordnung kann daher so gewählt werden, daß das Programm möglichst einfach wird.

Beim Prozessor 6502 gibt es bedingte Sprungbefehle, die auf eine Zahl ≥ 0 bzw. < 0 reagieren, nicht aber solche für > 0 oder ≤ 0 (für solche Abfragen sind 2 Sprungbefehle erforderlich). Daher wird im folgenden der Fall $y = w - \Delta y$ zu a), der Fall $y = w + \Delta y$ zu b) gerechnet.

Bei Verwendung anderer Prozessoren kann eine andere Zuordnung günstiger sein. Damit ergibt sich Bild 4.2 als Programmablaufplan eines Zweipunktreglers.

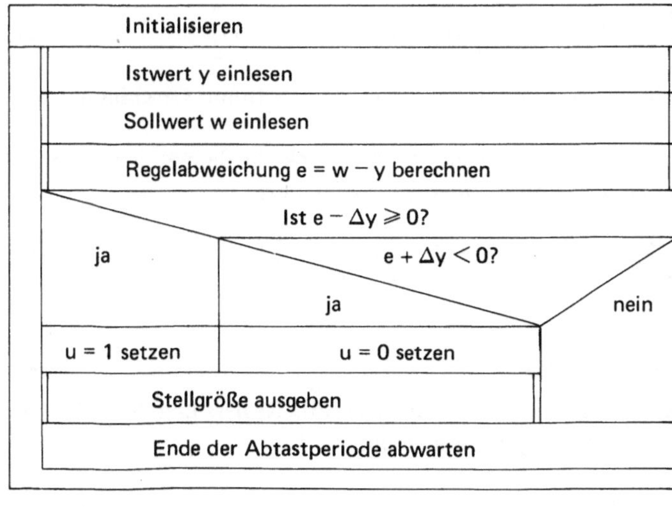

Bild 4.2 Einfachster Zweipunktregler

4.3 Digitaler PID-Regler

4.3.1 Herleitung des digitalen PID-Algorithmus

Der analoge PID-Regler genügt (vgl. Gl. (1.3)) der Gleichung

$$u(t) = K \left[e(t) + \frac{1}{T_I} \int_0^t e(\tau)\, d\tau + T_D \frac{de(t)}{dt} \right] \tag{4.1}$$

Um ein digitales Analogon zu bekommen, führt man die *Abtastzeit* T_0 ein und betrachtet die zeitabhängigen Größen u und e nur mehr zu den diskreten Zeitpunkten kT_0, $k = 0, 1, 2 \ldots$ Zur Abkürzung schreibt man $u_k = u(kT_0)$, $e_k = e(kT_0)$. Der Verzicht auf die kontinuierliche Zeit t hat zur Folge, daß Integration und Differentiation nur mehr näherungsweise ausgedrückt werden können; die Abweichung von obiger Formel ist um so stärker, je mehr sich die Regelabweichung e zwischen zwei Abtastzeitpunkten ändert. Verwendet man Rechteckintegration als Näherung, so ergibt sich

$$u_k = K \left[e_k + \frac{T_0}{T_I} \sum_{i=1}^{k} e_{i-1} + \frac{T_D}{T_0} (e_k - e_{k-1}) \right] \tag{4.2}$$

Da auf der linken Seite die Stellgröße auftritt, heißt dieser Algorithmus **Stellungsalgorithmus.**

Man sieht, daß zur Berechnung alle vergangenen Regelabweichungen erforderlich sind. Würde man diese Formel so programmieren, wie sie dasteht, so würde bei jedem Abtastschritt die Rechenzeit wachsen und schließlich die Abtastzeit überschreiten; ferner würde nach einer endlichen Zeit der Speicherraum des Computers nicht mehr ausreichen. Betrachtet man jedoch die Summe genauer, so sieht man, daß beim Übergang von $k - 1$ zu k nur ein weiterer Term hinzukommt. Dies kann man dadurch berücksichtigen, daß man dieselbe Gleichung für u_{k-1} nochmals hinschreibt und subtrahiert; dadurch fällt die Summe heraus, und man erhält:

$$u_k - u_{k-1} = K \left[e_k - e_{k-1} + \frac{T_0}{T_I} e_k + \frac{T_D}{T_0} (e_k - 2e_{k-1} + e_{k-2}) \right] \tag{4.3}$$

Da hier die Änderung der Stellgröße vorkommt, heißt dieser Algorithmus **Geschindigkeitsalgorithmus.**

Die rechte Seite ist ein reichlich komplizierter Ausdruck, in dem zudem zeitraubende Divisionen vorkommen. Durch Umformen erhält man daraus

$$u_k = u_{k-1} + K \left[\left(1 + \frac{T_D}{T_0} \right) e_k + \left(-1 + \frac{T_0}{T_I} - 2\frac{T_D}{T_0} \right) e_{k-1} + \frac{T_D}{T_0} e_{k-2} \right] \tag{4.4}$$

oder kurz

$$u_k = u_{k-1} + q_0 e_k + q_1 e_{k-1} + q_2 e_{k-2} \tag{4.5}$$

Den Zusammenhang zwischen den Parametern des analogen PID-Reglers und den „Koeffizienten" q_0, q_1, q_2 kann man aus Gl. (4.4) leicht ablesen.

Man sieht, daß man zur Berechnung der Stellgröße für den aktuellen Abtastzeitpunkt kT_0 die Stellgröße des vorhergehenden Abtastzeitpunkts $(k-1)T_0$ sowie die Regelabweichungen des aktuellen und der beiden vorhergehenden Abtastzeitpunkte benötigt. Die Koeffizienten hängen zwar von den Parametern des analogen Reglers ab, sind aber für einen bestimmten Regler unveränderliche Größen. Auf Divisionen kann daher verzichtet werden. Die Multiplikationen können bei zeitkritischen Regelungen den Einsatz eines Arithmetikbausteins (vgl. Abschn. 6.6) erforderlich machen, falls der verwendete Mikroprozessor nicht ohnehin schnelle Multiplikationsbefehle zur Verfügung hat ([48]).

4.3.2 Programmierung des digitalen PID-Algorithmus

4.3.2.1 Vorüberlegungen

Ein Mikroprozessorprogramm für die einfach aussehende Gl. 4.5 muß folgendes berücksichtigen:

a) q_1 kann negativ sein. Man arbeitet daher entweder mit vorzeichenbehafteten Zahlen (durch das Vorzeichenbit verliert man allerdings an Genauigkeit) oder verwendet eine Subtraktion (das beschränkt die Verwendbarkeit des Programms auf negative q_1).

b) Die q_i sind nicht ganzzahlig (Abhilfe s. Abschn. 4.3.2.3).

c) Je nach der geforderten Genauigkeit können die Größen mehrere Bytes lang sein.

d) Die Speicherplätze für die Größen u, e und q sowie für die Zwischenergebnisse müssen festgelegt werden.

e) Vor der Berechnung der Stellgröße müssen sich die Größen u und e an den richtigen Speicherplätzen befinden.

f) Die e_i ändern sich bei jedem Abtastschritt gesetzmäßig, z. B. wird e_k zu e_{k-1}.

Die Berechnung der Stellgröße kann demnach nur erfolgen, wenn sie richtig vorbereitet ist. Sie muß im Zusammenhang mit der gesamten Regelung betrachtet werden.

4.3.2.2 Berechnung der Stellgröße

Bei der Berechnung der Stellgröße wird man davon ausgehen, daß man bei jedem Abtastschritt dieselben Speicherplätze verwendet. Vor der Berechnung müssen daher die Daten an den richtigen Stellen abgelegt werden. Es ist zweckmäßig, für diese Speicherplätze Namen zur Verfügung zu haben. Bezeichnet man sie mit U, Q_i und E_i, so kann Gl. (4.5) wie folgt geschrieben werden:

$$u_k = <U> + <Q_0><E_0> + <Q_1><E_1> + <Q_2><E_2> \qquad (4.6)$$

Dabei bezeichnen die spitzen Klammern $<>$ den Inhalt des betreffenden Speicherplatzes; z. B. ist $<U>$ der Inhalt des Speicherplatzes U usw.

Schreibt man Gl. (4.5) für zwei aufeinanderfolgende Abtastzeitpunkte hin, so ergibt sich

$$u_k = u_{k-1} + q_0 e_k + q_1 e_{k-1} + q_2 e_{k-2}$$

$$u_{k+1} = u_k + q_0 e_{k+1} + q_1 e_k + q_2 e_{k-1} \qquad (4.7)$$

gemessene
Regelabweichung

Es sei vorausgesetzt, daß die Berechnung von u_k bereits abgeschlossen ist. Bevor man nun u_{k+1} berechnen kann, müssen die Daten an die richtigen Plätze gebracht werden; das geschieht folgendermaßen:

a) Vorhergehende Stellgröße nach U abspeichern (linker Pfeil)
b) $<E_1> \to E_2$ (rechter Pfeil; damit geht e_{k-2} verloren)
c) $<E_0> \to E_1$ (mittlerer Pfeil)
d) gemessene Regelabweichung nach E_0 abspeichern (unterer Pfeil).

Die angegebene Reihenfolge von b), c) und d) ist wesentlich, da andernfalls e_k bzw. e_{k-1} verlorengingen. Der Zeitpunkt der Durchführung von a) ist nicht kritisch, doch liegt es nahe, u_{k+1} sofort nach der Berechnung in U abzuspeichern.

Für die Multiplikationen sind Hilfsspeicher erforderlich; da diese jedoch von der Datenlänge und vom verwendeten Prozessor abhängig sind, soll hier nicht näher darauf eingegangen werden (vgl. aber das Standardbeispiel).

Die vorangegangenen Überlegungen können schließlich zu einem Struktogramm für die Regelung zusammengefaßt werden (Bild 4.3).

<table>
<tr><td>Regelabweichung einlesen (c)</td></tr>
<tr><td>Stellgröße berechnen (eigentlicher Algor.)</td></tr>
<tr><td>Stellgröße nach U abspeichern (a)</td></tr>
<tr><td>Stellgröße ausgeben</td></tr>
<tr><td>Regelabweichungen verschieben (b)</td></tr>
<tr><td>Ende der Abtastperiode abwarten</td></tr>
</table>

Bild 4.3
Struktogramm eines digitalen Reglers

4.3.2.3 Verarbeitung nicht ganzzahliger Werte

Ein Mikroprozessor, der in Maschinensprache programmiert wird, verarbeitet nur ganze Zahlen. Die Istwerte und damit auch die Regelabweichungen sind ganzzahlig, da sie durch A/D-Wandlung gewonnen werden. Ebenso müssen die Stellgrößen ganzzahlig sein, um D/A-Wandlung zu ermöglichen. Dagegen sind die Koefiizienten q_i keineswegs ganzzahlig; durch Betrachtung von Gl. (4.5) sieht man, daß sie von der Größenordnung 1 oder sogar kleiner sein müssen, denn sonst könnte sich die Stellgröße zwischen zwei Abtastschritten i. a. ganz erheblich ändern.

Gebrochene Zahlen werden entweder durch *Fest-* oder durch *Fließkommaarithmetik* verarbeitet. Letztere ist kompliziert und vor allem zeitaufwendig und daher für Regelungsaufgaben mit Mikroprozessoren wenig geeignet; dagegen empfiehlt sich die Verwendung der Festkommaarithmetik. Eine Festkommazahl wird im Rechner wie eine ganze Zahl durch eine Dualziffernfolge mit bestimmter Wortlänge dargestellt. Von der ganzen Zahl unterscheidet sie sich jedoch durch ihre Interpretation. Sie enthält drei Bestandteile, nämlich eine Vorzeichenstelle, einen ganzzahligen Anteil und einen gebrochenen Anteil.

Zwischen ganzzahligem und gebrochenem Anteil ist das „Dualkomma" zu denken. Negative Zahlen werden durch ihr Zweierkomplement dargestellt. Bei der Programmierung der Rechenoperationen mit Festkommazahlen und der anschließenden Interpretation des Ergebnisses muß jeweils die Stellung des Kommas mit bedacht werden. Eine kurze Darstellung der Festkommaarithmetik findet man in [1] S. 194—197.

Die Anwendung der Festkommaarithmetik wird im Rahmen des Standardbeispiels in Kap. 10 gezeigt.

4.4 Spezialfälle des PID-Algorithmus

Ein PID-Regler enthält die drei voneinander unabhängigen Konstanten K, T_I und T_D bzw. q_0, q_1 und q_2. Ein realer Regler muß durch geeignete Wahl dieser Parameter an den Prozeß angepaßt werden. Einige der dazu verwendeten Methoden werden in Kap. 8 beschrieben. Man kann den erforderlichen Aufwand erheblich verringern, indem man die Anzahl der Parameter reduziert. Ob man die damit verbundene Verschlechterung des Regelverhaltens in Kauf nehmen will, muß im Einzelfall untersucht werden.

Verzichtet man auf den I-Anteil, so erhält man einen *PD-Regler*. In Gl. (4.2) entfällt die Summe und damit auch der Term u_{k-1} von Gl. (4.5). Man erhält:

$$u_k = q_0 e_k + q_1 e_{k-1} \qquad \text{(PD-Regler)} \qquad (4.8)$$

Die Konstanten wurden analog wie bei der Herleitung von Gl. (4.5) zu q_0 und q_1 zusammengefaßt, doch besteht jetzt ein anderer Zusammenhang zwischen q_0, q_1 und K, T_D als damals.

Läßt man auch den D-Anteil weg, so entsteht ein reiner *P-Regler* mit einem einzigen Parameter:

$$u_k = q_0 e_k \qquad \text{(P-Regler)} \qquad (4.9)$$

Die digitalen Regler ohne I-Anteil haben, wie die entsprechenden Analogregler, einen schwerwiegenden Nachteil. Um bei einem Prozeß einen bestimmten Istwert zu erreichen, ist gewöhnlich eine von Null verschiedene Stellgröße erforderlich. Bei den beiden beschriebenen Reglern muß, wie man durch Betrachten der Algorithmen sofort sieht, die Regelabweichung ebenfalls von Null verschieden sein. Im eingeschwungenen Zustand ergibt sich somit eine *bleibende Regelabweichung*, die in den seltensten Fällen zugelassen werden kann.

Regler mit Integralanteil haben diesen Nachteil nicht; auf der rechten Seite steht u_{k-1}, so daß man im eingeschwungenen Zustand mit verschwindender Regelabweichung $u_k = u_{k-1} = \text{const}$ erhält.

Um solche Regler aus dem PID-Algorithmus zu bekommen, geht man zweckmäßigerweise von Gl. (4.3) aus. Läßt man den D-Anteil weg, so erhält man

$$u_k = u_{k-1} + q_0 e_k + q_1 e_{k-1} \qquad \text{(PI-Regler)} \qquad (4.10)$$

Dieser Reglertyp wird sehr häufig verwendet.

Verzichtet man auch noch auf den Proportionalanteil, so erhält man den reinen I-Regler:

$$u_k = u_{k-1} + q_1 e_{k-1} \qquad \text{(I-Regler)} \qquad (4.11)$$

Hier fehlt die aktuelle Regelabweichung e_k; dieser Regler reagiert daher verzögert, was meist unerwünscht ist. Um einen Regler mit I-Anteil zu erhalten, der diesen Nachteil nicht aufweist und trotzdem nur einen Parameter enthält, kann man direkt von Gl. (4.5) ausgehen und $q_1 = q_2 = 0$ setzen:

$$u_k = u_{k-1} + q_0 e_k \tag{4.12}$$

Dieser Regler kann als PI-Regler aufgefaßt werden, bei dem die Integrationszeit T_I gleich der Abtastzeit T_0 gewählt wurde (vgl. Gl. (4.3)).

Strenggenommen sind die im vorliegenden Abschnitt 4.4 vorgestellten Algorithmen, soweit sie keinen I-Anteil enthalten, keine Verallgemeinerungen von Gl. (4.5), da u_{k-1} nicht vorkommt. Schreibt man allgemeiner

$$\begin{aligned} u_k = {} & p_1 u_{k-1} \\ & + q_0 e_k + q_1 e_{k-1} + q_2 e_{k-2} \end{aligned} \tag{4.13}$$

mit $p_1 = 0$ oder 1, so erhält man alle vorgestellten Algorithmen durch Nullsetzen entsprechender Koeffizienten.

4.5 Verallgemeinerungen des PID-Algorithmus

4.5.1 Erhöhen der Reglerordnung

Die Struktur von Gl. (4.13) legt einige Verallgemeinerungen nahe. Daß in diesem Algorithmus gerade drei freie Parameter q_0, q_1, q_2 (p_1 ist ja, sofern ein I-Anteil vorhanden ist, gleich 1) vorkommen, ist in seiner Herkunft aus dem analogen PID-Algorithmus begründet und vom Standpunkt der digitalen Regelung aus eher als Zufall anzusehen. Die Regelabweichung e_k, die mit dem Parameter q_0 in den Algorithmus eingeht, spiegelt den aktuellen Stand des Prozesses wider, während e_{k-1} und e_{k-2} Informationen über die vergangene Entwicklung und damit über die Dynamik des Prozesses beinhalten. Es liegt daher nahe, die *Regelgüte* dadurch zu verbessern, daß man auch weiter zurückliegende Regelabweichungen berücksichtigt.

Zusätzliche Informationen über den Prozeß erhält man, wenn man nicht nur die Folge der gemessenen Regelabweichungen, sondern auch die Stellgrößen, die zu diesen Regelabweichungen geführt haben, in den Algorithmus mit einbezieht.

Man erhält damit

$$\begin{aligned} u_k = {} & p_1 u_{k-1} + \ldots + p_n u_{k-n} \\ & + q_0 e_k + q_1 e_{k-1} + \ldots + q_n e_{k-n} \end{aligned} \tag{4.14}$$

Das ist ein *Regelalgorithmus n-ter Ordnung*.

Aus der Forderung, daß im eingeschwungenen Zustand die Regelabweichung verschwinden soll, folgt eine Bedingung für die Parameter p_i. Setzt man nämlich in Gl. (4.14) $e_k = e_{k-1} = \ldots e_{k-n} = 0$ sowie $u_k = u_{k-1} = \ldots = u_{k-n} \neq 0$, so folgt

$$p_1 + p_2 + \ldots + p_n = 1 \tag{4.15}$$

Bei den Spezialfällen des PID-Algorithmus ohne I-Anteil ist diese Bedingung nicht erfüllt, wodurch sich eine bleibende Regelabweichung ergibt.

Der Algorithmus Gl. (4.14) hat den Nachteil, daß sehr viele Parameter an den Prozeß angepaßt werden müssen. Eine Regleroptimierung durch Probieren ist daher oft nicht mehr möglich, vielmehr müssen systematische Methoden eingesetzt werden, vgl. Kap. 8.

4.5.2 Unterschiedliche Verarbeitung von Ist- und Sollwert

Eine sprunghafte Sollwertänderung führt durch den Differentialanteil des PID-Algorithmus zu unerwünscht großen Stellgrößenänderungen. Andererseits ist der Differentialanteil für eine gute Regeldynamik erforderlich. Dem kann man abhelfen, indem man im Differentialanteil nur den Ist-, nicht aber den Sollwert berücksichtigt ([14] S. 60). Solange der Istwert konstant ist, hat dieses Vorgehen keinen Einfluß auf die Regelung, da der Sollwert bei der Differentiation ohnehin herausfällt. Der Algorithmus Gl. (4.14) kann daher dahingehend verallgemeinert werden, daß man gemäß $e = w - y$ den Sollwert w und den Istwert y getrennt verarbeitet. Führt man die zusätzlichen Parameter r_i ein, so erhält man folgenden Regelalgorithmus:

$$
\begin{aligned}
u_k = \quad & p_1 u_{k-1} + \ldots p_n e_{k-n} \\
+\, & q_0 w_k + q_1 w_{k-1} + \ldots q_n w_{k-n} \\
+\, & r_0 y_k + r_1 y_{k-1} + \ldots r_n y_{k-n}
\end{aligned}
\tag{4.16}
$$

Den ursprünglichen Algorithmus Gl. (4.14) erhält man mit $r_i = - q_i$.

Der Zusammenhang des modifizierten digitalen PID-Algorithmus mit den Kennwerten des analogen PID-Reglers kann ebenfalls leicht hergeleitet werden: Statt Gl. (4.3) gilt nun

$$
u_k = u_{k-1} + K \left[e_k - e_{k-1} + \frac{T_0}{T_I} e_{k-1} + \frac{T_D}{T_0} (-y_k + 2y_{k-1} - y_{k-1}) \right]
\tag{4.17}
$$

Einfache Umformung und Vergleich mit Gl. (4.16) ergibt:

$$
p_1 = 1
$$

$$
q_0 = K \qquad\qquad q_1 = - K \left(1 - \frac{T_0}{T_I}\right)
$$

$$
r_0 = - K \left(1 + \frac{T_D}{T_0}\right) \qquad r_1 = K \left(1 - \frac{T_0}{T_I} + 2\frac{T_D}{T_0}\right)
\tag{4.18}
$$

$$
r_2 = - K \frac{T_D}{T_0}
$$

Alle übrigen Parameter verschwinden.

4.5.3 Varianten des Differentialanteils

Unerwünschte Stellgrößenänderungen können beim digitalen PID-Regler nicht nur durch Sollwertsprünge, sondern auch durch Meßfehler oder durch hochfrequente Anteile des Istwertes entstehen ([14] S. 61, [13] S. 294). Diese Auswirkungen auf die Stellgröße sind in erster Linie auf den Differentialanteil zurückzuführen, da dieser auf die Differenz der Istwerte reagiert. Um dem abzuhelfen, kann man entweder — auf Kosten der Regelgüte — T_D kleiner wählen; oder man mittelt beim Differentialanteil über mehrere zurückliegende Regelabweichungen.

Eine Übersicht über solche und ähnliche Modifikationen des digitalen PID-Algorithmus findet man in [14] S. 60–63, wo auch weiterführende Literatur angegeben ist.

4.5.4 Berücksichtigung künftiger Sollwerte

Wird der Sollwert geändert, so dauert es auch bei einem optimalen Regler eine gewisse Zeit, bis der Prozeß diesen Wert auch wirklich erreicht. Oft ist es wünschenswert, daß dieser Fall bereits zum Zeitpunkt der Sollwertvorgabe erreicht ist. Ein Beispiel dafür wäre eine Heizung, die nachts zurückgeschaltet wird und zu einer bestimmten Zeit am Morgen die Tagestemperatur liefern soll. Um das zu erreichen, muß man entweder diesen Sollwert bereits früh genug vorgeben, oder man berücksichtigt im Algorithmus künftige Sollwerte $w_{k+1}, w_{k+2}, \ldots$ Dieses Vorgehen ist allerdings nur möglich, wenn der Sollwertverlauf im vorhinein bekannt ist.

4.6 Zusammenfassung

Bei der digitalen Regelung werden die Regelabweichung $e(t)$ und die Stellgröße $u(t)$ nur zu den **diskreten Zeitpunkten**

$$kT_0, k = 0, 1, 2, \ldots$$

betrachtet, wobei T_0 die Abtastzeit ist; zur Abkürzung schreibt man

$$e_k = e(kT_0), \quad u_k = u(kT_0).$$

Eine **allgemeine Formel** für einen einfachen digitalen Regelalgorithmus n-ter Ordnung lautet:

$$u_k = \quad p_1 u_{k-1} + \ldots + p_n u_{k-n}$$
$$+ q_0 e_k + q_1 e_{k-1} + \ldots + q_n e_{k-n} \tag{4.14}$$

Wenn im eingeschwungenen Zustand die **Regelabweichung verschwinden** soll, muß die Nebenbedingung

$$p_1 + p_2 + \ldots + p_n = 1$$

erfüllt sein. Die Größen p_i und q_i heißen **Reglerparameter**.

Folgende **Spezialfälle** des allgemeinen Algorithmus sind von Bedeutung:

PID-Regler	$u_k = u_{k-1} + q_0 e_k + q_1 e_{k-1} + q_2 e_{k-2}$	(4.5)
PI-Regler	$u_k = u_{k-1} + q_0 e_k + q_1 e_{k-1}$	(4.10)
I-Regler	$u_k = u_{k-1} + q_1 e_{k-1}$	(4.11)
ferner	$u_k = u_{k-1} + q_0 e_k$	(4.12)

Formen, die der Nebenbedingung nicht genügen:

PD-Regler	$u_k = q_0 e_k + q_1 e_{k-1}$	(4.8)
P-Regler	$u_k = q_0 e_k$	(4.9)

Um den Einfluß von **Sollwertsprüngen** zu dämpfen, ist es manchmal nützlich, im D-Anteil des PID-Reglers den Sollwert nicht zu berücksichtigen. Das kann man erreichen, indem man den Algorithmus entsprechend verallgemeinert (Gl. (4.16)).

Das **Programm** für die Regelung wird zweckmäßigerweise folgendermaßen aufgebaut:
1) Regelabweichung einlesen
2) Stellgröße gemäß Algorithmus berechnen
3) Stellgröße an das Stellglied ausgeben
4) Regelabweichungen in den Speichern verschieben.

Im Regelalgorithmus kommen Werte vor, die nicht ganzzahlig sind. Zumindest bei Mikrocomputern ist es aus Rechenzeitgründen meist günstig, sie durch **Festkommaarithmetik** zu verarbeiten.

Teil 2: Praktische Probleme

5 Verbindung des Prozesses mit dem Regelalgorithmus

5.1 Übersicht

Das vorliegende Kapitel handelt vom Zusammenwirken des Regelalgorithmus mit dem Prozeß. Während der Regelalgorithmus durch einen Digitalrechner realisiert ist, sind die Ein- und Ausgangsgrößen der Prozesse in der Mehrzahl der Fälle analoge physikalische Größen. Zwischen Prozeß und Regelalgorithmus steht daher in beiden Richtungen — bei der Istwerterfassung ebenso wie bei der Stellgrößenausgabe — eine zweifache Umwandlung. Die zu regelnden Prozeßgrößen (die Istwerte) werden zunächst durch *Sensoren* in analoge Spannungen umgesetzt. Dabei ist zu berücksichtigen, daß fast alle Sensoren nichtlinear arbeiten. Die oft, aber nicht immer erforderliche *Linearisierung* kann entweder in unmittelbarer Verbindung mit dem Sensor durch Hardware oder nach der A/D-Wandlung durch Software erfolgen (vgl. Abschn. 6.3). Von Sensoren und deren hardwaremäßiger Linearisierung handelt Abschn. 5.2. Die so gewonnene Spannung muß durch *A/D-Wandlung* für den Mikrocomputer aufbereitet werden; diese Wandlung bildet eines der Themen von Abschn. 5.4.

Bei der Ausgabe der Stellgrößen ist der umgekehrte Weg zu beschreiten. Die wenigsten Stellglieder verarbeiten digitale Signale. Die digitale Ausgangsinformation des Mikrocomputers muß daher zunächst durch eine ebenfalls in Abschn. 5.4 besprochene *D/A-Wandlung* in eine analoge Spannung umgesetzt werden, welche ihrerseits über das *Stellglied* (s. Abschn. 5.3) auf den Prozeß einwirkt.

Man sieht, daß im digitalen Regelkreis gewöhnlich vier Umwandlungen erforderlich sind. In Sonderfällen können einige oder alle davon entfallen.

5.2 Methoden der Istwerterfassung

5.2.1 Begriff des Sensors

Die Prozeßgrößen, die ein Regler verarbeiten soll, sind i. a. nicht elektrisch. Daher ist es erforderlich, diese Größen zunächst in elektrische Größen umzuwandeln. Dazu dienen **Sensoren** *(Meßwertaufnehmer)*. Ein Sensor ist demnach ein Bauelement, das eine bestimmte zu messende physikalische Größe in eine elektrische Größe umwandelt, die ihrerseits so beschaffen ist, daß sie durch elektronische Schaltungen weiterverarbeitet werden kann.

Damit ein Bauelement als Sensor eingesetzt werden kann, muß es eine Reihe von Voraussetzungen erfüllen. Eine unabdingbare Forderung ist, daß aus der Ausgangsgröße des Bauelements eindeutig auf die Meßgröße zurückgeschlossen werden kann; die Ausgangsgröße muß also mit steigender Meßgröße *monoton zu- oder abnehmen*.

Während die Monotonie exakt gelten muß, sind die weiteren Forderungen in der Praxis nur näherungsweise erfüllbar. Von einem Sensor wird man erwarten, daß er die zu messende Größe möglichst wenig durch seine Anwesenheit verändert. Wird beispielsweise ein Temperaturfühler an eine Oberfläche gebracht, die heißer ist als er selbst, so entzieht er ihr zunächst Wärme und kühlt sie dadurch etwas ab. Erst wenn der Temperaturausgleich hergestellt ist, mißt er die wirkliche Oberflächentemperatur. Das dauert um so länger, je größer die Wärmekapazität des Fühlers und je schlechter sein thermischer Kontakt mit der Oberfläche ist. Im Regelkreis ergibt sich dadurch eine Verzögerung, die klein gegenüber den Zeitkonstanten des Prozesses gemacht werden sollte. Ist die Wärmekapazität des Thermofühlers nicht klein gegen die Wärmekapazität des Objekts, mit dem er in Kontakt steht, so wird durch seine bloße Anwesenheit die Dynamik des Prozesses nachhaltig beeinflußt.

Diese *Rückwirkung auf die Meßgröße* tritt bei allen Sensoren auf und ist prinzipieller Natur, da bei jeder Messung Energie vom Meßobjekt auf den Sensor übertragen wird. Ein Voltmeter braucht für seinen Ausschlag einen Strom, mit dem es die zu messende Spannung belastet; ein Amperemeter hat einen endlichen, wenn auch kleinen Widerstand und beeinflußt damit den Stromkreis, in den es eingeschleift wird. Will man die Geschwindigkeit einer Flüssigkeit messen, so kann man eine Meßapparatur in die Strömung bringen. Dadurch wird jedoch diese Strömung zwangsläufig verändert; man muß durch geeignete Formgebung der Apparatur den entstehenden Meßfehler möglichst klein machen. Baut man einen Beschleunigungsmesser in ein Fahrzeug ein, so vergrößert man dessen Masse; man kann den Einfluß des Sensors vernachlässigen, wenn er leicht genug ist.

Weiter wird man von einem Sensor verlangen, daß er *selektiv* wirkt, d.h. nur auf die Größe anspricht, für die er eingesetzt wird. Auch diese Forderung ist selten erfüllt; beispielsweise hat jeder Sensor einen *Temperaturgang*. Oft ist es nicht möglich oder rentabel, den Sensor auf konstanter Temperatur zu halten. In diesem Fall muß man den Temperaturgang *kompensieren*, d.h. mißt die Temperatur des Sensors und rekonstruiert mit dieser Information die wirkliche Meßgröße ([28], [16]).

Schließlich wünscht man eine möglichst lineare Beziehung zwischen Meßgröße und Sensorsignal. Diese Eigenschaft haben die wenigsten Sensoren. Verfahren zur *Linearisierung* sind in Abschn. 5.2.4 beschrieben.

5.2.2 Übersicht über verschiedene Sensortypen

5.2.2.1 Einteilung der Sensoren

Die Sensoren können nach verschiedenen Gesichtspunkten eingeteilt werden. Den Anwender interessiert in erster Linie die physikalische Größe, auf die der Sensor anspricht. Eine Einteilung nach der Meßgröße ist jedoch oberflächlich und wäre auch sehr unübersichtlich (wenn man sich nicht auf die einfachsten Anwendungsfälle wie Temperatur, Licht, Druck usw. beschränkt), da die praktisch interessierenden physikalischen Größen äußerst vielfältig sind. Zudem leistet ein solches Vorgehen keinen Beitrag zum Verständnis, wie diese Sensoren funktionieren. Spätestens dann, wenn er einen Sensor selbst entwerfen muß, ist jedoch auch der Anwender gezwungen, die Funktionsprinzipien zu kennen.

Damit bietet sich das *Funktionsprinzip* als Gesichtspunkt für die Einteilung an. Ein zusätzlicher Vorteil dieses Vorgehens ist darin begründet, daß die große Mehrzahl der Sensoren auf wenigen physikalischen Prinzipien beruht, wodurch die Übersicht erleichtert wird. Da hier keine Systematik der Sensoren, sondern lediglich ein erster Überblick gegeben werden soll, wird auf eine strenge Durchführung verzichtet.

Besonders häufig werden *Widerstände* als Sensoren eingesetzt. *Temperaturabhängige Widerstände* stehen in vielen Bauformen und mit verschiedenen Temperatur-Widerstands-Charakteristiken zur Verfügung. Seit langem gibt es die stark nichtlinearen *NTC-* und *PTC-Widerstände*; neuerdings werden auch auf Linearität gezüchtete Temperatursensoren angeboten. Andere Widerstände sprechen auf Verformungen (*Dehnungsmeßstreifen*) oder Wege bzw. Drehwinkel an (*Potentiometer*). Schließlich gibt es noch *magnetfeldabhängige Widerstände* (Feldplatten).

Andere Sensoren enthalten *Kondensatoren* oder *Spulen*, deren Kapazität bzw. Induktivität durch die Meßgröße verändert werden. Der *piezoelektrische Effekt* kann ebenso wie die *Lichtempfindlichkeit der Halbleiter* zur Konstruktion von Meßwertaufnehmern verwendet werden. Sensoren für *chemische Substanzen* (Gase, Feuchtigkeit) sind ebenfalls erhältlich.

Die bisher betrachteten Sensoren wandeln eine analoge physikalische Größe in ein ebenfalls analoges elektrisches Signal um. Es gibt jedoch auch solche mit *digitalem* Ein- oder Ausgang, z. B. Lichtschranken oder Bimetallschalter.

5.2.2.2 Widerstände als Sensoren

Zum Temperaturmessung werden häufig *NTC-Widerstände* (das sind Widerstände mit negativem Temperaturkoeffizienten, also Heißleiter) verwendet. Deren Temperaturabhängigkeit wird angenähert durch die Gleichung

$$R = R_0 \, e^{B \, (1/T - 1/T_0)} \tag{5.1}$$

beschrieben. R_0 ist der Widerstand bei der Bezugstemperatur T_0, B eine Materialkonstante. In den Datenblättern der Hersteller wird gewöhnlich $T_0 = 20\,^{\circ}C$ vorausgesetzt.

Die Kennlinie ist also stark nichtlinear. In halblogarithmischer Darstellung ergibt Gl. (5.1) eine Gerade, die jedoch für einen realen NTC-Widerstand noch etwas gekrümmt ist, vgl. Bild 5.1

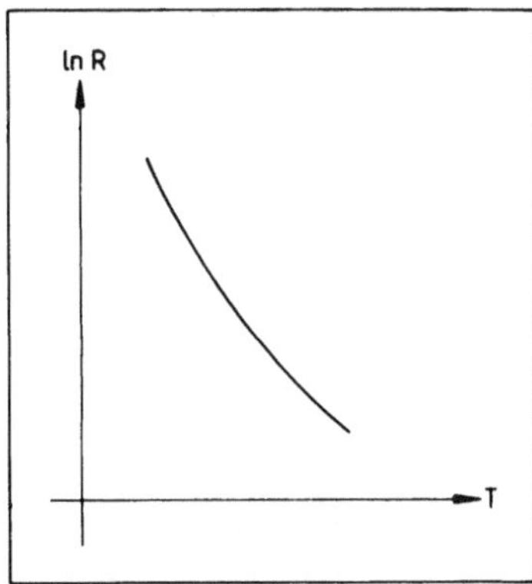

Bild 5.1
Kennlinie eines NTC-Widerstandes [41]

Ein völlig anderes Verhalten zeigen *PTC-Widerstände* (Widerstände mit positivem Temperaturkoeffizienten, d.h. *Kaltleiter*). Eine typische Kennlinie zeigt Bild 5.2. Unterhalb einer bestimmten Temperatur, die vom Typ des Kaltleiters abhängt, ändert sich der Widerstand praktisch nicht. Es folgt ein äußerst steiles Kennlinienstück, das für die Temperaturmessung geeignet ist. Bei hohen Temperaturen nimmt der Widerstand wieder ab, so daß in diesem Bereich die Monotonie gestört ist und der Kaltleiter nicht mehr als Temperatursensor verwendet werden kann.

Im steilen Kennlinienstück hat eine kleine Temperaturänderung eine große Widerstandsänderung zur Folge, so daß genaue Messungen möglich sind. Der ausnützbare Temperaturbereich des Kaltleiters ist jedoch wesentlich geringer als beim Heißleiter.

Häufig steht man vor der Aufgabe, Verformungen an Gebäuden oder Maschinenteilen zu messen. Dazu macht man sich die Tatsache zunutze, daß sich ein Draht bei Dehnung verdünnt und bei Stauchung verdickt und dadurch seinen Widerstand ändert. Damit diese Widerstandsänderung reversibel bleibt, muß man darauf achten, den Draht nicht über seine Elastizitätsgrenze hinaus zu beanspruchen.

Die damit erreichbaren Widerstandsänderungen sind sehr klein. Man kann sie vervielfachen, indem man den Draht mehrmals mäanderförmig hin- und herführt, vgl. Bild 5.3. Man erhält dadurch sog. *Dehnungsmeßstreifen*, die auf das Meßobjekt aufgeklebt werden.

Neben Dehnungsmeßstreifen aus Metalldrähten gibt es auch solche aus Silizium. Diese sind wesentlich empfindlicher, aber auch viel teurer.

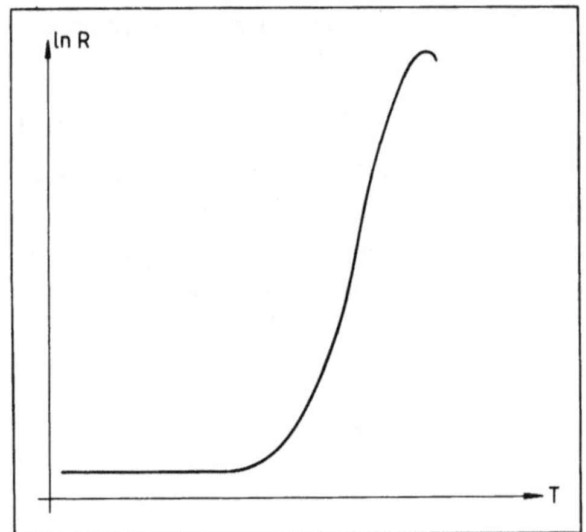

Bild 5.2

Kennlinie eines PTC-Widerstandes nach [22] S. 28

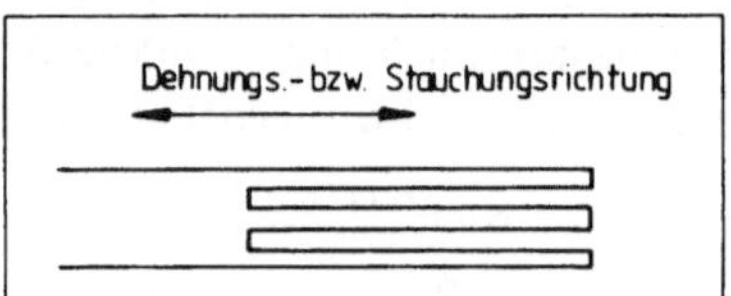

Bild 5.3 Dehnungsmeßstreifen

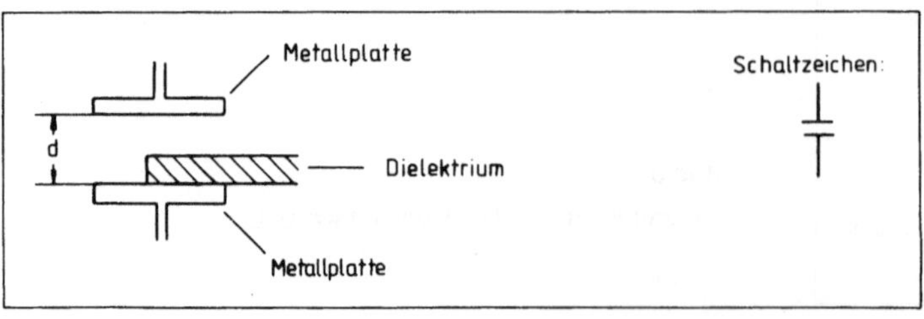

Bild 5.4

Plattenkondensator

5.2.2.3 Kapazitive Sensoren

Ein *Plattenkondensator* besteht aus zwei Metallplatten mit der Fläche A, die parallel zueinander im Abstand d angebracht sind (Bild 5.4). Der Raum zwischen den Platten ist mit nichtleitender Materie, dem *Dielektrikum*, gefüllt. Ist das Dielektrikum homogen mit der *Dielektrizitätskonstanten* ϵ, so hat der Kondensator die *Kapazität*

$$C = \frac{A\epsilon}{d}, \tag{5.1}$$

falls d klein gegen die Abmessungen (Länge und Breite bzw. Durchmesser) der Metallplatten ist. Nimmt das Dielektrikum nur einen Teil des Zwischenraums ein, wie in Bild 5.4 gezeichnet, während der Rest lufterfüllt ist, so wird die Kapazität kleiner.

Grundsätzlich gibt es zwei Möglichkeiten, die Kapazität des Kondensators zu verändern und ihn dadurch als Sensor zu verwenden: Entweder ändert man die mechanischen Abmessungen (Fläche bzw. Abstand) oder das Dielektrikum. Auf der Abstandsänderung beruhen z. B. *Drucksensoren* oder Verfahren zur *Dickenmessung*. Bringt man andererseits nichtleitende Materie in einen luftgefüllten Plattenkondensator, so kann man aus der Kapazität Rückschlüsse auf deren Beschaffenheit ziehen, z. B. auf die *Dicke von Fäden* oder auf den *Feuchtigkeitsgehalt*.

5.2.2.4 Induktive Sensoren

Induktive Sensoren beruhen auf dem Induktionsgesetz, welches besagt, daß in einem Leiter, der sich in einem veränderlichen Magnetfeld befindet, eine Spannung erzeugt („induziert") wird. Um die i. a. kleine Induktionsspannung zu vergrößern, wickelt man den Leiter zu einer Spule mit vielen Windungen auf. Grundelemente aller induktiven Sensoren sind daher eine oder mehrere Spulen, die häufig einen beweglichen Eisenkern enthalten.

Die einfachste Anwendung besteht in einer Spule, welche einen Dauermagneten als Kern enthält. Wird dieser Kern mit einem beweglichen Objekt mechanisch verbunden, während die Spule unbewegt bleibt, so induzieren Lageänderungen des Objekts in der Spule Spannungen, deren Größe und Polarität von der Geschwindigkeit des Objekts abhängen. Nach diesem Prinzip können beispielsweise *Beschleunigungsmesser* konstruiert werden. Solche Sensoren arbeiten aktiv, da sie eine Spannung abgeben, ohne eine Versorgung zu benötigen. Die dazu erforderliche Energie wird dem Meßobjekt entzogen.

Das Induktionsgesetz bildet auch die Grundlage für passive induktive Sensoren, die mit Wechselspannung gespeist werden müssen. Bekanntlich setzt eine Spule auf Grund des Induktionsgesetzes einer angelegten Wechselspannung einen Widerstand entgegen, der wesentlich größer als ihr ohmscher Widerstand ist. Ein Maß für den induktiven Widerstand einer Spule ist ihre (Eigen-)*Induktivität*. Führt man einen Eisenkern in eine Luftspule ein, so wird ihre Induktivität um ein vielfaches erhöht. Verbindet man den Eisenkern — ähnlich wie beim beschriebenen aktiven Sensor — mechanisch mit dem Meßobjekt, so kann man aus der Induktivität auf die Lage des Objekts schließen. Damit können z. B. *Schichtdicken* gemessen werden. Im Gegensatz zum obigen aktiven Sensor spricht dieser passive Sensor nicht auf Lageänderungen, sondern auf die Lage selbst an.

Bringt man ein Eisenstück in die Nähe einer Spule, so wird ihre Induktivität ebenfalls beeinflußt. Dieser Effekt kann zur Konstruktion von *Näherungsschaltern* ausgenützt werden.

5.2.2.5 Piezoelektrische Sensoren

Gewisse Einkristalle sind von Natur aus elektrisch polarisiert, d.h. sie sind an einem Ende positiv, am anderen negativ geladen. Ein technisch besonders wichtiger Vertreter mit dieser Eigenschaft ist der Quarz. Wird ein solcher Kristall längs seiner Achse gedehnt oder gestaucht, so ändern sich die Ladungen an den Enden; diesen Effekt nennt man *Piezoelektrizität*. Die Ladungsänderung hängt linear mit der Dehnung bzw. Stauchung zusammen. Bekannte Anwendungen des Piezoeffekts sind Kristalltonabnehmer und die Zündung bei den sog. Quarzfeuerzeugen.

Piezoelektrische Sensoren werden hauptsächlich zur Messung von *Drücken* verwendet. Da die Ladungsänderungen den mechanischen Deformationen praktisch verzögerungsfrei folgen, können sehr schnelle Vorgänge beobachtet werden. Zudem arbeiten solche Sensoren noch bei Temperaturen von mehreren hundert °C. Von Nachteil ist der hochohmige Ausgang, der für die elektronische Weiterverarbeitung besondere Vorkehrungen erfordert (vgl. [22] S. 100 f.).

5.2.2.6 Optische Sensoren

Die Eigenschaften aller Halbleiter werden durch Licht beeinflußt. Während diese Lichtempfindlichkeit bei Gleichrichterdioden und Verstärkertransistoren unerwünscht ist, wird sie andererseits bewußt zur Konstruktion von *optischen*, d.h. *Lichtsensoren* herangezogen. Wie in früher besprochenen Fällen muß dabei zwischen aktiven und passiven Sensoren unterschieden werden. Aktive Fotoelemente (aus Selen oder Silizium) geben eine Spannung ab, wenn sie mit Licht bestraht werden. Bekannt ist ihre Verwendung als *Solarzellen*. Sie können jedoch auch zur *Lichtmessung* eingesetzt werden, da die abgegebene Spannung von der Intensität des eingestrahlten Lichts abhängt.

Passive optische Sensoren benötigen eine Betriebsspannung. *Fotowiderstände* sind im Dunkeln hochohmig (einige MΩ). Ihr Widerstand nimmt mit steigender Lichtintensität beträchtlich ab; bei 1000 *lx* liegt er in der Größenordnung von 100 Ω. Die Polarität der Betriebsspannung spielt keine Rolle. Fotowiderstände werden hauptsächlich aus PbS (Bleisulfid) oder CdS (Kadmiumsulfid) hergestellt. Von Nachteil ist ihre relativ große Ansprechzeit von einigen ms.

Wesentlich schneller arbeiten *Fotodioden*. Sie werden gewöhnlich in Sperrichtung gepolt betrieben.

Fototransistoren sind zwar langsamer als Fotodioden, liefern jedoch wesentlich mehr Strom. Ihre in Sperrichtung gepolte Kollektor-Basis-Strecke arbeitet als Fotodiode. Deren Sperrstrom steuert den Transistor an, so daß der Kollektorstrom um die Stromverstärkung des Transistors größer ist als der Fotostrom. Die Basis bleibt offen, wenn man sie nicht zur zusätzlichen Steuerung des Transistors verwenden will.

Die Ausgangsgröße eines optischen Sensors hängt nicht nur von der Intensität, sondern auch wesentlich von der spektralen Zusammensetzung des eingestrahlten Lichtes ab. Das ist bei der Auswahl des Sensors zu berücksichtigen. Sensoren, die auf ultraviolettes oder infrarotes Licht ansprechen, können z.B. zum Bau unsichtbarer *Lichtschranken* verwendet werden.

Bild 5.5 zeigt Schaltzeichen für optische Sensoren.

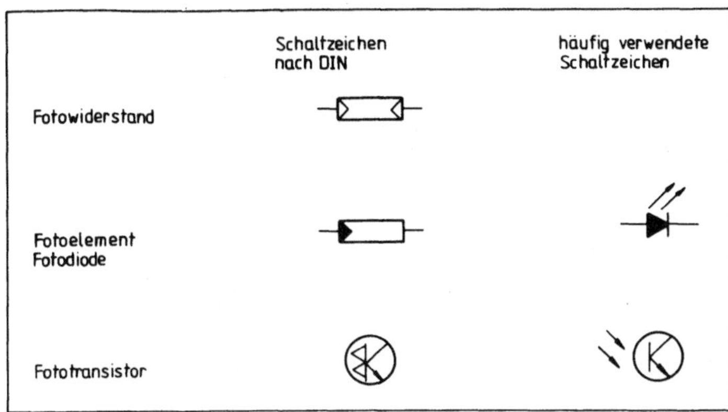

Bild 5.5
Schaltzeichen für optische Sensoren

5.2.3 Auswertung analoger Sensorsignale

Die elektrische Größe, die ein Sensor abgibt, kann in Abhängigkeit von seinem Funktionsprinzip von verschiedener Art sein, also etwa Spannung, Strom, Widerstand, Kapazität, Induktivität, Frequenz. Der A/D-Wandler benötigt jedoch eine Spannung, die in einem bestimmten Intervall (z. B. 0 ... 5V) variiert. Zudem ist das Ausgangssignal des Sensors i. a. sehr klein. Daher muß das Sensorsignal durch einen geeigneten Umsetzer an den A/D-Wandler angepaßt werden. Jede Art des Sensorsignals erfordert eine andere Methode der Umsetzung; es gibt jedoch vor allem zwei Prinzipien, nach denen diese Umsetzung erfolgt:

1) Das Sensorsignal wird in eine *Spannung umgewandelt* und verstärkt;
2) Der Sensor wird in einem Zweig einer *Brücke* eingebaut; die Verstimmung der Brücke ist ein Maß für das Sensorsignal und kann über einen Differenzverstärker weiterverarbeitet werden. Eine Brücke ist etwas aufwendiger als Möglichkeit 1), doch erlaubt sie wesentlich größere Genauigkeit.

Bild 5.6 zeigt zwei Möglichkeiten, aus einem variablen Widerstand eine entsprechende Spannung zu gewinnen, indem man ihn in einen Spannungsteiler einbaut oder mit einem konstanten Strom speist.

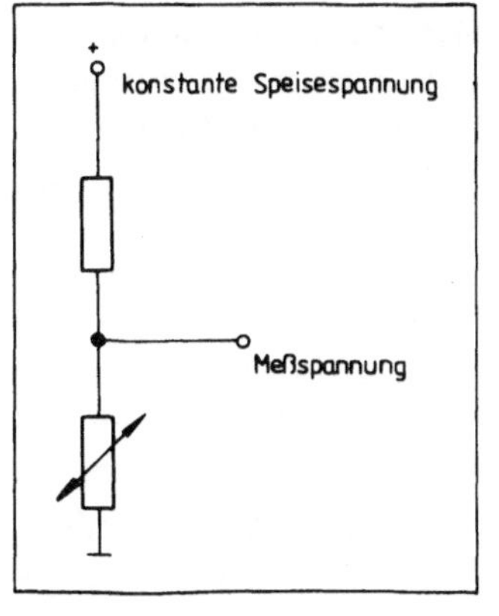

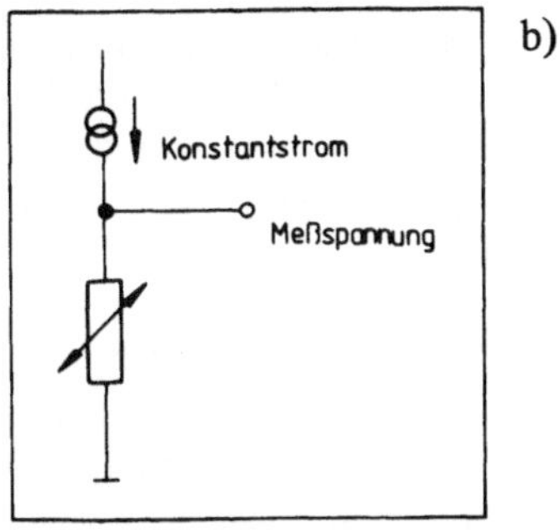

Bild 5.6a Sensorauswertung durch Spannungsteiler

Bild 5.6b Sensorauswertung mit Konstantstromquelle

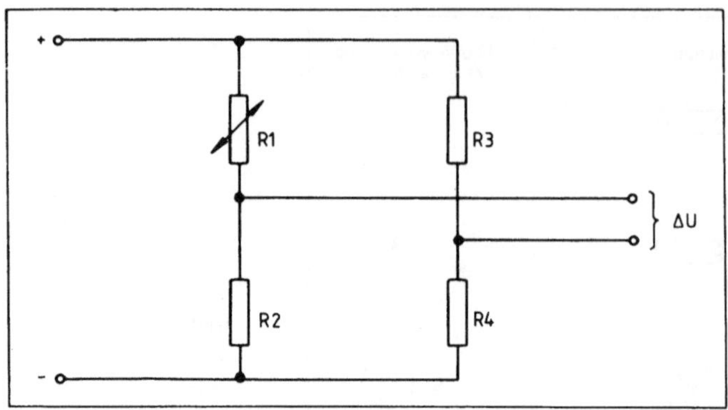

Bild 5.7
Brückenschaltung zur
Widerstandsmessung

Das *Prinzip der Brücke* zeigt Bild 5.7 an Hand einer Widerstandsbrücke. Als Sensor seit etwa ein NTC-Widerstand R1 zur Temperaturmessung eingebaut. Bei einer bestimmten mittleren Temperatur erscheint an beiden Ausgängen dieselbe Spannung, die Ausgansspannungsdifferenz ΔU ist daher gleich Null. Eine Abweichung von der mittleren Temperatur ergibt ein nicht verschwindendes ΔU, welches mit der Größe der Abweichung zunimmt. ΔU kann durch einen Differenzverstärker weiterverarbeitet werden ([16]).

Die Empfindlichkeit einer Brücke kann wesentlich vergrößert werden, wenn nicht nur einer ihrer Zweige (im Beispiel R1), sondern zwei (R1 und R2) oder sogar alle vier von der Meßgröße beeinflußt werden.

Die bisher besprochene Erzeugung der Meßspannung ist nur anwendbar, wenn die Sensoren als variable Widerstände (dazu zählen auch Fotodioden) arbeiten. Kapazitive und induktive Sensoren können ebenfalls in Brückenschaltung betrieben werden, doch ist dann Speisung mit Wechselspannung erforderlich.

Umwandlung in eine Spannung und Einbau in eine Brücke sind jedoch nicht die einzigen Möglichkeiten, Sensorsignale auszuwerten. Bei einem kapazitiven bzw. induktiven Sensor ist es oft vorteilhaft, ihn als *frequenzbestimmendes Element* in einen Schwingkreis einzubauen.

Die Ausgangssignale von Sensoren sind *temperaturabhängig*, und zwar auch dann, wenn sie nicht zur Temperaturmessung dienen. Bei genauen Messungen wird dadurch das Ergebnis verfälscht. Zur Abhilfe mißt man die Temperatur des Sensors und korrigiert sein Ausgangssignal entsprechend, entweder durch eine elektronische Schaltung ([28]) oder bei der Auswertung im Mikroprozessor. Natürlich muß dazu das Temperaturverhalten des Sensors bekannt sein.

5.2.4 Linearisierung der Sensor-Ausgangsgröße

Gewöhnlich benötigt ein Regler einen linearen Zusammenhang zwischen Sensorausgangsgröße und Prozeßgröße; dieser Forderung genügen jedoch die wenigsten Sensoren. Als Abhilfe bieten sich drei Verfahren an:

1) Wenn der Istwert auf einen festen Wert geregelt werden soll und die vorübergehenden, durch Störgrößen verursachten Abweichungen genügend klein sind, kann die Nicht-

linearität des Sensors in vielen Fällen *vernachlässigt* werden. Probleme können sich jedoch bei Sollwertänderungen ergeben, also insbesondere beim An- und Abfahren des Prozesses.

2) Wenn die Kennlinie des Sensors bekannt ist, kann eine *Software-Linearisierung* durch Tabellen oder Umrechnungsfunktionen im Mikrocomputer erfolgen (s. Kap. 6).

3) Durch geeignete *Beschaltung* kann die Kennlinie des Sensors linearisiert werden. Die optimale Art der Beschaltung hängt von der Sensorkennlinie ab; in vielen Fällen genügt ein Widerstandsnetzwerk. Wird die Kennlinie durch eine Exponentialfunktion wie beim NTC-Widerstand (Gl. (5.1)) beschrieben, so kann man durch Parallelschalten eines Festwiderstandes erreichen, daß die Kennlinie an einer bestimmten Stelle einen Wendepunkt bekommt und dadurch in einem großen Bereich weitgehend linear wird. Der Parallelwiderstand ist gleich dem Sensorwiderstand an dieser Stelle zu wählen ([28]).

5.3 Methoden der Stellgrößenausgabe

5.3.1 Struktur der Stellgrößenausgabe

Bei der bisherigen Betrachtung der digitalen Regelung wurde angenommen, daß der Rechner die Stellgröße an das Stellglied des Prozesses ausgibt und daß damit für ihn alles erledigt ist. Die Stellgrößenausgabe ist jedoch nicht so problemlos, wie es auf den ersten Blick erscheint. In Abschn. 2.1 wurde die Struktur der Stellgrößenausgabe beschrieben. Das entsprechende Teil-Blockschaltbild aus Bild 2.1 zeigt Bild 5.8. Das dort eingezeichnete digitale Halteglied (genauer: Abtast-Halte-Glied) ist bereits in der Ausgabeeinheit des Mikrocomputers enthalten. Komplizierter wird es, wenn mehrere Stellgrößen über einen einzigen Ausgabeport ausgegeben werden müssen, da dieser jetzt seinen Zustand nicht mehr über eine volle Abtastperiode behalten kann. Für jede Stellgröße ist nun ein eigenes Halteglied erforderlich, welches vor oder nach dem D/A-Wandler eingesetzt werden kann. Den ersten Fall zeigt Bild 5.9. Ist n die Anzahl der auszugebenden Stellgrößen, so sind n digitale Halteglieder erforderlich, deren Eingänge parallel geschaltet und mit dem Ausgabeport des Mikrocomputers verbunden sind. Da die Ausgangsleitungen eines Mikrocomputers i. a. wenig belastbar sind, muß häufig ein Treiber dazwischengeschaltet werden. Die Ausgangsinformation des Rechners liegt dadurch an allen n Haltegliedern zugleich an; nur eines von ihnen darf jedoch die Information übernehmen und an den zugehörigen D/A-Wandler weitergeben. Zu diesem Zweck besitzt jedes Halteglied einen zusätzlichen Eingang („Strobe"-Eingang). Wird dieser aktiviert, so übernimmt das Halteglied den Zustand an seinem Eingang und gibt ihn an den nachgeschalteten D/A-Wandler weiter. Dieser Ausgangszustand des Haltegliedes bleibt auch dann erhalten, wenn sich sein Eingang anschließend wieder ändert. Somit kann ein Ausgabeport mehrere Stellgrößen ausgeben,

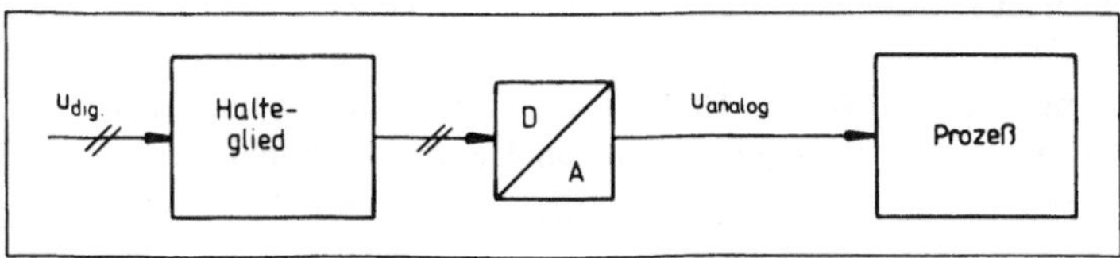

Bild 5.8
Struktur der Stell-
größenausgabe

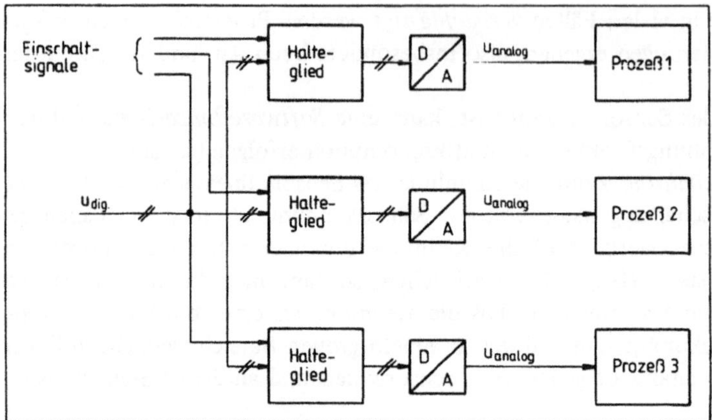

Bild 5.9 Stellgrößenausgabe mit digitalen Haltegliedern

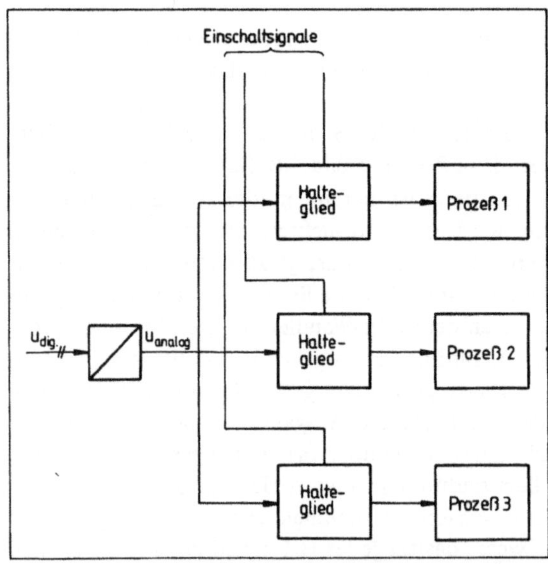

Bild 5.10

Stellgrößenausgabe mit analogen
Haltegliedern

indem der Reihe nach die Halteglieder angesteuert werden. Allerdings ist für jede Stellgröße ein zusätzlicher Steuerausgang des Mikrocomputers für das Anwählen des jeweiligen Haltegliedes erforderlich.

Ein offensichtlicher Nachteil dieser Anordnung besteht in der Notwendigkeit, für jede Stellgröße einen eigenen D/A-Wandler einsetzen zu müssen. Das kann leicht vermieden werden, wenn man die Halteglieder erst nach dem Wandler einsetzt (Bild 5.10). Das Anwählen des jeweiligen nunmehr analogen Haltegliedes erfolgt wie beim digitalen Halteglied durch einen Steuereingang. Gegenüber digitalen Haltegliedern haben analoge den Nachteil, daß sie ihre Spannung nicht beliebig lange behalten (vgl. Abschn. 5.3.3).

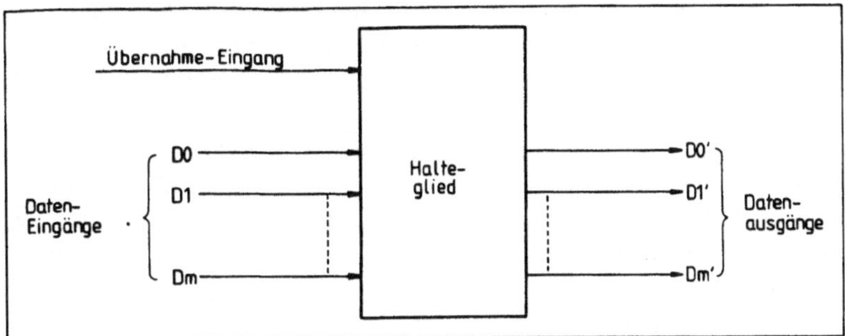

Bild 5.11 Anschlüsse eines digitalen Haltegliedes

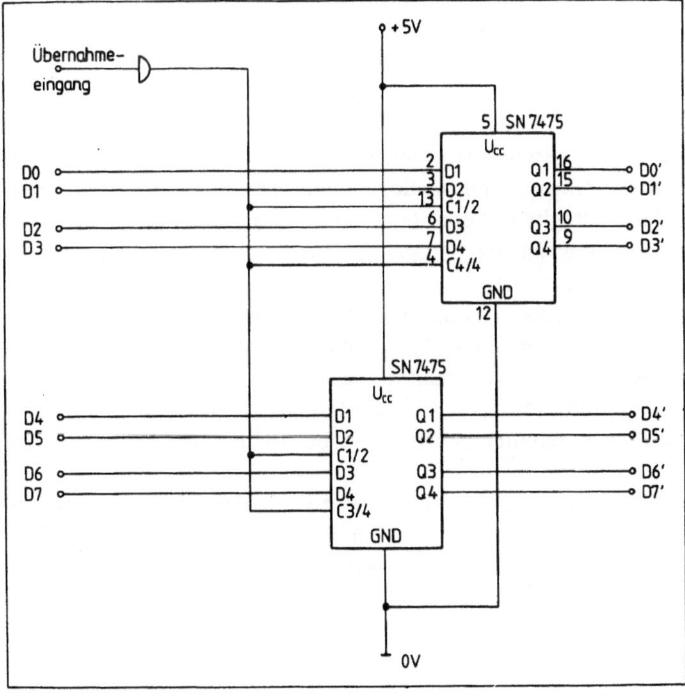

Bild 5.12
8-Bit-Halteglied mit
TTL-Bausteinen

5.3.2 Digitale Halteglieder

Ein *digitales Halteglied* hat nach den obigen Ausführungen m Dateneingänge (wenn
m die Wortlänge der Stellgröße ist), einen Übernahmeeingang und m Ausgänge (Bild
5.11). Solange der Übernahmeeingang aktiv ist, wird der Zustand der Dateneingänge unverändert auf die Datenausgänge übertragen. Wird der Übernahmeeingang inaktiv, so
bleibt der zuletzt vorhandene Zustand der Ausgänge bestehen, und zwar unabhängig davon, was bei den Dateneingängen geschieht. Eine neuerliche Änderung des Ausgangszu-
standes erfolgt erst, wenn der Übernahmeeingang wieder aktiv wird.

Bild 5.12 zeigt ein 8-Bit-Halteglied mit zwei TTL-Flip-Flops SN 7475. Solange der
Übernahmeingang auf L liegt, werden die logischen Pegel der Dateneingänge D0 ... D7

auf die Datenausgänge DO′ ... D7′ durchgeschaltet. Mit der ansteigenden Flanke des Übernahmeeingangs wird der Ausgangszustand gespeichert und bleibt unverändert, solange der Übernahmeeingang auf H liegt. Während der positiven Flanke des Übernahmeeingangs ist unbedingt dafür zu sorgen, daß die Daten an den Eingängen stabil sind. Um das zu gewährleisten, sollte der Übernahmeeingang normalerweise auf H liegen, so daß die Ausgänge stabil sind. Wenn neue Daten an die Ausgänge gegeben werden sollen, gibt man diese über das Ausgabeport des Mikrocomputers an die Eingänge DO ... D7. Sobald die Pegel dort stabil sind, kann man einen kurzen L-Impuls an den Übernahmeeingang geben, wodurch der Eingangszustand von den Ausgängen DO′ ... D7′ übernommen wird. Erst wenn der Übernahmeeingang wieder auf H-Pegel liegt, darf der Zustand des Mikrocomputer-Ausgabeports geändert werden.

Der Übernahmeimpuls wird in Bild 5.12 nicht direkt auf die Flip-Flops gegeben, sondern über einen Treiber. Das ist in der Regel erforderlich, da die meisten Ausgabebausteine nur eine TTL-Last treiben können. Als Treiber genügt ein Gatter oder auch ein Inverter, wenn die Pegel des Übernahmeimpulses umgedreht werden.

5.3.3 Analoge Halteglieder

Ein *analoges Halteglied* hat, abgesehen von der Stromversorgung, in der Regel drei Anschlüsse: Analogeingang, Steuereingang und Analogausgang. Die Funktion ist im Prinzip dieselbe wie beim digitalen Halteglied. Wenn der Steuereingang aktiv ist, übernimmt das Halteglied die Eingangsspannung an den Ausgang; wird der Steuereingang inaktiv, so bleibt die Ausgangsspannung unverändert.

Das Prinzip eines solchen Haltegliedes zeigt Bild 5.13. Es besteht aus einem Kondensator, der über einen Schalter mit dem Eingang verbunden werden kann. Der Schalter ist z. B. durch ein Relais oder einen Analogschalter realisierbar. Wird der Schalter geschlossen, so lädt sich der Kondensator rasch auf, falls der Innenwiderstand der Spannungsquelle nicht zu groß ist. Wird der Schalter geöffnet, so behält der Kondensator seine Spannung.

In der Praxis ist diese Anordnung nicht direkt brauchbar, da der Ausgang durch den nachgeschalteten Prozeß belastet ist, so daß der Kondensator sehr schnell entladen wird und die Spannung absinkt. Die einfachste Abhilfe besteht darin, einen Operationsverstärker mit möglichst hohem Eingangswiderstand als Impedanzwandler nachzuschalten (Bild 5.14). Der Kondensator wird nun nur mehr durch seinen eigenen Leckstrom und durch den Eingangsstrom des Operationsverstärkers entladen. Bei Verwendung eines Analogschalters ist außerdem dessen Leckstrom zu berücksichtigen.

Das Halteglied von Bild 5.14 kann noch wesentlich verbessert werden, vgl. [38] S. 407—410.

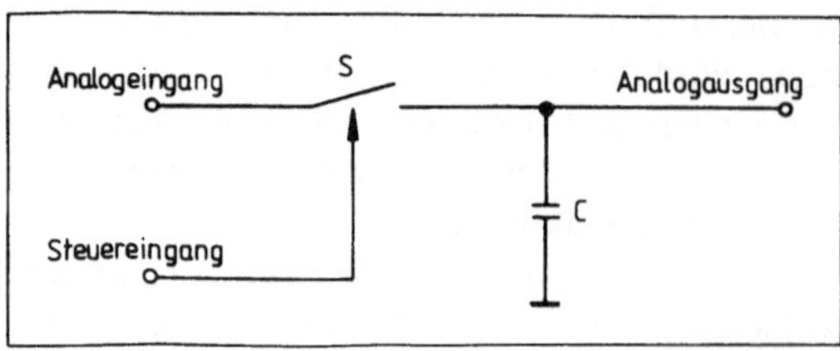

Bild 5.13

Prinzip eines analogen Haltegliedes

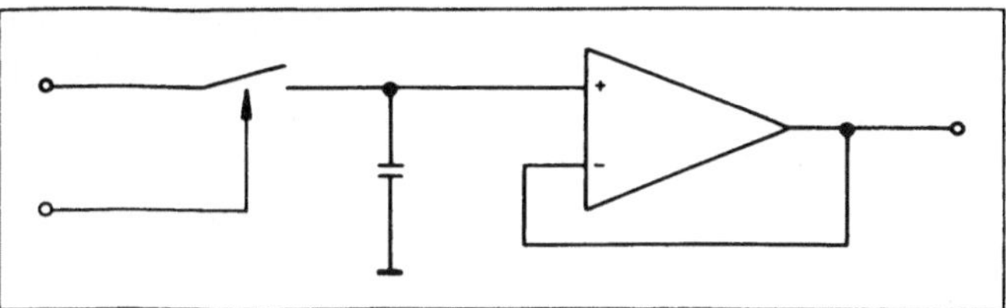

Bild 5.14
Halteglied mit nachgeschalteten Operationsverstärkern

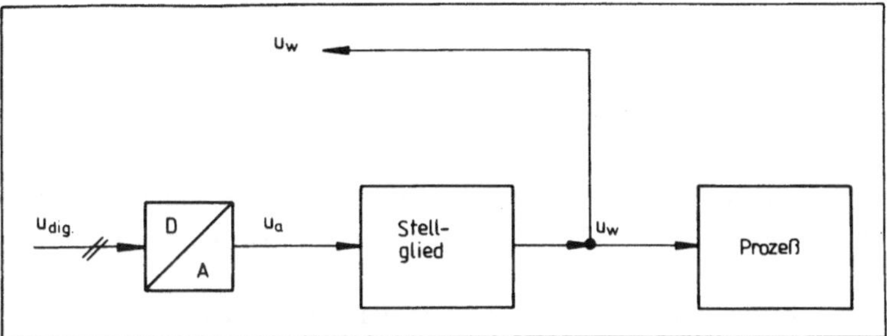

Bild 5.15 Verfeinerte Struktur der Stellgrößenausgabe

5.3.4 Steuerung und Regelung des Stellgliedes

Das Stellglied selbst bedarf ebenfalls einer genaueren Untersuchung. Der Einfachheit halber soll nun wieder eine einzige Stellgröße betrachtet werden. Es seit etwa die Aufgabe gestellt, über ein Ventil eine Durchflußmenge zu regeln. Der Regelalgorithmus gibt über den Ausgabeport und den D/A-Wandler eine Spannung aus, die zur Soll-Ventilstellung proportional ist. Man darf jedoch keineswegs erwarten, daß diese Stellung auch eingenommen wird. Nach einigen Abtastintervallen kann jeder Zusammenhang zwischen ausgegebener Stellgröße und wirklicher Ventilstellung verlorengegangen sein.

Das Blockschaltbild für die Struktur der Stellgrößenausgabe (Bild 5.8) muß daher noch weiter verfeinert werden (Bild 5.15). Zu unterscheiden ist zwischen der vom Rechner und dem D/A-Wandler ausgegebenen analogen Stellgröße u_a und der vom Stellglied wirklich an den Prozeß weitergegebenen Stellgröße u_w. Im allgemeinen werden u_a und u_w voneinander abweichen. In Abhängigkeit von der Art des Stellantriebes und von der erforderlichen Genauigkeit können verschiedene Maßnahmen dagegen ergriffen werden. Im einfachsten Fall unternimmt man gar nichts, d.h. man gibt u_a auf das Stellglied und erhält dadurch eine *Stellgliedsteuerung*. Ist dieses Vorgehen nicht brauchbar, so muß die sich wirklich einstellende Stellgröße u_w auf irgend eine Weise zurückgeführt werden. Um u_w und u_a in Übereinstimmung zu bringen, kann man zum Hauptregelkreis einen zusätzlichen *Stellgliedregelkreis* mit u_w als Ist- und u_a als Sollwert einführen, welcher analog oder digital ausgeführt werden kann. Eine digitale Stellgliedregelung kann wieder vom Rechner durchgeführt werden, wobei aber die Abtastzeit wesentlich kleiner als beim Hauptregelkreis sein muß. Diese Bedingung stellt allerdings hohe Anforderungen an das Betriebssystem des Rechners, da nun zwei unabhängige Abtastintervalle beherrscht werden müssen. Im allgemeinen genügt für die Stellgliedregelung ein P- oder PI-Algorithmus.

Der Rechner eröffnet jedoch noch eine wesentlich elegantere Methode, um die wirkliche Stellgröße u_w in den Griff zu bekommen. In den Regelalgorithmen von Kap. 4 treten Stellgrößen vorangegangener Abtastperioden auf. Bisher wurde stillschweigend vorausgesetzt, daß hier einfach die in früheren Perioden berechneten Stellgrößen einzusetzen seien. Daß dieses Vorgehen nicht günstig sein kann, ist schon aus dem Phänomen des „Aufintegrierens" von Regelabweichungen bei Algorithmen mit Integralanteil ersichtlich. Als Extrembeispiel werde der I-Regler

$$u_k = u_{k-1} + q_1 e_{k-1} \qquad\qquad (5.2)$$

betrachtet. Zu Beginn sei der Istwert gleich Null und daher e_{k-1} positiv (q_1 ist positiv). u_k wird daher mit jedem Abtastschritt größer, solange der Istwert unter dem Sollwert liegt. Dabei kann es leicht geschehen, daß die berechnete Stellgröße den Stellbereich des Stellgliedes weit überschreitet. Wird der Istwert größer als der Sollwert, so ist zwar e_{k-1} negativ und die berechnete Stellgröße nimmt wieder ab, doch dauert es einige Zeit, bis das Stellglied seinen oberen Anschlag verläßt. Ein starkes Überschwingen des Istwertes ist die Folge.

Die Ursache für diese Erscheinung ist darin zu sehen, daß die berechnete Stellgröße wesentlich größer als die wirkliche ist und erst „abintegriert" werden muß, bevor das Stellglied den Anschlag verläßt. Eine wesentliche Verbesserung erreicht man, wenn man die berechnete Stellgröße auf den wirklichen Stellbereich *begrenzt*, was für den Rechner kein Problem ist. Ein noch besseres Verhalten erreicht man, wenn man nicht die berechnete und begrenzte, sondern die sich wirklich einstellende Stellgröße im Algorithmus verarbeitet. Dazu ist lediglich eine *Rückführung* über einen A/D-Wandler zum Rechner erforderlich. Bei Einsatz von Abtast-Halte-Gliedern kann man denselben Wandler wie für den Istwert des Prozesses verwenden. Auf diese Weise erreicht man eine Stellgliedregelung zusammen mit der Regelung des Prozesses durch einen einzigen Algorithmus.

Welche Methode man für die Stellgliedregelung verwendet, hängt natürlich auch von der Art des Stellantriebes ab. Eine Übersicht über verschiedene Stellantriebe und ihre Behandlung gibt [14] in Kap. 29.

5.4 Umsetzung zwischen digitalen und analogen Größen

5.4.1 Digital-/Analog-Wandler

Um aus der digitalen Ausgangsinformation des Computers eine analoge elektrische Größe (Spannung oder Strom) zu bekommen, benötigt man einen *Digital-/Analog-Wandler* (abgekürzt *D/A-Wandler*). Die Wortlänge betrage n bit; die n Ausgangsleitungen $D_0 \dots D_{n-1}$ mögen die Zustände $b_0 \dots b_{n-1}$ haben, wobei b_i = log. 0 oder log. 1 sein kann. Der D/A-Wandler soll dann am Ausgang die Spannung

$$U_a = K(b_{n-1} 2^{n-1} + \dots + b_0 2^0) \qquad\qquad (5.3)$$

liefern; dabei ist K eine Konstante, die den Bedürfnissen der Schaltung entsprechend gewählt werden muß.

Um das zu erreichen, macht man sich die Tatsache zunutze, daß ein Operationsverstärker als Summierer eingesetzt werden kann. Die Ausgangsspannung der Schaltung in

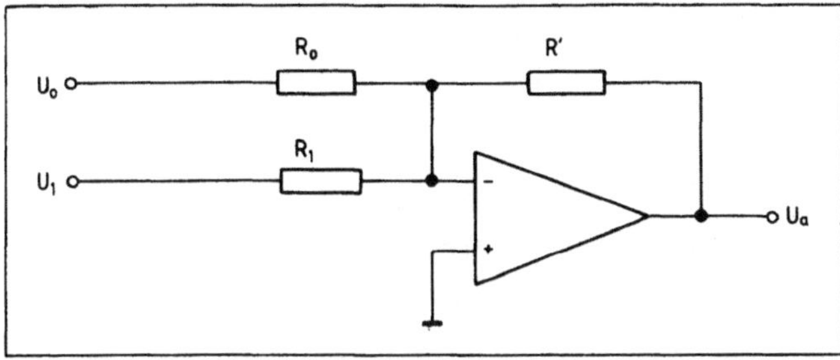

Bild 5.16

Operationsverstärker als Summierer

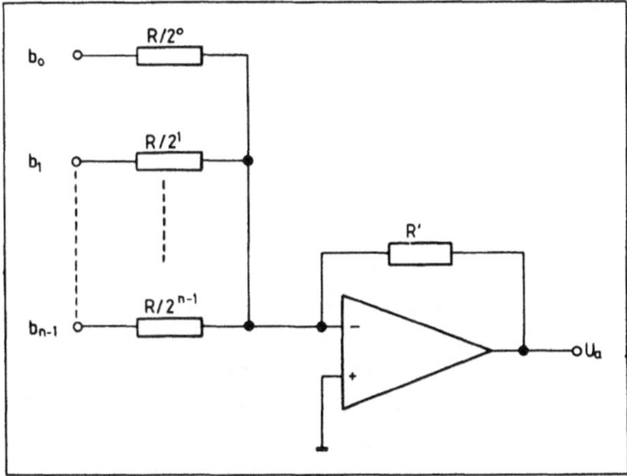

Bild 5.17

Prinzip eines D/A-Wandlers

Bild 5.16 beträgt z. B.

$$U_a = -R' \left(\frac{U_0}{R_0} + \frac{U_1}{R_1} \right) \tag{5.4}$$

Um eine Spannung nach Gl. (5.3) (abgesehen vom Vorzeichen) zu bekommen. erweitert man Bild 5.16 auf n Eingänge und wählt die Widerstände wie in Bild 5.17; die Ausgangsspannung beträgt dann

$$U_a = -\frac{R'}{R} \left(b_{n-1} 2^{n-1} + \dots + b_0 2^0 \right) \tag{5.5}$$

Diese Schaltung ist jedoch noch nicht als Wandler einsetzbar, da die logischen Pegel b_i in ihrer Spannung um einige Volt untereinander differieren können. Die Datenleitungen werden daher nicht direkt mit den Eingängen in Bild 5.17 verbunden, sondern steuern elektronische Schalter an, welche diese Eingänge dem logischen Pegel entsprechend mit Null bzw. mit der positiven Versorgungsspannung oder besser mit einer stabilen Referenzspannung verbinden, damit die Ausgangsspannung von Versorgungsspannungsschwankungen unabhängig ist.

Der Aufbau eines D/A-Wandlers aus diskreten Bauteilen ist meist unwirtschaftlich, da solche Wandler in großer Zahl als integrierte oder Hybridschaltungen erhältlich sind.

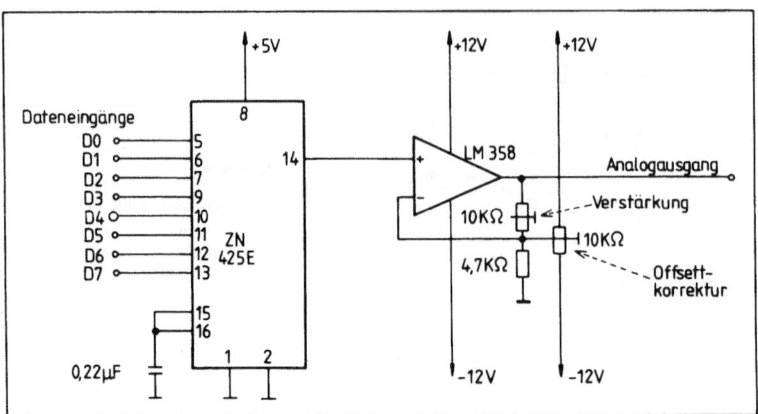

Bild 5.18 8-Bit-D/A-Wandler mit ZN425E nach [7]

Ein Schaltbeispiel für den D/A-Wandler ZN425E (Ferranti), der im Standardbeispiel eingesetzt wird, zeigt Bild 5.18. Dieser Baustein ist vielseitig verwendbar, da er nicht nur einen D/A-Wandler enthält, sondern durch eine geringfügige externe Beschaltung als A/D-Wandler eingesetzt werden kann (s. Abschn. 5.4.3). Damit er als D/A-Wandler arbeitet, muß Pin 2 auf 0 gelegt werden. Die Pins 1 und 8 dienen zur Versorgung, die zwischen 4,5 und 5,5 V liegen muß. Die digitale Information wird direkt an die entsprechenden Eingänge gelegt und muß TTL-Pegel haben. Pin 15 ist der Eingang für die Referenzspannung, die in Bild 5.18 vom internen Referenzausgang Pin 16 geliefert wird. Statt dessen kann man aber auch eine externe Referenz mit max. 3 V verwenden.

Pin 14 ist der Analogausgang. Er kann keine größere als die Referenzspannung liefern und darf nur wenig belastet werden. Im allgemeinen ist daher die Nachschaltung eines Trennverstärkers wie in Bild 5.18 erforderlich. Dieser erhöht die Belastbarkeit des Wandlers und ermöglichst die Anpassung der Ausgangsspannung an die Erfordernisse der nachfolgenden Schaltung. Die beiden Potentiometer dienen zur Offsetkorrektur und zur Einstellung der Verstärkung des Operationsverstärkers. Zur Kompensation der Offsetspannung gibt man 0 auf den Digitaleingang und macht mit dem Potentiometer „Offsetkorrektur" die Ausgangsspannung zu 0 V. Anschließend legt man FF (hexadezimal) an den Digitaleingang und stellt die Ausgangsspannung auf den erforderlichen Maximalwert ein.

Übersichten über im Handel erhältliche D/A-Wandler findet man z. B. in [44], [47].

5.4.2 Funktionsprinzipien der A/D-Wandler

Ein *Analog-/Digital-Wandler* (abgekürzt *A/D-Wandler*) der Wortlänge n bit hat einen Analogeingang U_e und n Digitalausgänge $D_0 \ldots D_{n-1}$ (s. Bild 5.19). Legt man die analoge Spannung U_e an den Eingang, so liefert er an den Ausgängen die zugehörige digitale Information $b_0 \ldots b_{n-1}$. Dabei soll Gl. (5.3) gelten, wobei jedoch U_a durch U_e zu ersetzen ist:

$$U_e = K (b_{n-1} 2^{n-1} + \ldots + b_0 2^0) \tag{5.6}$$

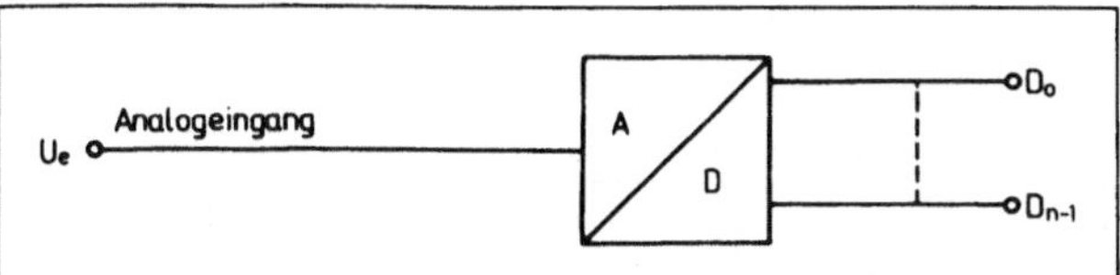

Bild 5.19
Prinzip eines A/D-Wandlers

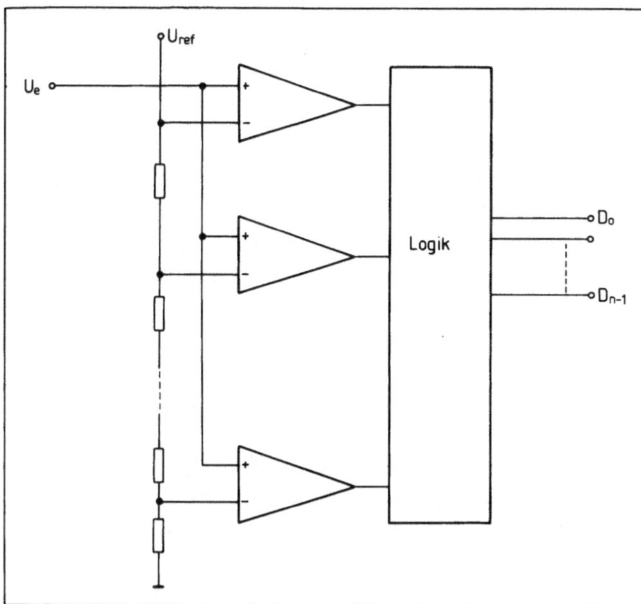

Bild 5.20
A/D-Wandler nach dem
Parallelverfahren

Für die A/D-Wandlung gibt es eine Reihe von Verfahren, welche in die drei Gruppen *Parallel-, Wäge- und Zählverfahren* eingeordnet werden können. Das Prinzip des *Parallelverfahrens* zeigt Bild 5.20. Die Eingangsspannung U_e wird durch die Komparatoren mit 2^{n-1} Referenzspannungen verglichen, welche so abgestuft sind, daß sie sich jeweils um den Wert eines **LSB** (*Least Significant Bit*, d.h. niedrigstwertiges Bit) unterscheiden. Diejenigen Komparatoren, bei denen U_0 kleiner als die zugehörige Referenz ist, haben daher an ihrem Ausgang log. 0, während die übrigen log. 1 haben. Die nachgeschaltete Logik erkennt daraus den digitalen Wert und gibt ihn binär kodiert an die Ausgänge weiter. Das Parallelverfahren wandelt also die Eingangsspannung in einem einzigen Schritt um und ist daher sehr schnell. Es ist jedoch außerordentlich aufwendig, da 2^{n-1} Komparatoren benötigt werden.

Wesentlich weniger Aufwand erfordert das *Wägeverfahren (sukzessive Approximation)*. Das zugehörige Prinzipschaltbild zeigt Bild 5.21. Das analoge Eingangssignal wird auf einen Komparator gegeben. Die Vergleichsspannung wird über einen D/A-Wandler von der Logik erzeugt. Als Beispiel sei ein 4-Bit-A/D-Wandler betrachtet. Die Logik gibt zunächst den Wert 1000 (binär) aus. Ergibt der Vergleich mit dem Komparator, daß der

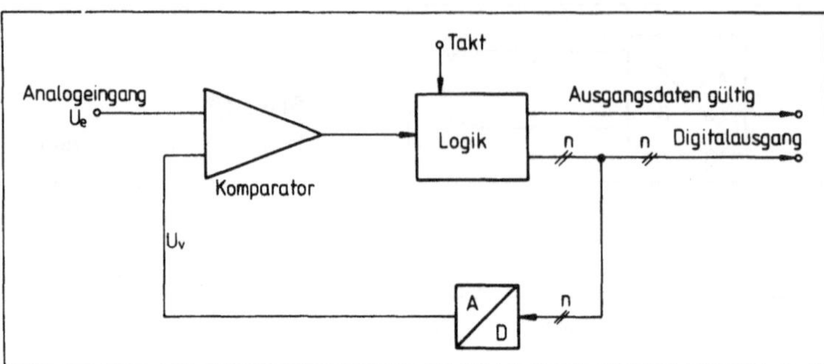

Bild 5.21 Prinzipschaltbild für A/D-Wandler nach dem Wäge- bzw. Stufenumsetzverfahren

Ausgang des D/A-Wandlers größer als die Eingangsspannung U_e ist, so wird das höchstwertige Bit b_3 des Ausgangs gleich 1 gesetzt, sonst gleich 0. Als nächsten Schritt gibt die Logik b_3 100 aus und bestimmt dem Vergleich mit der Eingangsspannung entsprechend Bit b_2 des Ergebnisses. Auf diese Weise wird in vier Schritten die A/D-Wandlung durchgeführt. Allgemein sind für eine n-Bit-A/D-Wandlung n Schritte erforderlich. Da sich während der Wandlung der Digitalausgang laufend ändert, gibt die Logik ein Signal ab, sobald die Wandlung beendet ist.

Gegenüber dem Parallelverfahren erfordert das Wägeverfahren einen wesentlich geringeren Bauteileaufwand, jedoch eine relativ komplizierte Logik. Es empfiehlt sich daher, die Steuerung des Wandlungsablaufes dem Mikroprozessor zu übertragen.

Den geringsten Aufwand, allerdings auf Kosten der Umsetzgeschwindigkeit, erfordern die verschiedenen *Zählverfahren*. Eine Vergleichsspannung U_v wird schrittweise um den einem LSB entsprechenden Betrag erhöht, bis ein Komparator deren Gleichheit mit der Eingangsspannung feststellt. Die Anzahl der Schritte ist dann das Ergebnis der A/D-Wandlung. Bei einer Variante des Zählverfahrens wird die Vergleichsspannung durch Aufladen eines Kondensators mit einer Konstantstromquelle gebildet und die zum Erreichen der Eingangsspannung erforderliche Zeit bestimmt. Daraus kann, zweckmäßigerweise durch den Mikroprozessor, der digitale Wert der Eingangsspannung ermittelt werden. Diese Variante des Zählverfahrens benötigt keinen D/A-Wandler; ferner ist nur eine Eingangsleitung des Mikrocomputers erforderlich, während die anderen Verfahren zur A/D-Wandlung direkt den digitalen Wert an einen Eingangsport des Mikrocomputers liefern.

Einige Formen der Zählverfahren werden nun besprochen. Mit dem Wägeverfahren verwandt ist das *Stufenumsetzverfahren (Single-Slope-Verfahren)*. Prinzipschaltbild ist wieder Bild 5.21. Der Unterschied zum Wägeverfahren besteht nur im Verhalten der Logik. Während beim Wägeverfahren die Eingangsspannung systematisch „eingekreist" wird, was eine komplizierte Ablaufsteuerung erfordert, wird beim Stufenumsetzverfahren bei Null begonnen und stufenweise hinaufgezählt, bis die Vergleichsspannung U_v die Eingangsspannung U_e erreicht. Die Logik besteht daher im wesentlichen nur mehr aus einem Zähler. Ein Schaltbeispiel ist in Abschn. 5.4.3 beschrieben.

Der D/A-Wandler und der Zähler entfallen, wenn die Vergleichsspannung durch Aufladen eines Kondensators mit einer Konstantstromquelle erzeugt wird. Man erhält dadurch eine interessante Variante des Single-Slope-Verfahrens, nämlich das *Sägezahnverfahren*. Als Ausgang bekommt man einen Impuls, dessen Länge zur Eingangsspanung U_e

proportional ist; er wird durch den Mikroprozessor ausgewertet. Eine Schaltung aus diskreten Bauteilen ist in [12] zu finden.

Ein Nachteil des Sägezahnverfahrens besteht darin, daß die Kapazität des Kondensators in das Ergebnis eingeht; dadurch ist die Genauigkeit von der Langzeitstabilität des Kondensators abhängig. Das wird beim *Doppelintegrationsverfahren (Dual-Slope-Verfahren)* vermieden. Hier wird der Kondensator über einen Integrator von der Eingangsspannung aufgeladen und anschließend von einer Referenzspannung wieder entladen. Die Eingangsspannung wird nun durch das Verhältnis von Auf- und Entladezeit repräsentiert, so daß der Wert des Kondensators keine Rolle mehr spielt.

Eine Übersicht über verschiedene Methoden der D/A- und A/D-Wandlung findet man in [38] Kap. 24, eine mehr theoretische Behandlung in [6]. [43] beschreibt A/D-Wandler für den MHz-Bereich.

5.4.3 Ein A/D-Wandler nach dem Stufenumsetzverfahren

Einen A/D-Wandler nach dem *Stufenumsetzverfahren* mit dem integrierten Baustein ZN425E (Ferranti) zeigt Bild 5.22. Dieser Baustein wurde in Abschn. 5.4.1 bereits zum Teil beschrieben. Zusätzlich enthält er einen 8-Bit-Zähler. Durch positives Potential an Pin 2 wird dieser aktiviert und sein Zustand nach außen durchgeschaltet, s. die Digitalausgänge D0 ... D7. Takteingang ist Pin 4, Reseteingang Pin 3. Ein kurzer Startimpuls setzt den Zähler auf 0 sowie den Q-Ausgang des RS-Flip-Flops V 4 auf log. 1. Dadurch wird der Takt auf den Zähler durchgeschaltet. Dieser zählt solange weiter, bis der Ausgang Pin

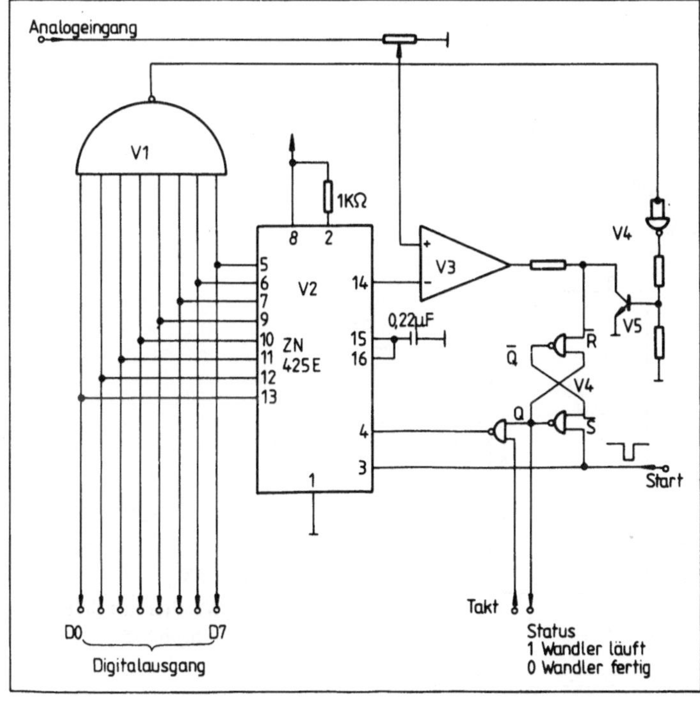

Bild 5.22

A/D-Wandler mit
ZN425E nach [7]

14 des D/A-Wandlers die am Potentiometer abgegriffene Teilspannung der Eingangsspannung erreicht. Nun geht der Ausgang des Komparators auf negatives Potential, wodurch das RS-Flip-Flop zurückgesetzt wird. Dadurch geht Q ebenfalls auf negatives Potential und signalisiert damit auf der Statusleitung, daß die Wandlung beendet ist. Zugleich wird die Zuschaltung des Taktes auf den Zähler blockiert, so daß dieser beim er-
reichten Wert stehen bleibt. An den Digitalausgängen D0 ... D7 steht nun das Wandlungsergebnis. Dieser Zustand dauert so lange an, bis ein neuer Startimpuls gegeben wird.

Die bisher beschriebene Schaltung funktioniert nur, wenn der dem Komparator
zugeführte Teil der Eingangsspannung nicht größer als die maximale Spannung am Pin 14
ist; andernfalls spricht der Komparator nicht an, so daß der Zähler überläuft und wieder
mit 0 beginnt. Das Statussignal „Wandler fertig" würde niemals erscheinen. Um das zu
verhindern, wird zusätzlich das NAND-Gatter V1 (z. B. 7430) eingefügt. Sobald der Zähler seinen Höchststand (alle Leitungen log. 1) erreicht, wird über den Transistor V5 der
Komparatorausgang nach 0 gezogen und damit der Zählvorgang gestoppt.

5.4.4 Ein A/D-Wandler mit dem SAB 3060P

Einen A/D-Wandler mit dem Baustein SAB 3060 P (Siemens) zeigt Bild 5.23. Er
ist zwar in erster Linie für die Zusammenschaltung von Prozessoren wie 8080 und 8085
ausgelegt, doch kann er auch in anderen Systemen verwendet werden. Eine genaue Beschreibung findet man im Datenblatt [35]. Bei der hier gezeigten Schaltung liegen die
Eingänge $\overline{CS}$ (Pin 4) und $\overline{RD}$ (Pin 3) auf Masse, so daß der Wandler im asynchronen Betrieb arbeitet.

Die Wandlung selbst sowie die Ausgabe des Wandlungsergebnisses auf die Ausgänge
DB0 ... DB7 werden durch den Eingang CLK (Pin 2) getaktet. Dieses Signal kann aus
dem Takt des Mikrocomputers abgeleitet werden.

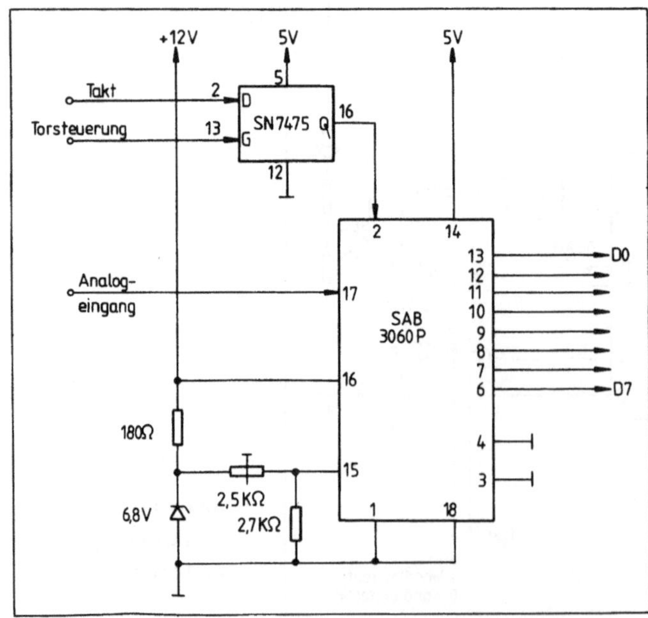

Bild 5.23

A/D-Wandler mit SAB
3060P nach [35]

Beim Lesen des Ergebnisses durch den Mikrocomputer muß sichergestellt sein, daß sich die Daten nicht ändern. Daher wird der Eingangstakt nicht direkt mit CLK verbunden, sondern über eine aus dem D-Flip-Flop SN 7475 bestehende Torschaltung. Solange dessen Eingang G auf H liegt, wird der Takt durchgelassen. Geht G auf L, so bleibt der gerade vorhandene Zustand am Ausgang bestehen; der Wandler wird angehalten. Die Torsteuerung erfolgt durch einen Ausgang des Mikrocomputers.

5.5 Zusammenfassung

Sensoren

Sensoren sind Bauelemente, die physikalische Größen in vom Rechner verwertbare elektrische Größen (meist Ströme oder Spannungen) umwandeln. Ein Sensor muß *monoton* und sollte möglichst *linear* sein. Ferner darf er die zu messende Größe nur *wenig beeinflussen* und muß *selektiv* wirken.

Einteilung der Sensoren (mit Beispielen):
Widerstände als Sensoren

    Temperaturabhängige Widerstände (NTC, PTC)
    Dehnungsmeßstreifen
    Potentiometer
    Feldplatten

Kapazitive Sensoren (Kondensatoren)
    Drucksensoren
    Feuchtigkeitsbestimmung

Induktive Sensoren (Spulen)
    Beschleunigungsmessung
    Schichtdickenmessung
    Näherungsschalter

Piezoelektrische Sensoren
    Drucksensoren

Optische Sensoren
    Solarzellen
    Fotowiderstände
    Fotodioden
    Fototransistoren

Sensoren mit digitalem Ein- oder Ausgang.

Das vom Sensor gelieferte Signal muß meist für den Mikrocomputer **aufbereitet** werden. Dazu gibt es 3 Verfahren:

1) Signal in eine *Spannung umwandeln* und verstärken
2) Sensor in eine *Brückenschaltung* einbauen und die Brückenverstimmung über einen Differenzverstärker weiterverarbeiten. Dieses Verfahren ist genauer, aber auch aufwendiger als das erste.
3) Kapazitive und induktive Sensoren können als *frequenzbestimmende Elemente* in einen Schwingkreis eingebaut werden.

Bei genauen Messungen muß der *Temperaturgang* des Sensors *kompensiert werden*.

Linearisierung

Zur **Linearisierung** des Sensorsignals können folgende Methoden eingesetzt werden:

1) *Vernachlässigung* der Nichtlinearität
2) Linearisierung durch *Software*
3) Linearisierung durch *Beschaltung* (z. B. Widerstandsnetzwerk bei NTC-Widerständen).

Stellgrößenausgabe

Die **Ausgabe der berechneten Stellgröße** an den Prozeß erfolgt mittels eines *digitalen Haltegliedes* und eines *D/A-Wandlers*. Sind mehrere Stellgrößen auszugeben, so werden entsprechend viele Halteglieder und D/A-Wandler benötigt. Statt dessen kann man auch der Reihe nach die einzelnen Stellgrößen auf einen einzigen D/A-Wandler geben und daran für jeden Prozeß ein eigenes *analoges Halteglied* anschließen.

Für die **Ansteuerung des Stellgliedes** gibt es folgende Möglichkeiten:

1) *Stellgliedsteuerung*
2) *Stellgliedregelung*
3) *Rückführung* der wirklichen Stellung des Stellgliedes in den Regelalgorithmus.

D/A- und A/D-Wandler

Ein **Digital-/Analog-Wandler** (D/A-Wandler) setzt eine digitale Größe in den entsprechenden analogen Wert um.

Ein **Analog-/Digital-Wandler** (A/D-Wandler) setzt eine analoge Größe in den entsprechenden Digitalwert um. Folgende Verfahren sind gebräuchlich:

Parallelverfahren
Wägeverfahren (Sukzessive Approximation)
Zählverfahren
Stufenumsetzverfahren (Single-Slope-Verfahren)
Sägezahnverfahren
Doppelintegrationsverfahren (Dual-Slope-Verfahren).

6 Detailprobleme

6.1 Übersicht

Bei der digitalen Regelung tritt eine Reihe verschiedenartiger Probleme auf, die bei der bisherigen systematischen Behandlung nur kurz erwähnt wurden. Sie sind jedoch von großer Bedeutung für das ordnungsgemäße Funktionieren eines Regelsystems. Ihrer Lösung ist das vorliegende Kapitel gewidmet.

Wie bereits erwähnt wurde, ist es äußerst wichtig, daß die *Abtastzeit exakt eingehalten* wird. Es gibt verschiedene Möglichkeiten, das zu gewährleisten. Besondere Vorkehrungen sind für den Fall zu treffen, daß ein neuer Abtastzeitpunkt eintritt, während Berechnung oder Ausgabe der Stellgröße noch im Gang sind. All das ist Gegenstand von Abschn. 6.2.

Ein Sensor mit nachgeschaltetem A/D-Wandler liefert dem Rechner ein Signal, das i. a. nichtlinear von der Meßgröße abhängt und zudem meist durch Störgrößen wie etwa die Sensortemperatur verfälscht ist. Methoden zur softwaremäßigen *Linearisierung* und *Temperaturkompensation* sind in Abschn. 6.3 beschrieben.

Bei den meisten Regelungen muß in bestimmten Fällen vom eigentlichen Regelalgorithmus *abgewichen* werden, etwa beim *An- und Abfahren* oder bei Überschreiten von *Grenzwerten*. Hinweise dazu gibt Abschn. 6.4.

Jeder Regler ist im praktischen Betrieb *Störungen* ausgesetzt. Regler, die einen Mikroprozessor enthalten, sind in dieser Hinsicht empfindlicher als Analogregler. Werden keine Gegenmaßnahmen getroffen, so können unkontrollierte Reaktionen des Systems eintreten und u. U. beträchtliche Schäden verursachen. Nach einem *Netzausfall* gehen die Inhalte der CPU-Register und der RAM-Speicher verloren, so daß sich das System bei Netzwiederkehr in einem undefinierten Zustand befindet. Noch schwerwiegender wird das System durch *Einstreuungen* auf die Busleitungen beeinträchtigt; hier kann es geschehen, daß das Programm „abstürzt" und in einen Zustand gerät, aus dem es ohne fremde Hilfe nicht mehr herausfindet. Abschn. 6.5 zeigt, was man dagegen tun kann.

Die beiden letzten Abschnitte behandeln Problemlösungen, die in manchen Fällen nützlich sind. Abschn. 6.6 erläutert, wie man die relativ große *Rechenzeit* der meisten Mikroprozessoren durch Einsatz von Arithmetikbausteinen oder von Prozessoren mit Multiplizier- und Dividierbefehlen verkürzen kann. Schließlich beschreibt Abschn. 6.7 ein Verfahren, mit dem man eine *kontinuierliche Regelung* erreicht, wenn nur ein *Zweipunktstellglied* vorhanden ist.

6.2 Einhalten der Abtastzeit

6.2.1 Prinzipien zur Erzeugung des Abtasttaktes

Um die Abtastzeit einzuhalten, läge es eigentlich nahe, nach der Berechnung und Ausgabe der Stellgröße eine Zeitschleife der entsprechenden Länge zu durchlaufen und anschließend den nächsten Abtastschritt durchzuführen. Dieses Vorgehen hat jedoch zwei wesentliche Nachteile. Erstens hängt die Zeit für das Einlesen des Istwertes, für die Durchführung der Multiplikationen und für das Ausgeben der Stellgröße von den jeweiligen Daten ab, so daß die Abstastintervalle unterschiedlich lang sind. Dieser Effekt könnte allenfalls zugelassen werden, wenn die Rechenzeit gegenüber der Abtastzeit verschwindend klein ist, was in der Praxis nicht allzu oft vorkommt. Zweitens ist der Prozessor während der Zeitschleife für andere Aktivitäten blockiert; dadurch kommen viele Vorteile der Mikroprozessorregelung nicht zur Geltung. Daher ist die Erzeugung des Abtasttaktes durch Software in der Regel ungünstig; sie sollte *grundsätzlich durch Hardware* erfolgen.

Um dem Prozessor Gelegenheit zu verschiedenen Aktivitäten zu geben und trotzdem die Abtastzeit exakt einzuhalten, bietet sich die **Interrupttechnik** an. Ein externer Timer gibt zu jedem Abtastzeitpunkt einen Impuls an den Prozessor; dieser unterbricht daraufhin das gerade laufende Programm, gibt die neue Stellgröße an den Prozeß aus und kehrt in das unterbrochene Programm zurück.

Der Einhaltung der Abtastzeit ist der richtige Stellenwert innerhalb des Gesamtsystems zu geben; daher müssen den einzelnen Teilaufgaben des Prozessors *Prioritäten* zugeteilt werden. Eine grobe, aber für viele Fälle ausreichende Einteilung, die bereits nach der Rangfolge geordnet ist, wäre etwa die folgende:

1) Notfälle
2) Durchführung der Regelung (wird durch den Abtastzeittimer ausgelöst)
3) Dokumentation des Regelkreisverhaltens
4) Bedienung des Systems

Dabei hat die Behandlung von Notfällen die höchste Priorität. Die Reihenfolge von 3) und 4) kann je nach den Erfordernissen vertauscht sein; oft entfällt 3) auch ganz.

Unter den Notfällen gibt es solche, auf die das System sofort reagieren muß; durch eine Hardwareschaltung, die direkt auf den Prozeß einwirkt, wird der relativ langsame Prozessor umgangen. Ein „klassisches" Beispiel für eine solche Notfallbehandlung ist das Überdruckventil an einem Dampfkessel, das nur auf den Druck anspricht und vom restlichen System völlig unabhängig arbeitet. Weniger dringende Notfälle werden durch einen Interrupt gemeldet und vom Prozessor bearbeitet.

Die nächste Prioritätsstufe kommt bereits der Regelung zu. Die Zeit, die nach der Notfallbehandlung und der Regelung übrig bleibt, kann zur Dokumentation und Systembedienung genutzt werden. Diese Aufgaben erfordern häufig keine Interrupts, sondern werden im Rahmen eines „Hintergrundprogramms" erledigt. Bei ganz einfachen Reglern, die weder eine Dokumentation noch Eingriffe in das System erfordern, besteht dieses Hintergrundprogramm lediglich aus einer Warteschleife.

6.2.2 Verfahren zur Erzeugung des Abtasttaktes

Zur *Erzeugung des Abtasttaktes* sind grundsätzlich alle Schaltungen geeignet, die in regelmäßigen Zeitabständen ein Signal abgeben. Die Ein-/Ausgabebausteine der Mikrocomputer enthalten in der Regel einen *programmierbaren Timer*. Da jedes Mikroprozessor-Regelsystem mindestens einen E/A-Baustein enthält, liegt es nahe, diesen Timer zur Erzeugung der Abtastzeit einzusetzen. Der Timerausgang wird zu diesem Zweck mit dem entsprechenden Interrupteingang des Prozessors verbunden. Der besondere Vorteil des Timers liegt in seiner Programmierbarkeit, so daß die Abtastzeit bei Bedarf durch das Programm geändert werden kann. Ferner arbeitet der Timer mit dem normalerweise quarzgenauen Systemtakt, so daß die Abtastzeit sehr exakt eingehalten wird.

Für die Abtasttakterzeugung kommen zwei Betriebsarten des Timers in Frage; er kann als *freilaufender Oszillator* oder als *Monoflop* betrieben werden. Im ersten Fall gibt er, einmal in Betrieb genommen, in den programmierten Zeitabständen Impulse an den Prozessor weiter, bis er durch einen entsprechenden Befehl angehalten wird. In der Betriebsart als Monoflop erhält der Timer vom Prozessor einen Startimpuls und gibt nach Ablauf der programmierten Zeit ein Signal an den Prozessor zurück. Als erste Reaktion muß der Prozessor wiederum einen Startimpuls an den Timer geben; dieser Impuls kann gleichzeitig als Startimpuls für den A/D-Wandler dienen, der zum Einlesen des Istwertes eingesetzt ist. Gegenüber der freilaufenden Betriebsart bedeutet die Notwendigkeit des jedesmaligen Startimpulses keinen Nachteil, da auch dort der Startimpuls für den A/D-Wandler benötigt wird. Man muß jedoch berücksichtigen, daß die Reaktionszeit auf das Signal des Timers kleinen Schwankungen unterworfen ist, da ein Interrupt frühestens dann behandelt werden kann, wenn der letzte angefangene Befehl abgearbeitet wurde. Bei Monoflopbetrieb sind daher die Abtastintervalle nicht exakt gleich lang, doch können diese Schwankungen in der Regel vernachlässigt werden.

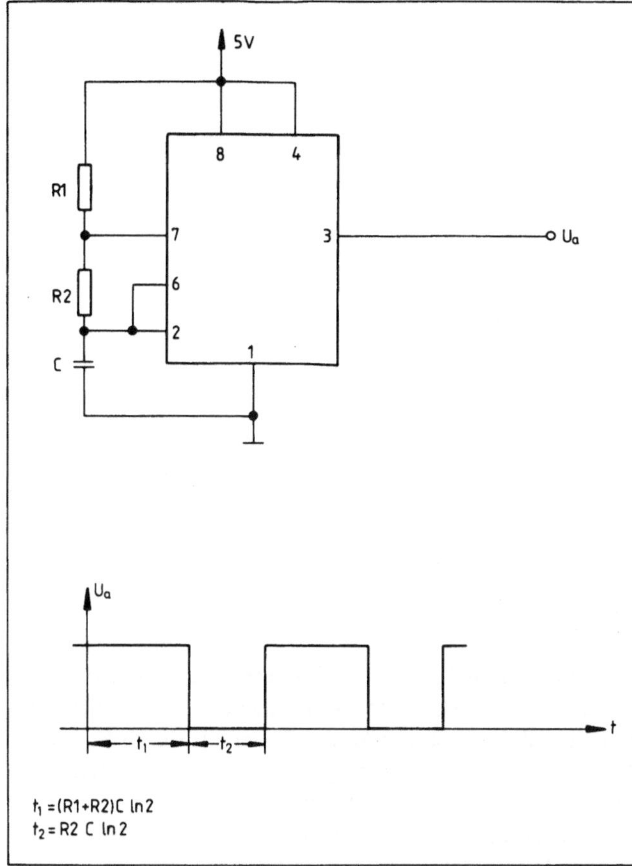

$$t_1 = (R1 + R2)C \ln 2$$
$$t_2 = R2\, C \ln 2$$

Bild 6.1
Freilaufender Rechteckoszillator
mit dem Timerschaltkreis 555
nach [38] S. 446

Anstelle eines programmierbaren Timers kann man zur Erzeugung der Abtastimpulse auch *andere Oszillatoren* einsetzen. Ähnlich wie bei der Verwendung programmierbarer Timer ist dabei zwischen freilaufenden Oszillatoren und Monoflops zu unterscheiden. Mikroprozessoren sind meist so beschaffen, daß ein Interrupt durch eine abfallende Flanke am entsprechenden Eingang ausgelöst wird. Als freilaufender Oszillator muß daher ein Rechteckgenerator mit genügend steilen Flanken verwendet werden. Dazu eignet sich z. B. der Schaltkreis 555 (s. Bild 6.1). Wird ein Monoflop eingesetzt, so muß der Prozessor einen Startimpuls geben; daraufhin gibt das Monoflop einen Impuls bestimmter Dauer ab. Ein solches Monoflop kann ebenfalls mit dem Schaltkreis 555 realisiert werden. Die Schaltung von Bild 6.2 benötigt einen kurzen negativen Startimpuls; der Ausgang geht dadurch auf positives Potential und springt nach Beendigung der Schaltzeit t wieder auf Null zurück. Diese negative Flanke kann zur Interruptauslösung verwendet werden. Die Schaltzeit ist durch R und C bestimmt und kann zwischen einigen μs und einigen Minuten betragen; das ist gerade der Bereich, in denen die Abtastzeiten von Mikroprozessorreglern liegen.

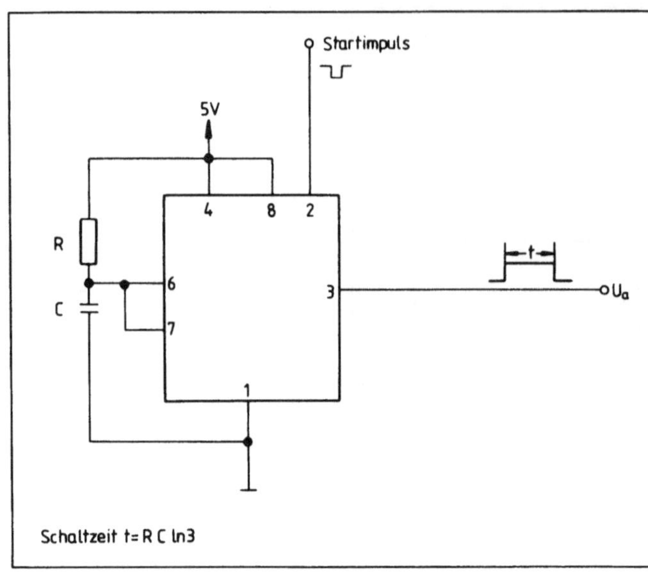

Bild 6.2
Monoflop mit dem Timer-
schaltkreis 555 nach [38]
S. 447

Besonders bei programmierbaren Timern kann es vorkommen, daß die größte erreichbare Zeit kleiner als die erforderliche Abtastzeit ist. Wenn man es nicht vorzieht, an den Timer einen Frequenzteiler anzuschließen, kann man die Timerzeit durch Software vervielfachen. Man muß nur dafür sorgen, daß der Interrupt nicht sofort einen Abtastvorgang auslöst, sondern zunächst ein Zählerregister dekrementiert. Erst wenn dieses Register zu Null wird, ist ein Abtastvorgang auszulösen. Zugleich wird das Zählerregister wieder mit seinem Startwert geladen. Diese Methode wird beim Standardbeispiel (vgl. Kap. 10) verwendet.

Zu Beginn eines Abtastvorganges wird über einen A/D-Wandler der Istwert eingelesen. Die Wandlung dauert eine gewisse Zeit, die i. a. nicht genau vorhersehbar ist. Der Prozessor benötigt daher ein Signal, das angibt, daß die Wandlung beendet ist und der Istwert am Eingangsport zur Verfügung steht. Dieses Signal wird vom Wandler automatisch erzeugt und kann zur Auslösung eines Interrupts verwendet werden. Der Prozessor muß in der Lage sein, diesen von anderen Interrupts, vor allem vom Abtastimpuls, zu unterscheiden. Den dazu nötigen Softwareaufwand kann man vermeiden, wenn man das Signal „Wandlung beendet" nicht an einen Interrupteingang, sondern an eine Eingangsleitung des Mikrocomputers legt. Der Prozessor fragt diese Leitung so lange ab, bis dieses Signal vorhanden ist. Da die Wandlungszeit im Vergleich zur Abtastzeit sehr klein ist, kann der dadurch entstehende Zeitverlust gewöhnlich leicht in Kauf genommen werden.

6.2.3 Maßnahmen gegen zu kleine Abtastzeiten

Die Theorie der digitalen Regelung geht gewöhnlich von der Annahme aus, daß die Rechenzeit klein gegen die Abtastzeit ist, da dann die Ausgabe der Stellgröße zeitlich mit dem Einlesen des Istwerts zusammenfällt. Für die Praxis bedeutet das eine wesentliche Einschränkung, da unter dieser Voraussetzung Mikroprozessor-Regelungen mit Abtastzeiten unter einer Sekunde kaum mehr möglich wären. Man kann jedoch durchaus Regler realisieren, bei denen die Rechenzeit nicht mehr viel kleiner als die Abtastzeit ist. Dabei wächst jedoch die Gefahr, daß ein neuer Abtastimpuls eintrifft, bevor der alte vollständig bearbeitet ist. Würde man dagegen keine Vorkehrungen treffen, so könnten verheerende Folgen eintreten.

Die Bearbeitung eines Abtastimpulses beschränkt sich oft nicht auf die Berechnung und Ausgabe der Stellgröße. In vielen Fällen ist eine Dokumentation des Prozeßverlaufs erwünscht. Es ist nicht notwendig, aber oft sinnvoll, sie mit dem Abtastimpuls zu koppeln. Zur Rechenzeit kommt dann noch die Dokumentationszeit hinzu. Ist nun die Abtastzeit relativ kurz, so kann ein Abtastimpuls während der Dokumentation auftreten. Um die daraus erwachsenden Folgen absehen zu können, muß man die Bearbeitung eines Abtastimpulses etwas genauer betrachten. Der Abtastimpuls löst einen Sprung des Programms zur Interrupt-Serviceroutine aus. Zunächst werden bestimmte Daten auf den Stapel gelegt. Nun wird der Istwert eingelesen und die Stellgröße berechnet und ausgegeben. Ist die Dokumentation mit dem Abtastimpuls gekoppelt, so wird sie anschließend durchgeführt, und zwar im Rahmen der Interrupt-Serviceroutine. Nach Beendigung der Dokumentation holt der Prozessor die Daten wieder vom Stapel und kehrt in das Hintergrundprogramm zurück.

Tritt während der Dokumentation ein weiterer Abtastimpuls auf, so wird sofort wieder die Interrupt-Serviceroutine durchgeführt. Wiederum werden Daten auf den Stapel gelegt usw. Tritt der Abtastimpuls immer wieder zu früh auf, so wird die Interrupt-Serviceroutine niemals regulär beendet; die Folge ist, daß der Stapel nach einiger Zeit überläuft und das ganze System durcheinanderbringt.

Das muß unter allen Umständen verhindert werden. Die nächstliegende Lösung, nämlich während der Bearbeitung eines Abtastimpulses jeden Interrupt zu sperren (zu „maskieren"), ist nicht durchführbar, weil dann die Abtastzeit nicht mehr eingehalten wird. Vielmehr muß das Programm erkennen, daß während der Interrupt-Serviceroutine ein Abtastimpuls aufgetreten ist. Zu diesem Zweck wird zu Beginn der Routine eine Flag gesetzt und am Ende wieder gelöscht. Tritt nun ein Abtastimpuls auf, so wird zunächst diese Flag überprüft. Ist sie gesetzt, so wurde die Routine nicht ordnungsgemäß beendet; daher müssen geeignete Maßnahmen getroffen werden. Ist sie aber gelöscht, so wird die Regelung und Dokumentation regulär durchgeführt.

Besonders schwerwiegende Folgen treten auf, wenn der Abtastimpuls bereits während der Berechnung der Stellgröße eintrifft. Die Stellgröße wird dann nämlich überhaupt nicht ausgegeben, so daß die Verbindung vom Regler zum Prozeß unterbrochen ist. Das Erkennen dieser Komplikation kann auf dieselbe Weise wie bei der Dokumentation durch Abfrage einer Flag erfolgen. Diese Flagtechnik wird beim Standardbeispiel angewendet und beschrieben (vgl. Kap. 10).

Welche Maßnahmen der Prozessor ergreifen muß, wenn er erkennt, daß die Interrupt-Serviceroutine unzulässig unterbrochen wurde, hängt von der Stelle der Unterbrechung (ob bei der Regelung oder nur bei der Dokumentation) und von den Erfordernissen des Gesamtsystems ab. Die Dokumentation ist gewöhnlich ohne Bedeutung für die eigentliche Regelung. Daher kann sie oft gekürzt oder ganz gestrichen werden. Dagegen ist eine Unterbrechung der Regelung in jedem Fall eine äußerst schwerwiegende Angelegenheit. Am einfachsten ist es, den Prozeß kurzerhand anzuhalten. Wenn das nicht durchführbar ist, muß der Regler in einen „Notbetrieb" umgeschaltet werden, entweder durch Verlängerung der Abtastzeit (dadurch geht allerdings die Optimierung der Reglerparameter verloren) oder durch Verkürzen der Rechenzeit durch Verwendung eines kürzeren Algorithmus. In allen diesen Fällen muß ein Störsignal für das Bedienungspersonal gegeben werden.

6.2.4 Regelung mehrerer Regelkreise

Ein Mikroprozessor ist durchaus in der Lage, mehrere Regelkreise gleichzeitig zu bedienen. Im allgemeinsten Fall hat jeder Kreis seine eigene Abtastzeit; für jeden wird daher ein eigener Timer benötigt. Die Funktion dieser Timer ist dieselbe wie bei einem einzigen Regelkreis (6.2.2): im Abtastzeitpunkt wird eine Interruptanforderung an den Prozessor gegeben. Jedoch muß nun die Interruptserviceroutine feststellen, von welchen Timer die Anforderung kommt, damit sie den richtigen Kreis regelt.

Das kann auf verschiedene Weise geschehen. Hat der Prozessor mehrere Interrupteingänge, so wird jeder Timer mit einem anderen Eingang verbunden; dadurch wird von selbst das richtige Regelprogramm aufgerufen. Ist nur ein Eingang vorhanden, oder gibt es mehr Regelkreise als Eingänge, so muß die Interruptserviceroutine herausfinden, von welchem Timer die Anforderung stammt. Zu diesem Zweck werden die möglichen Interruptquellen der Reihe nach abgefragt. Anschließend kann der betreffende Regelkreis bedient werden.

Während die Identifikation der Quelle eine Standardaufgabe der Interruptbehandlung ist, deren Bewältigung in der Mikroprozessor-Literatur ausführlich beschrieben wird, ergeben sich aus der Unabhängigkeit der Timer schwerwiegende Probleme. Da die Interruptanforderungen völlig unkoordiniert kommen, wird sehr oft ein gerade laufender Regelalgorithmus durch eine solche Anforderung unterbrochen. In diesem Fall muß entschieden werden, ob der unterbrochene Regelalgorithmus zu Ende geführt wird, oder ob der neue Regelkreis vorrangig zu behandeln ist. Man muß also eine Priorität der Regelkreise festlegen. Daß dabei der Zeitablauf durcheinander kommt, ist unausweichlich; die exakte Einhaltung aller Abtastzeiten ist nicht mehr möglich. Selbst wenn man Abweichungen der Abtastzeiten zuläßt, muß man dafür sorgen, daß kein Kreis zu kurz kommt. Die Gefahr, daß durch die vielen verschachtelten Interrupts der Stapel überläuft, ist ebenfalls nicht zu unterschätzen. All das erfordert zu seiner Bewältigung ein kompliziertes Betriebssystem. Meist wird es daher günstiger sein, für jeden unabhängigen Regelkreis einen eigenen Prozessor einzusetzen.

Die Sachlage wird wesentlich einfacher, wenn die Abtastzeiten von vornherein miteinander koordiniert sind, oder wenn eine solche Koordination künstlich hergestellt werden kann. Ersteres ist bei abhängigen Regelkreisen der Fall, z. B. bei der Stellgliedregelung (5.3.4) oder bei Kaskadenreglern (7.2.). Bei unabhängigen Regelkreisen muß untersucht werden, ob die Abtastzeiten untereinander in Beziehung gebracht werden können. Am einfachsten ist es, wenn alle Abtastzeiten gleich sind. Ein Beispiel dafür ist in Kap. 12 beschrieben. Es genügt ein einziger Timer, der in Abständen t_0 einen Interrupt erzeugt. Nach jedem Interrupt wird ein anderer Regelkreis bearbeitet. Ist der letzte Kreis bedient worden, so kommt wieder der erste an die Reihe. Auf diese Weise arbeiten alle Kreise mit der richtigen Abtastzeit.

Sind die Abtastzeiten verschieden, so kann man oft eine Zeit t_0 derart finden, daß alle Zeiten ganzzahlige Vielfache davon sind, d. h. $T_0^{(i)} = n_i t_0$. Der Timer erzeugt wiederum in Abständen t_0 einen Interrupt. Durch ein einfaches Schema kann jeweils festgestellt werden, ob und gegebenenfalls welcher Kreis zu regeln ist. Allerdings läßt sich nicht immer verhindern, daß zwei oder mehrere zu regelnde Kreise gleichzeitig zusammentreffen. Für diesen Fall müssen Prioritäten gesetzt werden. Der erforderliche Aufwand ist jedoch gering, da das Schema übersichtlich ist.

Wie bei einem einzelnen Regelkreis muß überwacht werden, ob die Stellgröße ausgegeben ist, bevor der nächste Regelalgorithmus durchgeführt wird (vgl. 6.2.3).

6.3 Auswertung des Sensorsignals im Rechner

6.3.1 Linearisierung

Auf die Bedeutung der Linearisierung des Sensorsignals wurde bereits in Abschn. 5.2.4 hingewiesen. Zwischen dem vom Sensor gelieferten Signal Y' und der vom Regler benötigten wirklichen Meßgröße Y besteht ein Zusammenhang der Gestalt $Y = f(Y')$, von dem vorausgesetzt wird, daß er monoton (und stetig) ist. Eine *Linearisierung durch Software* bedeutet für den Rechner die Aufgabe, aus der über den A/D-Wandler eingelesenen Größe Y' den wirklichen Wert genügend genau zu ermitteln. Das ist nur möglich, wenn der Zusammenhang f in geeigneter Form gespeichert vorliegt.

Eine erste Möglichkeit zur Ermittlung von Y besteht darin, die Funktion $Y = f(Y')$ *explizit zu programmieren.* Das setzt voraus, daß man die entsprechende Formel kennt. Häufig kommen dort transzendente Funktionen vor (vgl. Gl. (5.1)), die vom Mikrorpozessor nur unter großen Zeitaufwand berechnet werden können (vgl. aber 6.6.1). Daher ist diese Methode im allgemeinen nicht zu empfehlen.

Der Programmieraufwand und die erforderliche Rechenzeit werden erheblich reduziert, wenn die Funktion f in geeigneter Weise *approximiert* wird. Es liegt nahe, dafür ein Polynom der Form

$$Y = a + bY' + cY'^2 + \dots \tag{6.1}$$

zu verwenden ([46]). Zweckmäßigerweise wird diese Formel nicht so programmiert, wie sie dasteht. Verwendet man etwa ein Polynom dritter Ordnung, also

$$Y = a + bY' + cY'^2 + dY'^3, \tag{6.2}$$

so müßte man insgesamt 6 Multiplikationen durchführen. Eine einfache Umformung ergibt

$$((dY' + c)\,Y' + b)\,Y' + a = Y. \tag{6.3}$$

Berechnet man diese Formel der Reihe nach von links nach rechts, so benötigt man nur mehr 3 Multiplikationen. Diese Methode ist in der numerischen Mathematik als „Horner-Schema" bekannt.

Der Aufwand, aber auch die Genauigkeit wachsen mit der Anzahl der verwendeten Terme in Gl. (6.1).

Die bisher besprochenen Methoden zur Softwarelinearisierung beruhen auf der Berechnung des wirklichen Meßwertes durch eine Formel. Eine andere Möglichkeit besteht in der Verwendung einer *Umrechnungstabelle.* Das verringert die Rechenzeit ganz erheblich, wird allerdings durch den beträchtlichen Speicherplatzbedarf der Tabelle erkauft.

Die Genauigkeit der Linearisierung ist praktisch dieselbe wie bei Verwendung einer Formel.

Im Extremfall liegt eine *vollständige Umrechnungstabelle* vor. Das bedeutet, daß zu jedem möglichen eingelesenen Wert der zugehörige wirkliche Wert gespeichert ist. Als Beispiel sei ein Meßwert von 8 Bit Länge betrachtet; der Adreßbus des Prozessors sei 16 Bit, der Datenbus 8 Bit breit. Dann kann die Tabelle folgendermaßen aufgebaut werden: Wurde der Wert $XY eingelesen (XY repräsentiert das Bitmuster des eingelesenen Wertes), so ist die Adresse zu bestimmen, an welcher der zugehörige wirkliche Wert abgelegt ist. Das niederwertige Byte der Adresse wird gleich dem eingelesenen Wert, also gleich $XY gesetzt. Das höherwertige Byte der Adresse ist ein Bitmuster, welches die Lage der Tabelle im Speicher bestimmt und daher für jeden eingelesenen Wert dasselbe ist; es soll hier mit $KL bezeichnet werden. Der zum eingelesenen Wert $XY gehörende wirkliche Wert steht demnach an der Adresse $KLXY.

Dieser einfache Aufbau der Tabelle ist nur deshalb möglich, weil ein 8-Bit-Wert bei einem 8-Bit-Prozessor eine einzige Adresse belegt. Komplizierter wird es, wenn die Meßwerte länger sind; in der Praxis trifft man häufig 12 Bit an. Jeder Wert braucht dann zwei Speicherplätze, so daß die Tabelle komplizierter wird. Ferner ist die Anzahl der möglichen eingelesenen Werte wesentlich größer, damit wächst der Umfang der Tabelle erheblich.

Viel Speicherplatz kann man einsparen, wenn man nur wenige Werte tabellarisch festlegt und dazwischen *linear interpoliert* ([40]). Bild 6.3 zeigt das Prinzip. In der Tabelle sind die zu den Y_i' gehörigen wirklichen Werte Y_i gespeichert. Wird nun der Wert Y' eingelesen (in Bild 6.3 ist ein Beispiel gezeichnet), so ist der nächstniedrige Tabellenpunkt (im Beispiel Y_3') zu suchen; der wirkliche Werte Y kann durch

$$Y = Y_3 + a_3 \, (Y' - Y_3')$$

(6.4)

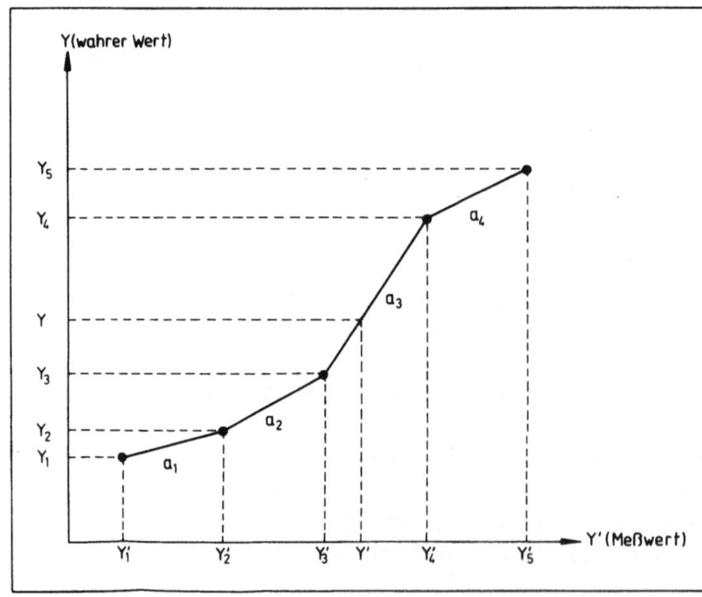

Bild 6.3

Linearisierung durch Interpolation

berechnet werden. Die Steigung a_3 wird entweder aus den Tabellenwerten errechnet oder ist ebenfalls gespeichert.

Statt linear kann man natürlich auch quadratisch oder mit noch höherer Ordnung interpolieren. Dann erhält man eine Kombination aus der Approximations- und der Tabellenmethode.

Bei allen Arten der Softwarelinearisierung ist auf die *Exemplarstreuungen* der Sensoren Rücksicht zu nehmen. Bei einem Austausch des Sensors kann es notwendig werden, die Parameter in den Formeln bzw. die Tabellenwerte zu ändern, sogar dann, wenn lediglich ein anderes Exemplar desselben Typs eingesetzt wird. Dabei spielt allerdings die gewünschte Genauigkeit, sowie die Möglichkeit eines externen Sensorabgleichs eine Rolle; daher kann nur im Einzelfall entschieden werden, ob eine Änderung erforderlich ist.

6.3.2 Kompensation des Temperaturverhaltens

Das Ausgangssignal eines Sensors hängt nicht allein von der zu messenden Größe ab, sondern wird auch von anderen Einflüssen bestimmt, die auf den Sensor einwirken. Eine besondere Rolle spielt dabei die Temperatur. Wenn der Temperaturgang des Sensors nicht mehr vernachlässigt werden kann, muß er kompensiert werden. Zu diesem Zweck mißt man die Temperatur des Sensors und korrigiert das Signal entsprechend. Eine Hardwareschaltung, die das leistet, ist in [28] beschrieben.

Eine Kompensation durch Software ist ebenfalls möglich. Sie kann vor oder nach der Linearisierung erfolgen. Hier wird der erstere Fall betrachtet. Der Wert Y' sei bei der Sensortemperatur T eingelesen worden und soll auf die Bezugstemperatur T_0 (üblicherweise 20 °C) umgerechnet werden; dieser korrigierte Wert werden mit Y'_0 bezeichnet. Meist genügt die folgende Näherung:

$$Y'_0 = Y' \, (1 + a \, (T - T_0)) \tag{6.5}$$

([28]). Dabei ist a eine für den Sensor charakteristische Konstante. Diese Formel kann leicht programmiert werden.

6.4 Abweichungen vom Regelalgorithmus

6.4.1 Beschränkung der Stellgröße

In Kap. 4 wurde eine Auswahl von Regelalgorithmen beschrieben. Häufig kann man einen Prozeß nicht von Anfang bis Ende mit einem einzigen Algorithmus beherrschen; vielmehr ist eine ganze Reihe von Situationen denkbar, in denen ein Abweichen vom einmal gewählten Algorithmus erforderlich ist.

Das beginnt bereits bei den Eigenschaften der Stellglieder. Die meisten Stellglieder haben einen endlichen *Stellbereich*, der durch einen oberen und einen unteren Anschlag beschränkt ist. Die vom Algorithmus berechnete Stellgröße kann daher wesentlich größer oder kleiner als die wirkliche Stellgröße sein. Dadurch wird das Regelverhalten ungünstig beeinflußt. Man kann dem abhelfen, indem man vom Algorithmus entsprechend abweicht. Diesbezügliche Verfahren sind in Abschn. 5.3.4 beschrieben.

Ein ähnlicher Effekt folgt aus der Trägheit des Stellgliedes. Die Stellgröße kann sich nämlich nicht beliebig schnell ändern, so daß die *Stellgeschwindigkeit* ebenfalls *beschränkt* ist. Die Berücksichtigung dieser Einschränkung erfolgt mit denselben Methoden wie bei den Stellgliedanschlägen.

6.4.2 Unterschiedliche Behandlung der einzelnen Prozeßphasen

Häufig besteht ein Prozeß aus mehreren *Phasen*, die unterschiedlich behandelt werden müssen. Zwischen der An- und Abfahrphase liegt die eigentliche Regelung, welche wiederum mehrere Teile umfassen kann. Die einzelnen Phasen bringen, jeweils für sich betrachtet, keine besonderen Probleme, sobald der geeignete Regelalgorithmus gefunden ist. Dagegen muß den *Phasenübergängen* gesonderte Aufmerksamkeit gewidmet werden. Diese sollen möglichst stoßfrei erfolgen; das bedeutet, daß bei der Umschaltung von einem Algorithmus zum anderen keine außergewöhnlich starken Stellbewegungen auftreten dürfen.

Der neue Algorithmus muß daher entsprechend vorbereitet sein, bevor man auf ihn umschaltet. Würden sich nämlich beim Einschalten in seinen Speichern beliebige Istwerte und Stellgrößen befinden, so stände die daraus berechnete neue Stellgröße mit den vorhergehenden Stellgrößen in keinerlei Beziehung. Um das zu verhindern, läßt man den neuen Algorithmus bereits einige Abtastperioden vor der Umschaltung „offen" mitlaufen ([13] S. 294 f.), d. h. man liest auch bei ihm Ist- und Sollwert ein und berechnet die Stellgröße, ohne sie allerdings an das Stellglied auszugeben. Das geschieht dann erst zum Zeitpunkt der Umschaltung.

Wenn der Umschaltzeitpunkt nicht durch äußere Bedingungen vorgegeben ist, kann man einen vollständig stoßfreien Übergang erreichen. Man läßt beide Algorithmen nebeneinander laufen und schaltet um, sobald die beiden berechneten Stellgrößen genügend genau übereinstimmen.

6.4.3 Behandlung von Notfällen

Der stärkste Eingriff in die normale Regelung wird bei *Notfällen* erforderlich. In erster Linie handelt es sich dabei um *Grenzwerte*, deren Überschreiten entweder bereits erfolgt ist oder aufgrund der Prozeßentwicklung befürchtet werden muß. Je nach Dringlichkeit kommen verschiedene Maßnahmen in Frage. Unter den Notfällen gibt es solche, die eine äußerst schnelle Reaktion erfordern, oder die auch dann behandelt werden müssen, wenn der Prozessor ausgefallen ist. Die entsprechenden Schutzeinrichtungen müssen direkt mit dem Prozeß verbunden sein; ein Beispiel dafür wäre etwa das Überdruckventil an einem Dampfkessel. Weniger kritische Grenzwerte können über einen nicht maskierbaren oder sogar über einen gewöhnlichen Interrupt den Mikroprozessor zu Gegenmaßnahmen veranlassen. Genügt für die Reaktion gar eine Zeit von mehreren Abtastperioden, so kann die Notfallbehandlung im Rahmen der normalen Regelung erfolgen.

6.5 Vorsorge gegen Störungen

6.5.1 Netzausfall

Wird der Mikroprozessor, was meist der Fall sein wird, aus dem Stromnetz versorgt, so muß mit *Netzausfällen* gerechnet werden. Ein Netzausfall hat zur Folge, daß die Gleichstromversorgung des Computers zusammenbricht. Damit gehen die RAM-Inhalte und die Inhalte der CPU-Register verloren. Bei Netzwiederkehr würde der Computer mit einem unvorhersehbaren Zustand beginnen; man muß daher dafür sorgen, daß in diesem Fall automatisch ein RESET gegeben wird.

Welche Maßnahmen im einzelnen gegen Netzausfälle zu treffen sind, hängt vom System ab. Hat der Prozeß eine eigene, vom Netzteil des Mikrocomputers unabhängige Versorgung, so kann er beim Ausfall des Mikrocomputers in einen unerwünschten Zustand geraten. Ein Netzausfall muß daher so rechtzeitig erkannt werden, daß der Prozessor noch vor dem Zusammenbrechen seiner Versorgung Zeit hat, den Prozeß anzuhalten oder mit einem unabhängigen Regler zu verbinden. Anschließend muß der Prozeß vom Rechner abgetrennt werden, da der Mikroprozessor beim Zusammenbruch der Versorgung in unkontrollierbarer Weise Speicher und E/A-Bausteine beschreiben kann. Nach dem RESET bei Netzwiederkehr wird die Regelung gestartet bzw. wieder vom Mikrocomputer übernommen; in besonderen Fällen kann auch ein Signal gegeben und auf ein Eingreifen des Bedienungspersonals gewartet werden.

Der drohende Versorgungsausfall wird vom Prozessor durch ein Signal vom Netzteil gemeldet. Es ist zweckmäßig, mit diesem Signal einen NMI (nicht maskierbaren Interrupt) auszulösen, damit der Prozessor ohne Verzögerung die genannten Maßnahmen treffen kann. Wenn man bedenkt, daß eine Netzhalbwelle 10 ms dauert, dann wird klar, daß dazu nur wenige ms zur Verfügung stehen. Dasselbe Signal kann dazu verwendet werden, nach einer kurzen Verzögerung die Trennung von Rechner und Prozeß vorzunehmen.

Etwas einfacher wird es, wenn der Prozeß ebenfalls vom Netz versorgt wird, da er jetzt bei Netzausfall von selbst stehen bleibt. Auf eine Netzaufallerkennung kann dann oft verzichtet werden. Nach wie vor muß allerdings bei Netzwiederkehr dafür gesorgt werden, daß die Regelung ordnungsgemäß anläuft bzw. weitergeführt wird.

Bei Ausfall der Versorgung gehen sämtliche RAM-Inhalte verloren. Wenn dort wichtige Daten stehen (z. B. Reglerparameter, die durch selbstoptimierende Regler gewonnen wurden), kann bei Netzwiederkehr die Regelung nicht mehr richtig weitergeführt werden. Für solche Daten muß daher ein *gesicherter Speicherbereich* vorhanden sein. Auf Grund seiner geringen Stromaufnahme ist ein CMOS-Speicher zweckmäßig, der durch eine NiCd-Batterie gepuffert ist. Die zu sichernden Daten liegen entweder dauernd in diesem Speicher, oder werden bei Bedarf in diesen gebracht. Um beim Zusammenbrechen der Versorgung eine Änderung dieses Speichers durch den Prozessor zu verhindern, muß er kurz zuvor über die CS-Eingänge der CMOS-Bausteine desaktiviert werden; dazu kann das zeitverzögerte Netzausfallsignal dienen.

Hinweise für die schaltungstechnische Realisierung der Datensicherung findet man in [8]. Bei Einsatz von Akkus mit entsprechender Kapazität kann der ganze Mikrocomputer gegen kurze Netzausfälle geschützt werden (vgl. Bild 6.4).

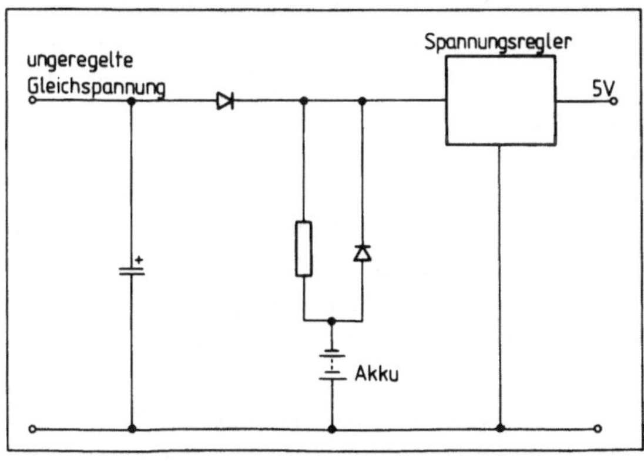

Bild 6.4
Überbrückung von Netz-
ausfällen nach [42]

6.5.2 „Absturz" des Rechners durch Einstreuungen

Mikrocomputer werden oft in einer Umgebung betrieben, in der Störimpulse auftreten. Dadurch können Signale auf den Busleitungen in unkontrollierbarer Weise verändert werden. Die Folge ist, daß der Rechner „abstürzt", d. h. den vorgesehenen Programmablauf verläßt und von selbst nicht mehr zurückfindet. Die Regelung wird dadurch nicht mehr oder fehlerhaft durchgeführt, was bei kritischen Prozessen schwerwiegende Konsequenzen haben kann. Ein sofortiges Eingreifen des Bedienungspersonals ist erforderlich.

Der Mikrocomputer muß also in der Lage sein, diesen Störfall zu erkennen und Gegenmaßnahmen zu ergreifen. Da das Programm gestört ist, kommt eine reine Softwarelösung nicht in Betracht; vielmehr muß der Prozessor von außen ein Signal bekommen. Eine Möglichkeit, das zu erreichen, ist in [5] beschrieben. Als zusätzliche Hardware benötigt man lediglich ein *nachtriggerbares, flankengetriggertes Monoflop*, dessen Eingang an eine Ausgangsleitung des Mikrocomputers angeschlossen ist. Das Programm wird so gebaut, daß es in nicht zu großen Zeitabständen einen Impuls an das Monoflop gibt. Solange das Programm ordnungsgemäß läuft, wird das Monoflop immer wieder getriggert, so daß sein Ausgang auf konstantem Pegel liegt. Bleibt der Impuls infolge Programmstörung aus, so kippt das Monoflop nach Ablauf seiner Verzögerungszeit und gibt dadurch ein Signal.

Dieses Signal wird an einen Interrupteingang des Prozessors gegeben. Es kommt nur ein nicht maskierbarer Interrupt in Frage, da sonst die Wirksamkeit des Signals nicht garantiert ist. Wenn der Prozessor keinen solchen Interrupt besitzt, muß der RESET-Eingang verwendet werden.

Wenn ein unbenützter Timer auf dem Mikrocomputer zur Verfügung steht, kann man diesen anstelle des zusätzlichen Monoflops einsetzen.

6.6 Verkürzung der Rechenzeit

6.6.1 Arithmetikprozessoren

Die Verwendung von Mikrocomputern für Regelungszwecke ist wegen der langen Rechenzeiten auf solche Prozesse beschränkt, die mit relativ großen Abtastzeiten (mindestens einige ms) auskommen. Die Vorteile des Mikroprozessors können für schnellere Prozesse genützt werden, wenn es gelingt, diese Rechenzeiten wesentlich zu verkürzen. Aus der Betrachtung der Regelalgorithmen (Kap. 4) erkennt man, daß für die Rechenzeit in erster Linie die Multiplikationen verantwortlich sind. Seit einiger Zeit gibt es nun *Arithmetikprozessoren* (APU, *Arithmetic Processor Unit*) auf dem Markt, die zur Beschleunigung der Multiplikationen eingesetzt werden können.

Ein Arithmetikprozessor funktioniert im Prinzip folgendermaßen: Der Mikroprozessor gibt über einen Datenbus die Operanden und anschließend den erforderlichen Rechenbefehl an die APU. Dadurch wird in der APU ein Mikroprogramm gestaretet, das die Operanden entsprechend verarbeitet und anschließend dem Mikroprozessor ein Signal gibt, das ihn zur Übernahme des Ergebnisses veranlaßt. Wenn dieses Signal an einen Interrupteingang gegeben wird, kann der Prozessor während der Tätigkeit der APU andere Aktivitäten wahrnehmen.

Ein Arithmetikprozessor ist je nach seiner Bauart in der Lage, auch andere Funktionen zu berechnen, z. B. Division, Quadratwurzel, trigonometrische Funktionen, Logarithmen u. dgl. Das kann auch außerhalb des eigentlichen Regelalgorithmus nützlich sein, etwa bei der Linearisierung oder der Kompensation des Temperaturverhaltens von Sensoren (vgl. Abschn. 6.3). [24] beschreibt die APU AM 9511; eine Übersicht über Arithmetikprozessoren findet man in [44]. In [26] wird der Baustein S 2811 beschrieben, der neben der Multiplikation noch weitere, für die Regelung nützliche Funktionen ausführen kann.

6.6.2 Prozessoren mit Multiplikationsbefehlen

Die lange Multiplikationszeit der meisten Mikroprozessoren ist darin begründet, daß die Multiplikation auf eine große Anzahl von Additionen zurückgeführt werden muß. Das kann man vermeiden, wenn man einen Prozessor einsetzt, der Multiplizierbefehle aufweist. Während solche unter den 8-Bit-Prozessoren selten sind, beherrschen die meisten 16-Bit-Prozessoren zumindest die vier Grundrechnungsarten. Einen Eindruck von den Größenordnungen bekommt man etwa aus [48], wo die Mikroprozessoren 8085 (8 bit), Z80 (8 bit) und TMS 9900 (16 bit) verglichen werden. Die Multiplikation zweier 16-Bit-Zahlen dauert bei den beiden ersteren etwa 1/2 ms, während der TSM 9900 mit einem Zehntel der Zeit auskommt. Dadurch verkürzt sich die Rechenzeit für den Regelalgorithmus ganz erheblich.

Der Einsatz eines 16-Bit-Prozessors zur Regelung ist auch deshalb sinnvoll, weil die Wortlänge von 8 bit in vielen Fällen zu kurz ist. Ein 8-Bit-Prozessor muß dann 2-Wort-Arithmetik verwenden, wodurch die Rechenzeit noch weiter verlängert wird.

6.7 Quasianaloge Regelung durch Tastverhältnis

In vielen Fällen hat man ein Zweipunktstellglied zur Verfügung, möchte aber die Vorteile einer analogen Stellgröße ausnützen. Beim Zweipunktregler (Abschn. 4.2) war während einer ganzen Abtastperiode die Stellgröße entweder „Ein" oder „Aus". Wenn man nun die Stellgröße bei jedem Abtastzeitpunkt ein- und bereits nach einem entsprechenden Bruchteil der Abtastperiode wieder ausschaltet, erreicht man eine „quasianaloge" Regelung. Dazu benötigt man ein Monoflop mit programmierbarer Verzögerungszeit oder, was auf dasselbe hinauskommt, einen weiteren Timer, der nach der programmierten Zeit das Stellglied abschaltet.

In Kap. 12 ist ein Heizungssystem beschrieben, das mit dieser Methode arbeitet.

6.8 Zusammenfassung

Abtastzeit

Die **Erzeugung der Abtastzeit** erfolgt grundsätzlich durch einen **periodischen Interrupt**, der durch einen externen Oszillator ausgelöst wird.

Als Oszillatoren kommen vor allem **programmierbare Timer** (meist in Ein-/Ausgabe-Bausteinen enthalten) in Frage, welche freilaufend oder als Monoflop betrieben werden können. Es sind jedoch auch andere Rechteckgeneratoren mit genügend steilen Flanken verwendbar; solche können mit dem Schaltkreis 555 realisiert werden.

Bei **kurzen Abtastzeiten** kann es vorkommen, daß während der Dokumentation oder gar der Stellgrößenberechnung des vorangegangenen Schrittes bereits der nächste Abtastimpuls eintrifft. Das muß unter allen Umständen verhindert werden. Damit das Programm diese Komplikation erkennen kann, wird vorgeschlagen, während der Dokumentation bzw. der Stellgrößenberechnung eine Flag zu setzen. Tritt der neue Abtastimpuls während der Dokumentation auf, so kann diese meist ganz gestrichen oder zumindest wesentlich verkürzt werden. Wird jedoch die Stellgrößenberechnung unterbrochen, so muß das Programm den Regler auf einen Notbetrieb (im einfachsten Fall: Prozeß abfahren) umschalten.

Ein Mikroprozessor kann **mehrere Regelkreise** zugleich regeln. Bei unterschiedlichen Abtastzeiten der einzelnen Kreise werden mehrere Timer benötigt; die Interruptserviceroutine muß feststellen, welcher Kreis jeweils zu behandeln ist. Da die Interrupts unkoordiniert sind, ist eine komplizierte Prioritätsverwaltung erforderlich. Die Ablaufsteuerung wird einfach, wenn alle Abtastzeiten ganzzahlige Vielfache einer Grundzeiteinheit sind; außerdem wird dann nur ein Timer benötigt.

Auswertung des Sensorsignals

Die **Linearisierung** des Sensorsignals kann im Rechner auf folgende Arten geschehen:

1) Exakte *Umrechnungsfunktion*
2) Umrechnung durch ein *Polynom* (Horner-Schema)
3) Vollständige *Umrechnungstabelle*
4) Umrechnungstabelle mit *Interpolation*.

Das **Temperaturverhalten des Sensors** muß bei genauen Messungen berücksichtigt werden. Zu diesem Zweck wird die Sensortemperatur gemessen und bei der Auswertung des Sensorsignals berücksichtigt. Diese Temperaturkompensation kann durch Hard- oder durch Software erfolgen.

Abweichungen vom Regelalgorithmus

Durch **Einschränkungen der Stellgröße** (durch *Anschläge*) und der **Stellgeschwindigkeit** wird das Regelverhalten verschlechtert. Abhilfe kann durch geeignete *Rückführung* der Stellgröße erreicht werden.

Für die einzelnen **Prozeßphasen** können **verschiedene Regler** verwendet werden. Damit die Umschaltung möglichst stoßfrei erfolgt, läßt man den neuen Algorithmus vorher eine zeitlang offen mitlaufen.

Die Behandlung von **Notfällen** (z. B. Grenzwertüberschreitungen) erfolgt unterschiedlich je nach ihrer Dringlichkeit. Folgende Abstufungen stehen zur Wahl:

1) Schutzmaßnahmen direkt am Prozeß
2) nicht maskierbarer Interrupt
3) gewöhnlicher Interrupt
4) Behandlung innerhalb der normalen Regelung

Störungen

Bei drohendem **Netzausfall** wird der Prozessor durch ein *Netzausfallsignal* zu Vorsorgemaßnahmen veranlaßt. Bei Netzwiederkehr erfolgt ein *automatischer RESET*, so daß die Regelung ordnungsgemäß anläuft bzw. weitergeführt wird. Durch eine *Pufferbatterie* können wichtige Daten bei einem Netzausfall geschützt werden.

Wird ein Mikrocomputer in einer **störungsverseuchten Umgebung** betrieben, so müssen Vorkehrungen gegen „Programmabstürze" getroffen werden. Reine Softwarelösungen sind nicht möglich; es wird ein externes *nachtriggerbares Monoflop* empfohlen, das vom Programm immer wieder angestoßen wird. Bei einer Programmstörung erzeugt es einen nicht maskierbaren Interrupt oder RESET.

Verkürzung der Rechenzeit

Die Rechenzeit kann durch Arithmetikprozessoren oder durch Verwendung von Prozessoren mit Multiplikationsbefehlen erheblich verkürzt werden.

Quasianaloge Regelung

Ein Zweipunktstellglied kann so angesteuert werden, daß es ähnlich wie ein analoges Stellglied wirkt. Zu diesem Zweck wird die berechnete Stellgröße in eine entsprechende Einschaltdauer umgewandelt.

7 Typen digitaler Regler

7.1 Übersicht

In Kap. 4 wurde eine Reihe von Regelalgorithmen vorgestellt, die alle in Gl. (4.16) zusammengefaßt werden konnten. Bild 7.1 zeigt die Blockstruktur des zugehörigen Regelkreises; die beim digitalen Regler erforderlichen Abtast-Halte-Glieder und A/D- bzw. D/A-Wandler wurden nicht gezeichnet. Die genannten Regelalgorithmen sind durch folgende drei Besonderheiten gekennzeichnet:

1) Der Algorithmus berechnet die Stellgröße u nur aus dem Sollwert w und dem Istwert y, im Normalfall sogar nur aus der Regelabweichung e = w − y. Dadurch ergibt sich ein „*einschleifiger*" oder „*einmaschiger*" Regelkreis.
2) Die Reglerparameter werden während des Reglerentwurfs festgelegt. Der Algorithmus arbeitet daher mit *unveränderlichen Parametern.*

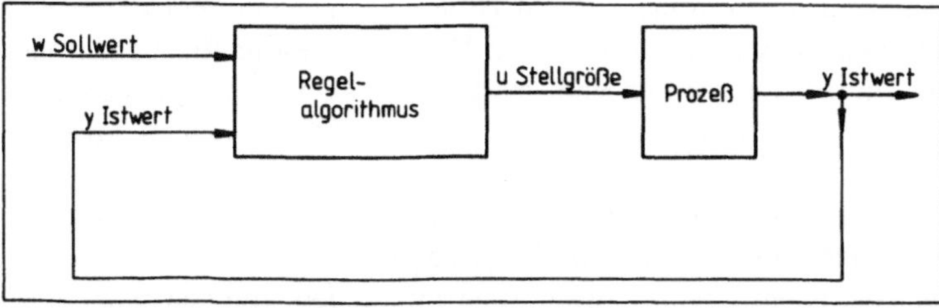

Bild 7.1 Blockstruktur eines einfachen Regelkreises

3) Der Prozeß und daher auch der Algorithmus weisen einen einzigen Istwert und eine
einzige Stellgröße auf. Es handelt sich demnach um eine *Eingrößenregelung.*

Die dadurch charakterisierte einfache Reglerstruktur kann als Grundlage für den Aufbau
komplizierterer Regelungen dienen. Sinnvoll ist das natürlich nur, wenn damit das Regelverhalten verbessert werden kann, oder wenn die Eigenart des Prozesses ein solches Vorgehen erfordert.

Oft stehen über einen Prozeß außer dem Istwert auch noch andere Informationen
zur Verfügung; die bisher beschriebenen Algorithmen können diese jedoch nicht verarbeiten (vgl. Punkt 1)). Man beachte etwa den Fall, daß außer dem Istwert noch eine weitere
Prozeßgröße gemessen wird. Gewöhnlich enthält diese Größe eine zusätzliche Information
über den Prozeß; man kann daher eine Verbesserung der Regelung erwarten, wenn man
diese Größe als Hilfsgröße für die Bestimmung der Stellgröße mit heranzieht. Läßt man
diese Hilfsgröße über ein geeignetes Übertragungsglied (meist ein Differenzierglied) auf
den Ein- oder Ausgang des Reglers einwirken, so erhält man eine **Hilfsgrößenaufschaltung.**

Die Regelgüte kann noch weiter erhöht werden, wenn man die Hilfsgröße als
„Hilfs-Istwert" oder Hilfsregelgröße auffaßt und die Stellgröße durch einen zusätzlichen
Hilfsregler bestimmt. Man erhält so einen **Kaskadenregler,** der in Abschn. 7.2 genauer be-
schrieben ist.

Hilfsgrößenaufschaltung und Kaskadenregler kommen in der analogen und in der
digitalen Regelungstechnik gleichermaßen vor. Die Anwendungshäufigkeit ist jedoch
unterschiedlich. In der analogen Technik erfordert nämlich jeder zusätzliche Regler einen
beträchtlichen Aufwand, während das Differenzierglied für die Hilfsgrößenaufschaltung
leicht realisierbar ist; daher ist letztere häufig anzutreffen. Bei der digitalen Regelung entfällt dieser Aufwand weitgehend, so daß man wegen der besseren Regelgüte meist einen
Kaskadenregler bevorzugen wird.

Eine weitere Möglichkeit, das Regelverhalten zu verbessern, steht dann zur Verfügung, wenn eine auf den Prozeß einwirkende Störgröße gemessen werden kann. Bei den
einfachen Regelalgorithmen von Kap. 4 kann der Regler erst dann auf eine Störung reagieren, wenn sie sich am Prozeßausgang ausgewirkt hat. Wird die Störgröße bereits vorher
gemessen und vom Regler geeignet berücksichtigt, so tritt sie beim Istwert nicht oder zumindest nur in abgeschwächtem Maß auf. Diese **Störgrößenaufschaltung** wird in Abschn.
7.3 beschrieben.

Fest vorgegebene Reglerparameter (vgl. Punkt 2)) sind in der analogen Regelungstechnik der Normalfall, weil ihre automatische Verstellung nicht leicht zu realisieren ist.
Dagegen sind die Parameter bei der digitalen Regelung in einem Speicher abgelegt und
können ohne Schwierigkeiten vom Programm geändert werden. Da die optimalen Reglerparameter vom Sollwert abhängen, kann man sie mit Hilfe von Tabellen oder durch Berechnung an den momentanen Sollwert anpassen (8.5). Von ganz besonderer Bedeutung
sind **adaptive Regler,** das sind solche, die sich von selbst an die – im allgemeinen zeitlich
veränderlichen – Eigenschaften des Prozesses anpassen ([14] S. 392). Ihnen ist Abschn.
7.4 gewidmet.

Oft treten Prozesse auf, bei denen mehrere Istwerte zugleich geregelt werden
müssen. Diese **Mehrgrößenregler** werden in Abschn. 7.5 kurz gestreift.

Manchmal ist es günstig, einen Regler in zwei Teile aufzuteilen, von denen der eine
analog, der andere durch einen Mikroprozessor realisiert wird („Hybrid-Regler").

7.2 Kaskadenregler

7.2.1 Prinzip

Der **Kaskadenregler** ist ein Beispiel für eine *vermaschte Regelung*. Bild 7.2 zeigt den prinzipiellen Aufbau. Der Gesamtprozeß liefert wie bisher den Istwert y als Reaktion auf die Stellgröße u. Er besteht jedoch jetzt aus zwei Teilen, zwischen denen die Hilfsgröße $y^{(2)}$ abgenommen und dem Regler zugeführt wird. Der Regler selbst ist in einen *Haupt-* und einen *Hilfsregler* aufgeteilt. Der Hauptregler R1 bildet aus dem Sollwert w und dem Istwert y eine Stellgröße $u^{(1)}$, die nun nicht auf den Prozeß einwirkt, sondern als Sollwert für die Hilfsgröße $y^{(2)}$ verwendet wird. Die dazu erforderliche Stellgröße u, die jetzt direkt den Prozeß beeinflußt, wird durch den Hilfsregler R2 erzeugt.

7.2.2 Programmierung eines Kaskadenreglers

Um einen Kaskadenregler mit dem Rechner zu realisieren, muß man zwei Regelalgorithmen programmieren, die in ganz bestimmter Weise untereinander und mit dem Prozeß zusammenhängen. Die Algorithmen selbst sind durch Gl. (4.16) gegeben und lauten jetzt:

$$
\begin{aligned}
u_k^{(i)} = \quad & p_1^{(i)} u_{k-1}^{(i)} + \ldots + p_n^{(i)} u_{k-n}^{(i)} \\
+ \; & q_0^{(i)} w_k^{(i)} + q_1^{(i)} w_{k-1}^{(i)} + \ldots + q_n^{(i)} w_{k-n}^{(i)} \\
+ \; & r_0^{(i)} y_k^{(i)} + r_1^{(i)} y_{k-1}^{(i)} + \ldots + r_n^{(i)} y_{k-n}^{(i)}
\end{aligned}
\tag{7.1}
$$

Die Indizes stehen für den Haupt- (i = 1) und den Hilfsregler (i = 2). Die Parameter und die Werte u, w und y sind für die beiden Regler verschieden und müssen daher getrennt gespeichert werden.

Der Ablauf der Regelung ist im Struktogramm Bild 7.3 zusammengefaßt. Der Block „Initialisieren" enthält eine Reihe von Anweisungen, die erforderlich sind, um ein ordnungsgemäßes Funktionieren der Regelung zu gewährleisten. Neben der Festlegung der Ein- und Ausgangsleitungen des Mikrocomputers muß vor allem dafür gesorgt werden, daß vor Beginn der Regelung u, w und y in beiden Algorithmen den Wert Null haben.

Im Prinzip ist es möglich, für den Hilfsregler eine kleinere Abtastzeit als für den Hauptregler zu verwenden. Das Struktogramm ist für diesen Fall gezeichnet; die Speziali-

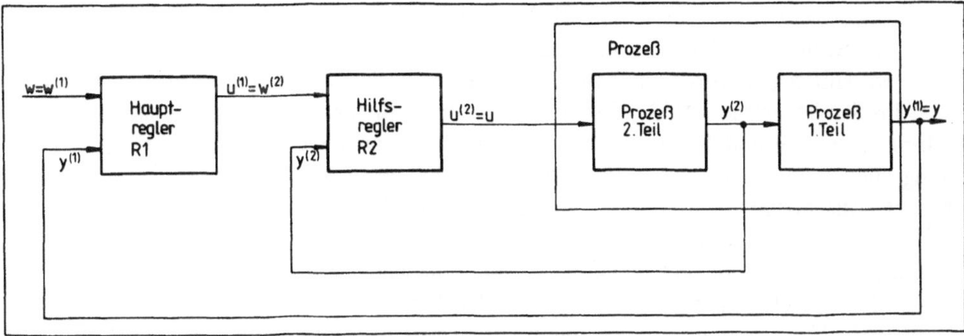

Bild 7.2 Blockstruktur eines Kaskadenreglers

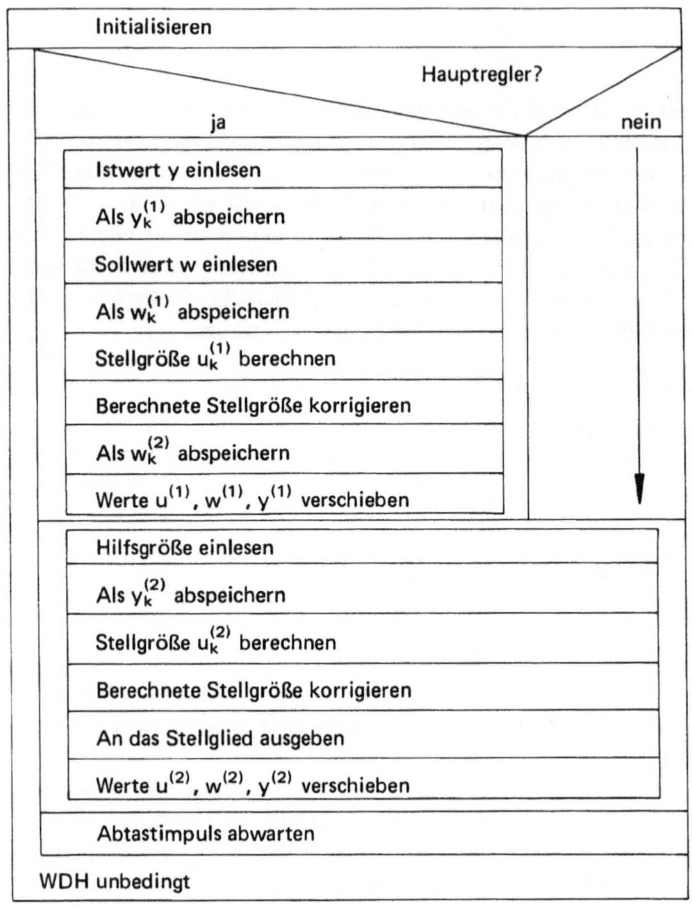

Bild 7.3
Struktogramm für die Kaskadenregelung

sierung auf eine einzige Abtastzeit für beide Regler ist aber ohne weiteres möglich. Es empfiehlt sich, für die Hilfsabtastzeit einen Bruchteil der Hauptabtastzeit zu wählen, so daß nach einer bestimmten Anzahl von Hilfsregelungen wieder eine Hauptregelung durchgeführt wird; dadurch gestaltet sich die Verwaltung der Abtastintervalle sehr einfach.

Zu Beginn der Regelung muß auf jeden Fall der Hauptregler bearbeitet werden, damit dem Hilfsregler sofort ein Sollwert vorgegeben wird. Zur Verbesserung der Übersicht sind im Struktogramm (Bild 7.3) die Anweisungen für den Hauptregler zusammen eingerahmt. Istwert y und Sollwert w des Prozesses müssen dem Hauptregler R1 zur Verfügung stehen und werden daher an die entsprechenden Speicherplätze $y_k^{(1)}$ bzw. $w_k^{(1)}$ gebracht. Anschließend wird mit dem Algorithmus R1 (Gl. (7.1) mit i = 1) die Stellgröße $u_k^{(1)}$ berechnet. Da sie dem Regler R2 als Sollwert dient, wird sie durch die Anweisung „Berechnete Stellgröße korrigieren" auf den zulässigen Bereich für $w_k^{(2)}$ begrenzt, bevor sie an den Speicherplatz $w_k^{(2)}$ gebracht werden kann. Am Schluß werden die Werte $u^{(1)}$, $w^{(1)}$ und $y^{(1)}$ verschoben; die Begründung dafür ist dieselbe wie in 4.3.2.2. Damit ist die Aufgabe des Hauptreglers beendet.

Die Bearbeitung des Hilfsreglers wird unmittelbar angeschlossen. Die Anweisungen dafür sind wiederum eigens eingerahmt. Im Prinzip ist die Vorgangsweise die gleiche wie im Hauptregler. Als Istwert wird jetzt die Hilfsgröße des Prozesses eingelesen (vgl. Bild 7.2) und an den Speicherplatz $y_k^{(2)}$ gebracht, da sie vom Algorithmus R2 benötigt wird. Der Sollwert $w_k^{(2)}$ wurde bereits vom Hauptregler zur Verfügung gestellt. Nun wird die Stellgröße $u_k^{(2)}$ berechnet, gegebenenfalls auf den Stellbereich des Stellgliedes begrenzt und an den Prozeß ausgegeben. Mit der Verschiebung der Werte $u^{(2)}$, $w^{(2)}$ und $y^{(2)}$ ist die Aufgabe des Hilfsreglers abgeschlossen.

Sobald der nächste Abtastimpuls eintrifft, wird entschieden, ob der Hauptregler bedient wird oder ob nur eine Bearbeitung des Hilfsreglers erforderlich ist. Für beide Fälle ist der Ablauf aus dem Struktogramm (Bild 7.3) ersichtlich.

7.3 Störgrößenaufschaltung

7.3.1 Prinzip der Störgrößenaufschaltung

Bild 7.4 zeigt die Blockstruktur einer **Störgrößenaufschaltung** in ihrem Zusammenwirken mit dem Regelkreis. Die Grundlage bildet wiederum ein einschleifiger Regelkreis, der aus dem Prozeß und dem Regler aufgebaut ist. Charakteristisch für die Störgrößenaufschaltung ist eine *zusätzliche Steuerung*, die aus der gemessenen Störgröße v eine weitere Stellgröße u^s erzeugt, welche von der durch den Regler ausgegebenen Stellgröße u^R subtrahiert wird. Dadurch gelangt an den Prozeß eine modifizierte Stellgröße u, die den Einfluß der Störgröße berücksichtigt. Bei geeigneter Auslegung des Steuerungsalgorithmus wird auf diese Weise die Regelgüte verbessert.

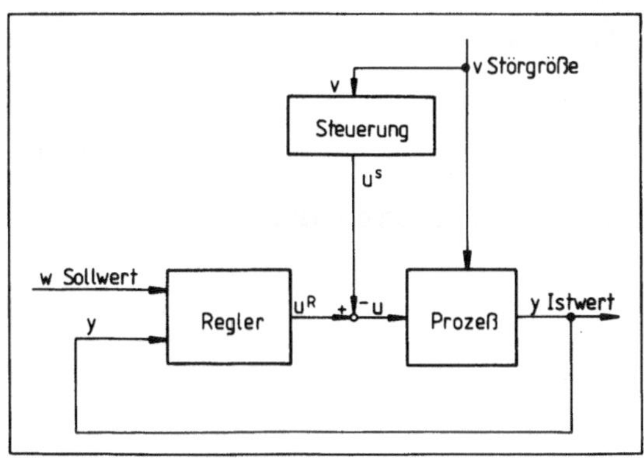

Bild 7.4
Blockschaltbild einer Störgrößenaufschaltung

7.3.2 Programmierung der Störgrößenaufschaltung

Um eine Störgrößenaufschaltung zu programmieren, kann man davon ausgehen, daß es sich bei der Steuerung (ähnlich wie beim Regler) um ein Übertragungsglied im Sinn von Abschn. 1.2 handelt. Eingangsgröße ist jetzt die Störgröße v (anstelle der Regelabweichung e beim Regler), Ausgangsgröße die „Stellgrößenkorrektur" u^s. Es liegt nahe, einen

Steuerungsalgorithmus zu verwenden, der analog zum Regelalgorithmus Gl. (4.14) gebaut ist, also

$$
\begin{aligned}
u_k^s &= p_1^s u_{k-1}^s + \ldots + p_n^s u_{k-n}^s \\
&= q_0^s v_k + q_1^s v_{k-1} + \ldots + q_n^s v_{k-n}.
\end{aligned}
\tag{7.2}
$$

Selbstverständlich muß in einem digitalen System auch diese Steuerung im Abtastverfahren behandelt werden. Im folgenden ist vorausgesetzt, daß der Steuerungsalgorithmus mit derselben Abtastzeit wie der Regelalgorithmus und synchron zu diesem durchgeführt wird; auf die Möglichkeit, unterschiedliche Abtastzeiten für die beiden Algorithmen zu verwenden, sei hier lediglich hingewiesen.

Bei der Realisierung der Regelung mit Störgrößenaufschaltung durch einen Mikrocomputer übernimmt der Rechner neben dem Regel- auch den Steueralgorithmus. Es ist daher naheliegend, beide Algorithmen zu einem „erweiterten Regelalgorithmus" zusammenzufassen, der auch gleich die Subtraktion von u^R und u^S durchführt und nur mehr die endgültige Stellgröße u an den Prozeß weitergibt. Bild 7.5 zeigt das entsprechende Blockschaltbild. Der erweiterte Regler verarbeitet jetzt die 3 Eingangsgrößen v, w und y zu einer Ausgangsgröße u.

Die Berechnung der Stellgröße u erfolgt in drei Schritten. Zunächst wird nach Gl. (7.2) die Stellgrößenkorrektur u_k^s berechnet und vorläufig zwischengespeichert. Als zweiter Schritt wird der Regelalgorithmus Gl. (4.16) durchgeführt, wobei allerdings u^R die Stellgröße ist, also

$$
\begin{aligned}
u_k^R &= p_1 u_{k-1}^R + \ldots + p_n u_{k-n}^R \\
&\quad + q_0 w_k + q_1 w_{k-1} + \ldots + q_n w_{k-n} \\
&\quad + r_0 y_k + r_1 y_{k-1} + \ldots + r_n y_{k-n}
\end{aligned}
\tag{7.3}
$$

Am Ende wird gemäß

$$
u_k = u_k^R - s_k^S
\tag{7.4}
$$

die eigentliche Stellgröße u_k bestimmt und an den Prozeß ausgegeben.

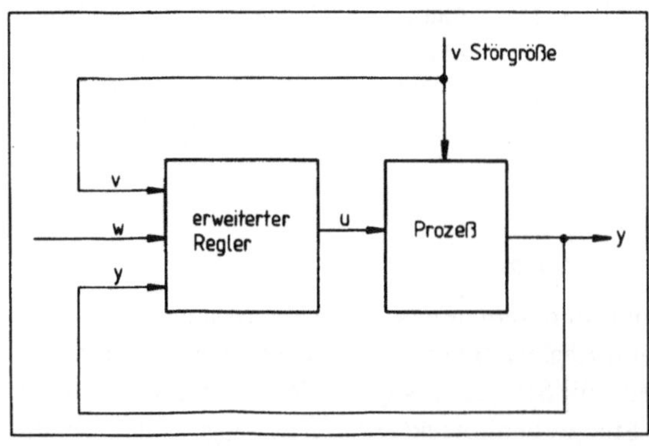

Bild 7.5
Vereinfachte Blockschaltung einer
Regelung mit Störgrößenaufschaltung

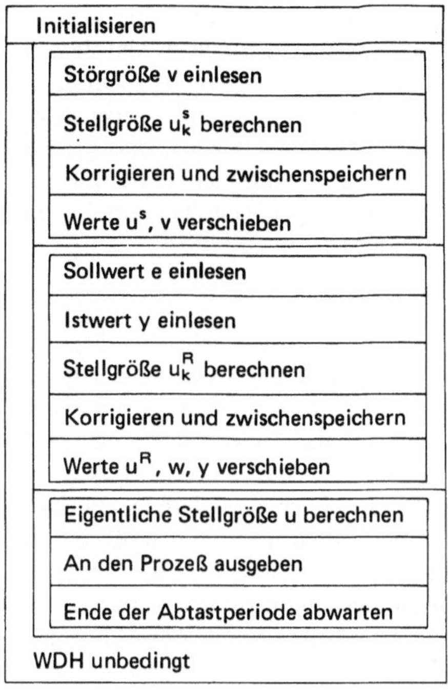

Bild 7.6
Struktogramm einer Störgrößenaufschaltung

Bild 7.6 zeigt das Struktogramm für eine Störgrößenaufschaltung. Der Übersicht halber sind die den drei erwähnten Schritten entsprechenden Anweisungen jeweils eingerahmt.

7.4 Adaptive Regler

7.4.1 Problemstellung

Eine wichtige Aufgabe bei der Realisierung eines Reglers besteht darin, die Reglerparameter so zu bestimmen, daß das Verhalten des Regelkreises in allen Betriebszuständen den Anforderungen entspricht. In der Regelungstechnik wurden viele Methoden entwickelt, um dieses Ziel zu erreichen (s. Kap. 8). Allen ist gemeinsam, daß dieser „Reglerentwurf" vor der endgültigen Inbetriebnahme des Regelkreises (*off line*) erfolgt. Bei den systematischen Verfahren ermittelt man zunächst die Eigenschaften des Prozesses, etwa in Form von Übergangsfunktionen (s. Abschn. 1.2), und bestimmt daraus die erforderlichen Reglerparameter; beim Probierverfahren schließt man den Regelkreis und versucht, die Parameter experimentell zu finden.

Es ist jedoch nicht möglich, den Regler so auszulegen, daß er in allen Fällen gleich gut arbeitet, man muß sich daher darauf beschränken, ihn für die wichtigsten Zustände zu optimieren. Erschwerend kommt hinzu, daß der Prozeß häufig keine konstanten Eigenschaften aufweist, sondern im Lauf der Zeit Änderungen unterworfen ist.

Ein Regler, der mit festen Reglerparametern ausgestattet ist, wird daher im allgemeinen nicht optimal arbeiten, zumindest nicht in allen Betriebszuständen. Um dem abzuhelfen, müssen die Parameter während des Betriebes (in „Echtzeit", *on line*) laufend an den Prozeß angepaßt werden. Regler, die das automatisch tun, werden **adaptive Regler** genannt. Bei analogen Reglern ist eine solche Anpassung nahezu unmöglich. Dagegen sind durch Digitalrechner realisierte Regler dazu sehr gut geeignet, wenngleich die Bestimmung geeigneter Anpassungsmethoden und deren Programmierung äußerst mühsam ist. Bei Mikroprozessoren kommt noch das Rechenzeitproblem hinzu.

7.4.2 Typen adaptiver Regler

Unter den adaptiven Reglern gibt es verschiedene Typen. Ein einfacher Fall liegt vor, wenn Prozeßgrößen oder auch Störgrößen gemessen werden können und wenn zugleich bekannt ist, wie die Reglerparameter daran anzupassen sind. Man spricht dann von *gesteuerten adaptiven Reglern*. Ein Beispiel dafür ist die in Abschn. 7.1 erwähnte sollwertabhängige Festlegung der Reglerparameter.

Dieses Verfahren versagt, wenn die den Prozeß maßgeblich verändernden Einflüsse nicht oder nur mit großem Aufwand meßbar sind, oder wenn man nicht weiß, wie die Parameter angepaßt werden müssen. Als Information steht jetzt nur mehr das Verhalten des Regelkreises zur Verfügung. Im Gegensatz zur On-line-Parameteroptimierung ist die Aufgabe wesentlich erschwert, da man nicht mehr das Verhalten des Prozesses bei beliebigen Eingangssignalen studieren kann; es stehen nur mehr diejenigen Eingangssignale zur Verfügung, die im Verlauf der Regelung vom Regler als Stellgrößen ausgegeben wurden. Andererseits sind diese Signale gerade die, welche für den momentanen Betriebszustand wichtig sind. Daher ist zu erwarten, daß diese Informationen ausreichen.

Adaptive Regler, die sich durch Auswertung des Regelkreisverhaltens selbst an den Prozeß anpassen, heißen **selbstoptimierende adaptive Regler**. Bild 7.7 zeigt das Prinzip. Grundlage bildet wieder der bereits bekannte Regelkreis aus Regler und Prozeß. Die Information über den Regelkreis, also Stellgröße u und Istwert y, werden im Block „Identifikation" verarbeitet und dienen zur laufenden Anpassung der Reglerparameter. Alle Bestandteile des Regelkreises, der Prozeß natürlich ausgenommen, werden vom Rechner realisiert.

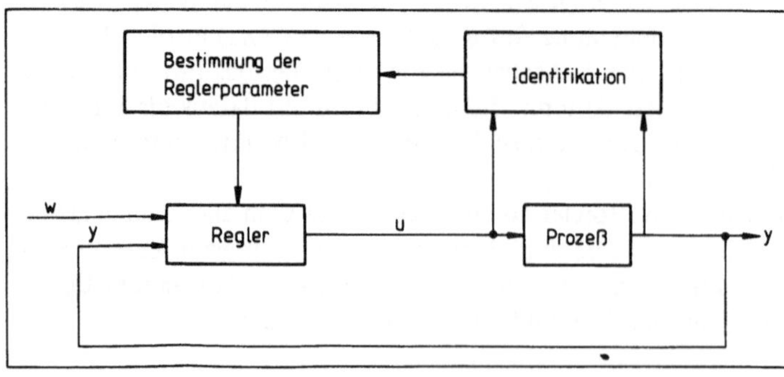

Bild 7.7
Prinzip eines selbstoptimierenden adaptiven Reglers nach [14]
Bild 23.2a

7.4.3 Literaturhinweise

Prozeßidentifikation und Bestimmung der Reglerparameter erfordern eine umfangreiche Problemanalyse. Eine ausführliche Darstellung bietet [14] in Teil G. Das Buch [2] ist zur Gänze der adaptiven Regelung gewidmet. [39] behandelt Methoden zur Systemidentifikation. Praktische Erfahrungen mit adaptiven Regelalgorithmen werden in [18] vorgestellt.

7.5 Mehrgrößenregler

Bei den bisher betrachteten Prozessen war immer nur ein einziger Istwert zu regeln; daher war auch nur eine einzige Stellgröße notwendig und sinnvoll. Häufig treten jedoch Prozesse auf, bei denen mehrere Istwerte unabhängig voneinander geregelt werden müssen; dafür ist ein **Mehrgrößenregler** erforderlich. Eine solche Regelung benötigt ebensoviele Stellgrößen, wie Istwerte vorhanden sind. Wesentlich für eine Mehrgrößenregelung ist die gegenseitige *Kopplung der Größen*; das bedeutet, daß sich die Änderung einer Stellgröße auf alle Istwerte auswirkt. Aus diesem Grund sind die Regelalgorithmen viel komplizierter als bei Eingrößenregelungen. Man sollte danach trachten, den Prozeß so aufzubauen, daß eine möglichst weitgehende Entkopplung erreicht wird, um den zusätzlichen Aufwand beim Regler so klein wie möglich zu machen.

Bei vollständiger Entkopplung können voneinander unabhängige Eingrößenregler verwendet werden.

Hinweise für die digitale Regelung von Mehrgrößenprozessen findet man in [14] Teil E.

7.6 Zusammenfassung

Ein **einfacher einmaschiger Regelkreis** ist folgendermaßen charakterisiert:

1) Die Stellgröße wird nur aus der Regelabweichung berechnet.
2) Die Reglerparameter sind unveränderlich.
3) Es ist nur ein Istwert und nur eine Stellgröße vorhanden.

Eine **Hilfsgrößenaufschaltung** liegt vor, wenn eine zusätzliche Prozeßgröße auf den Ein- und Ausgang des Reglers geschaltet wird, meist über ein Differenzierglied. Die Hilfsgrößenaufschaltung ist in der analogen Regelungstechnik verbreitet.

Beim **Kaskadenregler** wird die Hilfsgröße als „Hilfs-Istwert" aufgefaßt. Die Stellgröße wird durch einen Hilfsregler bestimmt, während der Hauptregler einen Sollwert für den Hilfs-Istwert liefert. Der Kaskadenregler kann in Digitaltechnik ziemlich einfach realisiert werden.

Wenn eine Störgröße meßbar und ihr Einfluß auf den Prozeß bekannt ist, kann eine **Störgrößenaufschaltung** realisiert werden. Dabei wird die Störgröße durch eine Steuerung umgewandelt und zusätzlich zur Stellgröße auf den Prozeßeingang gegeben. Dadurch wird die Störung berücksichtigt, bevor sie sich am Prozeßausgang bemerkbar macht.

Ein **adaptiver Regler** paßt seine Parameter während des Betriebes laufend an den Prozeß an. Bei *gesteuerten adaptiven Reglern* werden Prozeß- und Störgrößen gemessen und die Reglerparameter entsprechend angepaßt. *Selbstoptimierende adaptive Regler* „identifizieren" aus dem Verlauf von Stellgröße und Istwert den Prozeß und bestimmen ihre Parameter dementsprechend.

Ein **Mehrgrößenregler** liegt vor, wenn mehrere Ausgangsgrößen des Prozesses geregelt werden. Dazu sind ebensoviele Stellgrößen erforderlich. Durch eine geeignete Prozeßgestaltung sollte man die Größen so weit wie möglich entkoppeln, weil dadurch die Regelung wesentlich vereinfacht wird.

8 Systemplanung und Reglerentwurf

8.1 Planung des Gesamtsystems

Der *Entwurf eines Regelsystems* erfolgt grundsätzlich in mehreren Schritten. Zunächst muß man sich darüber klar werden, was man überhaupt erreichen will. Der Systementwurf beginnt daher mit einer *Problemanalyse*. Daran schließt sich die eigentliche Entwicklung an, zu der auch die Planung des Prozesses gehört. Damit das Ganze übersichtlich bleibt, empfiehlt sich systematisches Vorgehen. Zweckmäßigerweise geht man von einer groben Struktur aus, die man schrittweise verfeinert. Die folgende Liste stellt einen Vorschlag dar, wie man dabei verfahren könnte:

1) Problemanalyse durchführen
2) Globalstruktur in Form von Funktionsblöcken festlegen
3) Aufgaben und Struktur der einzelnen Funktionsblöcke festlegen
4) Festlegen, welche Funktionen durch Software realisiert werden sollen
5) Schnittstellen definieren
6) Programmstruktur festlegen
7) Mikrocomputer auswählen (gegebenenfalls Eigenentwicklung)
8) Regler entwerfen.

Diese Liste ist natürlich nicht bindend. Abweichungen sind beispielsweise dann gerechtfertigt, wenn Teile des Systems von vornherein festliegen; das ist beim Prozeß häufig der Fall. Ebenso können Eigenheiten eines projektierten Regelsystems eine spezielle Vorgangsweise erfordern. Zeigen sich im Verlauf der Systementwicklung Mängel, so kann eine Revision des bisherigen Entwurfs oder von Teilen davon notwendig werden.

Nachdem die *Problemanalyse* durchgeführt ist, wird die *Globalstruktur* des Systems festgelegt. In der Regel sind außer der Zielvorgabe auch Nebenbedingungen zu beachten, etwa Energieverbrauch, Kosten, Umweltschutz oder gesetzliche Vorschriften. Diese müssen in der Globalstruktur genauso berücksichtigt werden wie bereits vorhandene Systemteile.

Bild 8.1 zeigt ein Beispiel einer solchen Globalstruktur. Sie besteht aus den drei Funktionsblöcken Prozeß, Regler und Systembedienung (mit der Dokumentation), die untereinander und mit der Außenwelt durch eine Reihe von Signalen verbunden sind. Das

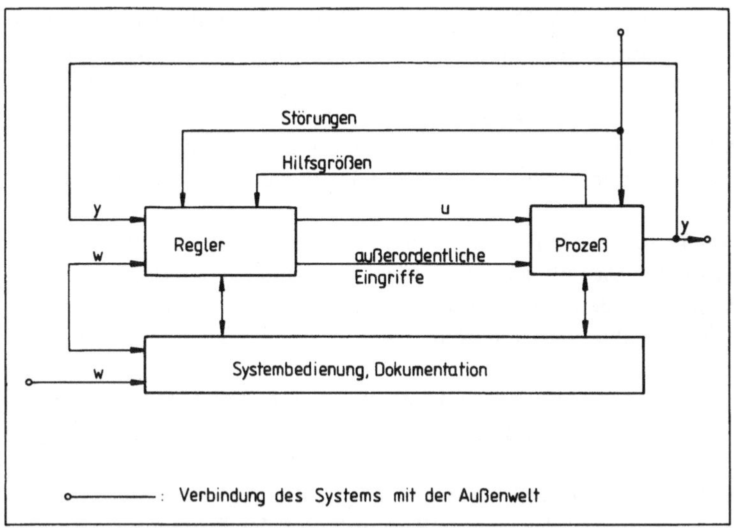

Bild 8.1 Globalstruktur eines Regelsystems

Beispiel ist ziemlich allgemein gehalten; ferner können die Verbindungslinien durchaus jeweils mehrere unabhängige Signale bedeuten. Im konkreten Fall wird die Struktur einfacher oder auch — etwa bei adaptiven Reglern — komplizierter sein. Allen Reglern gemeinsam sind auf jeden Fall die Blöcke „Prozeß" und „Regler" sowie die Stellgröße u, der auf den Regler zurückgeführte Istwert y und der Sollwert w. Im Bild läuft der Sollwert über die Systembedienung; damit wird der Tatsache Rechnung getragen, daß der Sollwert gewöhnlich über eine Bedienungseinrichtung dem Regler vorgegeben wird. Die Signale „außerordentliche Eingriffe" sind erforderlich, wenn der Regler auf eine Weise in den Prozeß eingreifen muß, die mit der Stellgröße nicht möglich ist, etwa bei Grenzwertüberschreitungen.

Wenn die Globalstruktur bestimmt ist, müssen die *Aufgaben* und daran anschließend die *Struktur der einzelnen Funktionsblöcke* festgelegt werden. Hinweise für die *Prozeßplanung* gibt Abschn. 8.2, für die *Systembedienung* Abschn. 8.4. Die Aufgabe des Reglers besteht in der Beeinflussung des Prozesses auf Grund der Informationen, die ihm zur Verfügung stehen; im Bild sind das Istwert, Sollwert, Hilfsgrößen und Störgrößen sowie die Anweisungen von der Bedieneinheit. Die Wahl der Reglerstruktur hängt davon ab, welche Größen im konkreten Fall vorhanden sind; die folgende Liste gibt eine Zusammenfassung der besprochenen Regler:

Eingrößenregler — Mehrgrößenregler
Analogregler — Digitalregler — Hybridregler
Zweipunktregler
Einfacher Regler nach Gl. (4.16)
Hilfsgrößenaufschaltung
Störgrößenaufschaltung
Kaskadenregler
Adaptiver Regler

Wenn man sich einen Überblick über die innerhalb des Systems auszuführenden Funktionen verschafft hat, kann entschieden werden, welche dieser Funktionen durch *Soft-* und welche durch *Hardware* zu realisieren sind. Beim Prozeß ist das kein Problem, da er in diesem Stadium des Systementwurfs bereits als physikalisches System festliegt; genau genommen gehört er nicht einmal zur Hardware. In Sonderfällen kann er allerdings als Software realisiert sein, nämlich dann, wenn ein realer Prozeß im Rechner simuliert wird.

Der eigentliche Regler ist — sofern es sich um einen reinen Digitalregler handelt — *durch Software zu realisieren.* Das gilt allerdings nicht unbedingt für *Nebenfunktionen* des Reglers, zu denen insbesondere die Notfallbehandlung gehört. In solchen Fällen können Hardwareschaltungen durchaus empfehlenswert sein, vor allem dort, wo der Rechner zu langsam wäre.

Bei der *Systembedienung* schließlich lassen sich allgemeingültige Richtlinien für die Entscheidung zwischen Soft- und Hardware kaum mehr angeben, da die Anforderungen zu vielfältig sind.

Das Zusammenwirken von soft- und hardwaremäßig realisierten Funktionen bedarf der genauen *Definition der Schnittstellen.* Beispielsweise liefert der Prozeß eine physikalische Größe y als Istwert; der Regler benötigt jedoch eine digitale Größe. Man muß daher wissen, welche Größe der Prozeß liefert, und welche Wortlänge dem Regler darzubieten ist. Dementsprechend werden die erforderlichen Umsetzer — im Beispiel ein Sensor und ein A/D-Wandler mit der erforderlichen Wortlänge — entworfen und in das System eingebaut. Ähnliches gilt für die übrigen Verbindungen zwischen den Teilfunktionen. Dabei sollte man möglichst „Mikrocomputer-gerechte" Sensoren und Stellglieder auswählen, d. h. solche, die vom Mikrocomputer aus leicht zu handhaben sind.

Nachdem nun das System weitgehend entwickelt ist, kann man die *Programmstruktur* festlegen und den einzusetzenden *Mikrocomputer* auswählen. Letzteres ist deswegen erst in diesem späten Stadium empfehlenswert, weil man jetzt den vollständigen Überblick über die Anforderungen an den Computer hat; dazu gehören vor allem die Anzahl der Ein- und Ausgänge, der Speicherplatzbedarf, die Bedienungseinrichtungen und die erforderliche Peripherie wie Drucker und dgl. Gegebenenfalls ist es sinnvoll, den Mikrocomputer selbst zu entwickeln.

Zum Schluß ist noch ein zentrales Problem jeder Regelung zu lösen, nämlich der **Reglerentwurf.** Dabei werden die Kenngrößen des Reglers (z. B. Ordnung, Abtastzeit und Reglerparameter) konkretisiert (8.5).

In [30] Kap. 3 werden Methoden der Systemplanung vorgestellt. [45] beschreibt ein Konzept für die Steuerung und Regelung eines Sinterofens, [4] ein komplettes Regelsystem, das für die Drehzahlregelung eines Gleichstrommotors verwendet wird. [30] gibt in Kap. 9 Hinweise zur Programmorganisation.

8.2 Prozeßplanung

Die Grundlage für die *Planung des Prozesses* wird, ebenso wie für das Gesamtsystem, vom Ziel gebildet, das man erreichen möchte. Unter Beachtung dieser Zielvorgabe und der Nebenbedingungen, die bereits bei der Festlegung der Globalstruktur eine Rolle gespielt haben, werden nun die geeigneten Mittel ausgewählt. Für die Prozeßplanung bedeutet das, daß man das *Verfahren für die Zielerreichung* und anschließend dessen *technische Realisierung* bestimmt.

Ein solches Ziel kann beispielsweise darin bestehen, die Raumtemperaturen eines Hauses optimal zu gestalten. Der zugehörige Prozeß könnte etwa aus einer Zentralheizung als Hauptheizung aufgebaut sein, die durch Zusatzheizungen in einigen Räumen ergänzt wird. Als Nebenbedingungen kommen hoher Bedienungskomfort sowie minimaler Energieverbrauch oder minimale Kosten in Frage. Zusätzlich kann man fordern, daß auch bei einem längeren Stromausfall zumindest die wichtigsten Räume ausreichend beheizt werden können. Da weder die üblichen Ölheizungen noch Mikrocomputer ohne Strom funktionieren, müssen dazu Öfen eingesetzt werden. Es ist sinnvoll, diese in das System zu integrieren, da die Heizung nicht oder nur gedrosselt laufen muß, wenn ein Ofen in Betrieb ist. Als flankierende Maßnahme zur Unterstützung des Systems sollte eine zusätzliche Wärmeisolierung der zu heizenden Räume in Betracht gezogen werden; die dadurch erreichbare Verminderung des erforderlichen Aufwandes hat natürlich eine entsprechende Rückwirkung auf das System und muß daher beim Entwurf berücksichtigt werden.

Als weiteres Beispiel sei die Aufgabe erwähnt, eine bestimmte chemische Substanz herzustellen. Energieverbrauch und Kosten sollen möglichst klein sein; außerdem sind Umweltschutzvorschriften zu beachten. Diese Bedingungen bilden die Grundlage für die Auswahl des Herstellungsverfahrens; daran anschließend kann die apparative Realisierung geplant werden.

Bei der Prozeßplanung hat man sich vor Augen zu halten, daß die Regelung nichts bewirken kann, was im Prozeß nicht von vornherein angelegt ist; sie kann den Prozeß lediglich zur optimalen Entfaltung bringen. Daher muß die Planung sehr sorgfältig, und zwar im Hinblick auf die weiteren Schritte, durchgeführt werden; denn jede hier getroffene Maßnahme hat zwangsläufig Auswirkungen auf das weitere Vorgehen. Das bedeutet insbesondere, daß man bereits gewisse Vorstellungen vom einzusetzenden Regler haben sollte; umgekehrt wirken sich die Eigenarten des Prozesses auch auf die Wahl des Reglers aus. Bei Mehrgrößenprozessen wird der Regler einfacher, wenn es gelingt, die einzelnen Größen weitgehend zu entkoppeln.

8.3 Reglerentwicklungssystem und endgültiger Regler

8.3.1 Bedeutung des Reglerentwicklungssystems

Die *Systementwicklung* erfolgt in zwei Phasen. Die erste Phase besteht in der eigentlichen Entwicklung, die mit dem Systementwurf beginnt und bei einem funktionsfähigen Prototyp endet. Anschließend kann das endgültige Regelgerät gebaut werden, das dann im Betrieb eingesetzt wird. Das hat zur Folge, daß genau genommen zwei verschiedene Geräte erforderlich sind, nämlich ein „**Reglerentwicklungssystem**" und der endgültige Regler. Die beiden unterscheiden sich hauptsächlich im Bedienungssystem, da bei der Entwicklung ganz andere Eingriffe eine Rolle spielen als beim praktischen Betrieb. Dazu kommen beim Entwicklungssystem die zusätzliche Erfassung von Prozeßgrößen sowie zusätzliche Dokumentationseinrichtungen.

8.3.2 Anforderungen an das Reglerentwicklungssystem

Das *Reglerentwicklungssystem* hat die Aufgabe, die Arbeiten zu ermöglichen oder zumindest zu erleichtern, die bei der Entwicklung einer Regelung anfallen. Demnach muß es gestatten, die Struktur und die Parameter des Reglers vorzugeben und zu ändern sowie das Verhalten des geschlossenen Regelkreises zu beobachten. Ferner müssen Eigenschaften des Prozesses (z. B. die Übergangsfunktion) bestimmt werden können.

Ein einfaches Entwicklungssystem (wie es etwa im Rahmen des Standardbeispiels realisiert wurde) arbeitet mit einer festgelegten Reglerstruktur und erlaubt die Eingabe der Abtastzeit und der Reglerparameter. Komfortabler wird es, wenn man beispielsweise die Kenngrößen eines PID-Reglers vorgeben kann und die entsprechenden Reglerparameter automatisch berechnet werden. Schließlich sind auch Systeme denkbar, welche die Prozeßdaten bestimmen und daraus mit Hilfe vorgegebener Einstellregeln (vgl. Abschn. 8.5.3) entsprechende Parameter festlegen.

8.3.3 Zusammenhänge zwischen Entwicklungssystem und endgültigem Regler

Die Notwendigkeit, aus dem Entwicklungssystem ein Reglergerät für den endgültigen Einsatz zu entwerfen, bedeutet einen Aufwand, den man so klein wie möglich halten sollte. Prinzipiell kann man ein einziges Gerät bauen, das für beide Phasen geeignet ist. Ein solches Gerät hat den Vorteil, daß mit ihm während des Betriebes Änderungen am Regler durchgeführt werden können. Dadurch ist es universell für verschiedene Prozesse einsetzbar. Wenn das System einmal funktioniert, muß für das endgültige Regelgerät keine weitere Entwicklungsarbeit mehr geleistet werden.

Dem stehen allerdings gewichtige Nachteile gegenüber. Das Gerät ist umfangreicher, als für die Regelung erforderlich wäre; vor allem bei größeren Stückzahlen ergeben sich dadurch unnötig hohe Kosten. Um dem abzuhelfen, müssen die für die Entwicklung angebrachten Zusatzeinrichtungen entfernt werden. Besondere Probleme ergeben sich beim Bedienungssystem, da die Struktur der Bedienungselemente, die für die Entwicklung entworfen wurde, beim normalen Betrieb meist ungünstig ist.

Man steht daher vor der Frage, ob man für den praktischen Einsatz ein eigenes Gerät entwickeln soll oder nicht. Es bietet sich eine „gemischte" Lösung an, bei der beide Geräte — das Entwicklungssystem und der endgültige Regler — aus Modulen aufgebaut werden. Einige Module sind in beiden Fällen gleich; die anderen werden ausgetauscht.

Bild 8.2 zeigt den Aufbau, der für beide Geräte gültig ist. Die gemeinsamen Bestandteile sind doppelt eingerahmt; es handelt sich um den Rechner, das Prozeßinterface und natürlich um den Prozeß. Die Zusatzgrößen, die während der Entwicklung erforderlich waren, werden vom Regler nicht mehr benötigt; das zugehörige Interface wird daher entfernt. Die Bedieneinheit wird meist zusammen mit ihrem Interface komplett ausgetauscht.

Bei der Realisierung kann man so vorgehen, daß man zunächst das endgültige Gerät konzipiert und aufbaut. Die für die Entwicklung erforderlichen Zusätze schließt man extern an. Am Ende entfernt man diese Zusätze wieder. Da das Entwicklungssystem ein anderes Programm als der endgültige Regler benötigt, muß der Rechner außerdem noch umprogrammiert werden.

Wenn man beide Bedieneinheiten so gestaltet, daß sie gegenseitig voll austauschbar sind, ist eine Wiederverwendung des Gerätes als Entwicklungssystem, etwa zur Anpassung an geänderte Prozesse, leicht möglich. Die Umprogrammierung erfolgt durch Auswechseln der ROMs.

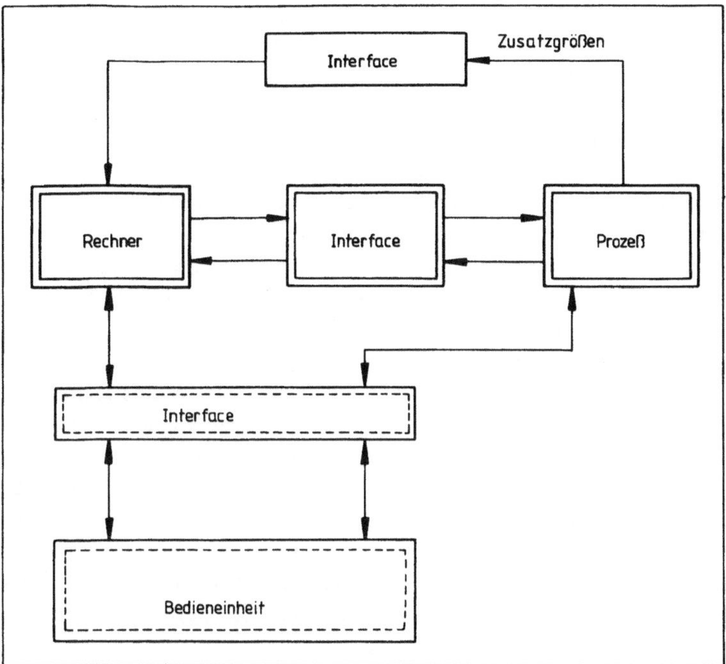

Bild 8.2 Modularer Aufbau des Reglers

8.4 Bedienung des Regelsystems

Für die Kommunikation des Regelsystems mit der Umgebung (z. B. dem Bedienungspersonal) müssen *Einrichtungen zur Anzeige von Betriebszuständen* und für *Eingriffe in das System* vorhanden sein. Diese Bedienungseinrichtungen sind stark von den jeweiligen Anforderungen abhängig und müssen daher von Fall zu Fall an die Anlage angepaßt werden. Es ist nicht möglich, ein allgemeingültiges Rezept dafür anzugeben, doch kann die Beachtung einiger Richtlinien die Arbeit erleichtern.

Die Grundsätze, nach denen das Bedienungssystem realisiert wird, sind für das Reglerentwicklungssystem und für den endgültigen Regler dieselben. Man hat zwei gegensätzliche Funktionen zu unterscheiden: einerseits muß das Bedienungspersonal die Möglichkeit haben, über entsprechende Bedienungseinrichtungen in die Regelung einzugreifen; das ist andererseits nur möglich, wenn die Betriebszustände vom System nach außen gemeldet werden.

Für Eingriffe in das Gerät durch das Bedienungspersonal kommen alle Methoden in Frage, die bei Computeranlagen eingesetzt werden. Häufig wird man Tastaturen verwenden; diese umfassen neben Tasten zur Zifferneingabe auch Funktionstasten für spezielle Befehle (z. B. An- und Abfahren des Prozesses). Die Eingabe eines bestimmten Wertes, etwa des Sollwertes, kann beispielsweise so erfolgen, daß man nach Betätigen einer Wahltaste, welche die Art des Wertes bestimmt, den gewünschten Wert über die Zifferntastatur eintippt. Anschließend drückt man eine Funktionstaste, wodurch die Übernahme dieses Wertes in das System veranlaßt wird.

Häufig möchte man eine Systemgröße lediglich geringfügig verändern. Dann ist es mühsam und fehlerträchtig, den Wert völlig neu einzugeben. Abhilfe schaffen Funktionstasten, mit denen man den angezeigten Wert erhöhen oder erniedrigen kann, gegebenenfalls sogar mit verschiedenen wählbaren Geschwindigkeiten. Diese Methode ist bei Digitaluhren üblich; von dort kennt man auch den Nachteil, der sich bemerkbar macht, wenn man einen bestimmten Wert einstellen möchte, der vom angezeigten Wert weit entfernt ist. Daher ist es zweckmäßig, für die Eingabe eines Wertes beide Methoden, nämlich direktes Eintippen und Verändern, gleichzeitig zu ermöglichen.

Durch Dreh- oder Schiebepotentiometer mit nachgeschaltetem A/D-Wandler können ebenfalls Werte vorgeben werden. Als Vorteil ist zu vermerken, daß diese Werte durch einen Netzausfall nicht beeinflußt werden; dadurch erübrigen sich für diese Vorkehrungen zur Datensicherung.

Für die Meldung der Betriebszustände nach außen existiert ebenfalls eine Reihe von Möglichkeiten. Grundsätzlich muß man dabei zwischen kurzfristigen Signalen und der Dokumentation unterscheiden. Erstere melden das ordnungsgemäße Funktionieren bzw. Störungen der Anlage; sie dienen daher der Information und fordern bei Bedarf das Bedienungspersonal zu Reaktionen auf. Zur Meldung können sowohl optische (Meldeleuchten, Siebensegmentanzeigen, Bildschirm) als auch akustische (Klingel, Summer) Einrichtungen verwendet werden. Dagegen muß für die Dokumentation der Prozeß dauerhaft protokolliert werden (mit Datum und Uhrzeit), wofür sich am besten ein Drucker eignet.

8.5 Reglerentwurf

8.5.1 Vorüberlegungen

Unter dem **Reglerentwurf** versteht man die Aufgabe, die Kenngrößen des Reglers festzulegen. Dabei wird vorausgesetzt, daß die Reglerstruktur (einfacher Regler nach Gl. (4.16), Kaskadenregler, Regler mit Störgrößenaufschaltung usw.) bereits vorgegeben wurde; das ist erforderlich, da die Vorgangsweise beim Entwurf je nach der Reglerstruktur unterschiedlich ist.

Die Kenngrößen des Reglers (das sind vor allem die Abtastzeit und die Reglerparameter) müssen nun so festgelegt werden, daß der Regler optimal arbeitet. Damit der Begriff des „optimalen Reglers" überhaupt einen klaren Sinn bekommt, muß man *Optimierungskriterien* festlegen. Am wichtigsten ist die **Regelgüte**, das ist im wesentlichen ein Maß für die über einen längeren Zeitraum integrierte Abweichung des Istwertes vom Sollwert. In der Regelungstechnik sind verschiedene Regelgütekriterien verbreitet. [14] schlägt ein quadratisches Regelgütekriterium der Gestalt

$$I = \sum_{k=0}^{\infty} (e_k^2 + r\, u_k^2) \qquad (8.1)$$

vor. I heißt quadratische Regelfläche. Der Gewichtsfaktor r eröffnet die Möglichkeit, den Stellaufwand bei der Regelgüte zu berücksichtigen. Durch die Quadrierung wird verhindert, daß sich positive und negative Abweichungen gegenseitig aufheben.

Als erstes muß die *Ordnung des Reglers* bestimmt werden (vgl. Gl. (4.14). Man unterscheidet strukturoptimale und parameteroptimale Regler. Bei ersteren wird die Reglerordnung an die Ordnung des Prozesses angepaßt. Bei parameteroptimalen Reglern wählt man die Ordnung kleiner; meist lehnt man sich an den PID-Regler an, der von 2. Ordnung ist. Die Parameter dieses Reglers werden dann bezüglich der Regelgüte optimiert.

Die *Wahl der Abtastzeit* muß nach vielen, teilweise widersprüchlichen Gesichtspunkten erfolgen. Im allgemeinen kann man erwarten, daß die Regelgüte um so schlechter wird, je größer die Abtastzeit ist. Daher erscheint eine möglichst kleine Abtastzeit erstrebenswert. Die absolute untere Grenze ist durch die Rechenzeit gegeben, doch sollte die Abtastzeit nach Möglichkeit wesentlich größer gewählt werden.

Einen Anhaltspunkt erhält man durch Betrachtung der Prozeßübergangsfunktion. Versuchsweise kann man als Abtastzeit größenordnungsmäßig ein Zehntel der Zeit nehmen, welche die Übergangsfunktion benötigt, um von 0 auf 95 % ihres Endwertes zu kommen. Eine Diskussion zum Thema Abtastzeit findet man in [14] Abschn. 5.5. Für Temperaturregelungen werden beispielsweise 20 Sekunden als Abtastzeit empfohlen.

Um den Regler bezüglich des *Führungsverhaltens* zu optimieren, gibt man einen Sollwertsprung auf den Eingang und beobachtet den Verlauf der Regelabweichung und der Stellgröße. Die Kenngrößen des Reglers sind dann so zu bestimmen, daß die quadratische Regelfläche I möglichst klein wird.

Ähnlich geht man vor, wenn der Regler bezüglich des *Störverhaltens* optimiert werden soll, nur gibt man jetzt einen Störgrößensprung auf den Prozeß. Meist werden die optimalen Kenngrößen für das Störverhalten andere sein als für das Führungsverhalten; man muß dann einen Kompromiß schließen.

In letzter Zeit sind Überlegungen zur *Energieeinsparung* immer wichtiger geworden. Um einen Regler diesbezüglich zu optimieren, benötigt man ein „Energiekriterium", das den Energieverbrauch des Systems in Abhängigkeit vom Prozeßverlauf beschreibt. Ein solches Kriterium kann man nur durch eine genaue Untersuchung des Prozesses erhalten. Meist wird die Energieoptimierung mit der Regelgüte konkurrieren, so daß auch hier ein Kompromiß erforderlich ist.

Ein vollständiger Reglerentwurf setzt voraus, daß ein geschlossener Regelkreis vorliegt. Dazu wird der Prozeß benötigt. Wenn der reale Prozeß nicht zur Verfügung steht, muß er analog oder digital *simuliert* werden. Methoden für die digitale Simulation sind in [15] beschrieben.

8.5.2 Allgemeine Entwurfsverfahren

Die anzuwendenden Verfahren für den Reglerentwurf werden durch die Reglerstruktur mitbestimmt. Hier sollen in erster Linie einfache, d. h. nicht vermaschte Regelungen betrachtet werden; die Übertragung auf komplizierte Fälle ist allerdings oft möglich.

Es gibt eine ganze Reihe von allgemein anwendbaren Methoden, die — wenigstens im Prinzip — vom Typ des Reglers unabhängig sind. Naheliegend wäre eine *Probiermethode;* sie besteht darin, daß man durch (Herum-)Probieren den Regler zu optimieren sucht. Man kann sich überlegen, daß man dadurch nicht leicht zum Ziel kommt, selbst wenn man dabei Einschränkungen der Parameter (vgl. 8.5.3) berücksichtigt. Als Beispiel sei ein Regler 2. Ordnung

$$u_k = u_{k-1} + q_0 e_k + q_1 e_{k-1} + q_2 e_{k-2} \qquad\qquad (4.5)$$

betrachtet. Ein „systematisches" Probierverfahren könnte etwa mit $q_1 = q_2 = 0$ beginnen (Gl. (4.12)). Man wird feststellen, daß von einem gewissen q_0 ab der Regelkreis instabil wird; zunächst wird man daher q_0 so wählen, daß der Kreis gerade noch stabil bleibt. Als nächsten Schritt wählt man nun $q_1 \neq 0$ (PI-Regler, Gl. (4.10)). Hat man ein brauchbares q_1 gefunden, so kann es geschehen, daß durch Ändern von q_0 die Regelgüte wiederum verbessert wird. Noch unübersichtlicher wird das Ganze, wenn q_2 zusätlich variiert wird. Daher ist es eher als Zufall anzusehen, wenn man durch reines Probieren einen befriedigenden Regler bekommt.

Der Aufwand kann etwas verringert werden, wenn man die erste Stellgröße u_0 vorgibt. Man kann nämlich zeigen, daß nach einem Sollwertsprung der Größe 1 die erste Stellgröße $u_0 = q_0$ wird ([14] S. 59). Dadurch kann der verfügbare Stellbereich auf einfache Weise berücksichtigt werden.

Die Probierverfahren sind vor allem deshalb so unbefriedigend, weil keinerlei Information über den Prozeß in den Entwurf eingehen. Systematische Verfahren verarbeiten Eigenschaften des Prozesses direkt (z. B. durch vorherige Messung der Prozeßübergangsfunktion) oder indirekt (z. B. selbstoptimierende Regler durch Beobachtung des Prozeßverlaufs).

In der analogen Regelungstechnik sind solche Verfahren seit langem bekannt (vgl. [9], [27], wo man auch weitere Literaturangaben findet). Man kann sie ausnützen, indem man einen Digitalregler auf dem Umweg über einen Analogregler entwirft. Dazu bestimmt man zunächst einen *optimalen Analogregler*; es bereitet dann keine wesentlichen Schwierigkeiten, diesen zu *digitalisieren* (s. auch 8.5.3). Falls erforderlich, kann man den so gewonnenen Digitalregler durch kleine Korrekturen noch etwas verbessern.

Ein weiteres Verfahren, das vor allem für komplizierte Prozesse sinnvoll eingesetzt werden kann, ist der *rechnergestützte Entwurf*. Dabei wird der gesamte Regelkreis einschließlich des Prozesses auf einen Rechner simuliert. Im Dialog mit dem Entwickler können verschiedene Regelalgorithmen erprobt werden. Für Einzelheiten sei auf [14] Kap. 30 verwiesen.

[20] beschreibt ein Entwurfsverfahren für einen digitalen Regler, das mit der Übergangsfunktion des Prozesses auskommt, allerdings auch einigen mathematischen Aufwand erfordert. Weitere nützliche Verfahren, die aus der analogen Technik entwickelt wurden, aber darüber hinausgehen, findet man in [19] Kap. 5.

8.5.3 Entwurfsverfahren für PID-Regler

PID-Regler sind in der analogen und in der digitalen Regelungstechnik besonders weit verbreitet; daher liegen über diese auch die meisten Erfahrungen vor. Infolgedessen ist es sinnvoll, den Entwurf von PID-Reglern ausführlicher zu behandeln.

Eine große Rolle spielen dabei Entwurfsverfahren, die auf dem analogen PID-Regler beruhen. Um zwischen der analogen und der digitalen Form umrechnen zu können, benötigt man die Zusammenhänge. Der analoge PID-Regelalgorithmus lautet

$$u\,(t) = k\,\left[e\,(t) + \frac{1}{T_I} \int_0^t e\,(\tau)\,d\,(\tau) + T_D\,\frac{de\,(t)}{dt} \right], \tag{4.1}$$

der digitale

$$u_k = u_{k-1} + q_0 e_k + q_1 e_{k-1} + q_2 e_{k-2}. \tag{4.5}$$

Durch Vergleich mit Gl. (4.4) liest man ab:

$$q_0 = K\left(1 + \frac{T_D}{T_0}\right) \qquad\qquad q_1 = K\left(\frac{T_0}{T_I} - 2\,\frac{T_D}{T_0} - 1\right)$$

$$q_2 = K\,\frac{T_D}{T_0} \tag{8.2}$$

Daraus erhält man durch Umrechnen:

$$K = q_0 - q_1 \qquad\qquad T_D = T_0\,\frac{q_2}{q_0 - q_2}$$

$$T_I = T_0\,\frac{q_0 - q_2}{q_0 + q_1 + q_2} \tag{8.3}$$

Nicht jede Wahl der Parameter q_i in Gl. (4.5) führt zu einem Regler, der dem analogen PID-Regler ähnlich ist. Man kann zeigen (vgl. [14] Abschn. 5.2.1), daß dazu folgende Bedingungen erfüllt sein müssen:

1) $q_0 > 0$
2) $|q_1| > q_0,\ q_1 < 0$
3) $|q_0 + q_1| < q_2 < q_0$

Die Reglerübergangsfunktion hat, sofern man diese Bedingungen einhält, die in Bild 8.3 dargestellte Gestalt. Durch Vergleich mit Bild 1.9 erkennt man die Ähnlichkeit zum analogen PID-Regler. Aus Bild 8.3 lassen sich folgende Beziehungen ablesen:

1) q_0 ist die erste Stellgröße. Sie kann aus der Prozeßübergangsfunktion bestimmt werden; man sollte sie etwa so groß wählen, daß der Sollwert dabei erreicht wird.
2) Wird $|q_1| = q_0$ gewählt, so ist die zweite Stellgröße der Regler-Übergangsfunktion gleich der ersten. Je größer $|q_1|$ ist, desto kleiner wird die zweite Stellgröße.

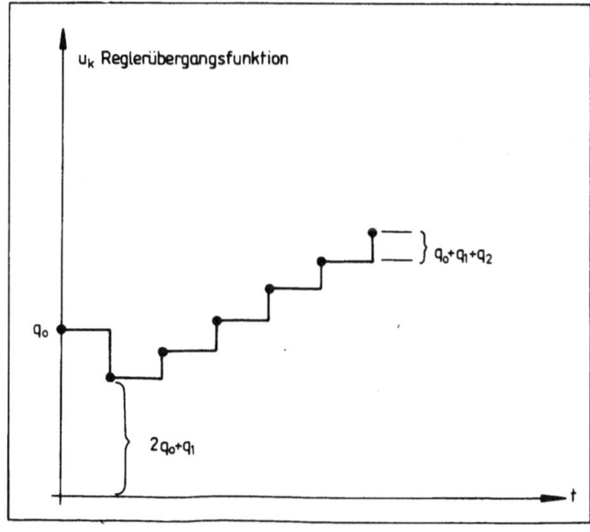

Bild 8.3
Übergangsfunktion des digitalen PID-Reglers (nach [14] Bild 5.2.2a)

3) Bei festem q_0 und q_1 bestimmt q_2 den Anstieg der Reglerübergangsfunktion. Wählt man anfangs $q_2 = |q_0 + q_1|$, so ist die Steigung gleich Null.

In [38] S. 680 ist folgendes Verfahren zum Entwurf eines analogen PID-Reglers beschrieben: Zunächst wird der Regler als reiner P-Regler betrieben. Als Sollwert wird ein Rechtecksignal vorgegeben. Jeder Sollwertsprung veranlaßt den Istwert zu einer gedämpften Schwingung. Der Proportionalitätsfaktor wird so weit erhöht, daß diese Schwingung nur mehr schwach gedämpft ist. Damit ist K bestimmt und wird im folgenden nicht mehr geändert.

Im nächsten Schritt wird der Regler als PD-Regler betrieben. Die Konstante T_D wird so gewählt, daß der Istwert die gewünschte Dämpfung aufweist, und im folgenden ebenfalls nicht mehr verändert. Zum Schluß fügt man im Regler den Integrationsterm hinzu und beobachtet das Verhalten der Regelabweichung, die nach einiger Zeit verschwindet. Der Integralanteil ist nun so zu wählen, daß die Einschwingzeit minimal wird. Damit ist der Entwurf des Reglers abgeschlossen.

Die Übertragung dieses Verfahrens auf einen Digitalregler erfordert ein Reglerentwicklungssystem. Mit dessen Hilfe kann der Entwickler, nachdem er die Abtastzeit T_0 festgelegt hat, die Kenngrößen K, T_D und $1/T_I$ wie erforderlich vorgeben und ändern; die Umrechnung auf die Parameter q_i erfolgt durch das Entwicklungssystem.

Ein anderes Entwurfsverfahren für einen analogen PID-Regler wird in [29] beschrieben. Dabei handelt es sich um *Einstellregeln*, das sind Vorschriften, mit denen aus gemessenen Eigenschaften des Prozesses die Kenngrößen des Reglers berechnet werden können. Es wird vorausgesetzt, daß die Prozeßübergangsfunktion und damit die Verzugszeit T_u, die Übergangszeit T_q und die Verstärkung K_P bekannt sind. Für den PID-Regler sind Formeln zur Berechnung der Kenngrößen angegeben; werden diese nach Gl. (8.2) umgerechnet, so ergeben sich folgende Einstellregeln:

$$q_0 = \frac{1{,}5}{K_P} \frac{T_G}{T_u} \left(1 + \frac{0{,}5\,T_u}{T_0}\right)$$

$$q_1 = \frac{1{,}5}{K_P} \frac{T_G}{T_u} \left(\frac{T_0}{2T_u} - 2\frac{0{,}5\,T_u}{T_0} - 1\right) \tag{8.4}$$

$$q_2 = \frac{0{,}75}{K_P} \frac{T_G}{T_0}$$

Für den Fall, daß die Prozeßübergangsfunktion unbekannt ist, gibt [29] ebenfalls Einstellregeln an. Man betreibt den Regler zunächst als reinen P-Regler und vergrößert K so lange, bis der Regelkreis zu schwingen beginnt. Bezeichnet man diese „kritische" Verstärkung mit K_c und die zugehörige „kritische" Schwingungsdauer des Istwertes mit T_c, so gelten (wieder nach Umrechnung gemäß Gl (8.2)) folgende Einstellregeln:

$$q_c = 0{,}6K_c \left(1 + \frac{0{,}12T_c}{T_0}\right)$$

$$q_1 = 0{,}6K_c \left(\frac{T_0}{0{,}5T_c} - 2\frac{0{,}12T_c}{T_0} - 1\right) \tag{8.5}$$

$$q_2 = 0{,}072K_c \frac{T_c}{T_0}$$

Aufgrund der zunehmenden Bedeutung der digitalen Regelung wurden auch Einstell-regeln entwickelt, die den Umweg über Analogregler vermeiden. [14] gibt in Abschn. 5.6 ein systematisches Verfahren an, das durch Rechnersimulation gewonnen wurde. Vorausgesetzt ist die Kenntnis der Prozeßübergangsfunktion.

8.5.4 Deadbeat-Regler

Eine Möglichkeit, die es bei analogen Reglern nicht gibt, bietet der *Entwurf auf endliche Einstellzeit*, auch **Deadbeat-Regelprinzip** genannt. Wird ein Sollwertsprung vorgegeben, so kann man bewirken, daß der Istwert nach einer endlichen Anzahl von Abtastschritten den Sollwert erreicht und sich anschließend nicht mehr ändert. Voraussetzung ist allerdings, daß keine Störgrößen einwirken. Die erforderliche Anzahl der Schritte hängt von der Prozeßordnung ab. Der Regelalgorithmus ist durch Gl. (4.14) gegeben. Als besonderer Vorteil der Deadbeat-Regler ist zu vermerken, daß ihre Parameter sehr leicht zu bestimmen sind. Für den Entwurf sei auf [14] Kap. 7 und auf [10] Kap. 6 verwiesen.

8.6 Zusammenfassung

Die **Planung des Regelsystems** kann in folgenden Schritten erfolgen:

1) Problemanalyse
2) Festlegung der Globalstruktur (Funktionsblöcke)
3) Festlegung von Aufgabe und Struktur der Funktionsblöcke
4) Aufteilung der Funktionen auf Hard- und Software
5) Definition der Schnittstellen
6) Festlegung der Programmstruktur
7) Auswahl bzw. Entwicklung des Mikrocomputers
8) Reglerentwurf.

Bei der **Prozeßplanung** wählt man unter Beachtung verschiedener Nebenbedingungen das *Verfahren* zum Erreichen des gesteckten Zieles aus und bestimmt anschließend die *technische Realisierung*. Dabei ist zu bedenken, daß die Regelung nur das zur Entfaltung bringen kann, was im Prozeß bereits angelegt ist. Ferner sollte die Struktur des einzusetzenden Reglers in ihren Grundzügen bereits bekannt sein.

Die **Systementwicklung** besteht aus zwei Phasen:

1) Entwicklung eines funktionsfähigen Prototyps im Rahmen eines *Reglerentwicklungssystems*
2) Bau des endgültigen Regelgerätes

Dazu werden zwei Geräte benötigt:

1) Reglerentwicklungssystem
2) endgültiges Regelgerät

Unter bestimmten Umständen genügt ein einziges Gerät für beide Phasen oder ist zumindest ein Umbau leicht möglich.

Ein **Reglerentwicklungssystem** hat die Aufgabe, die Entwicklung eines Regelsystems zu unterstützen. Es ermöglicht die Eingabe von Struktur und Parametern des Reglers sowie die Beobachtung und Dokumentation von Prozeßeigenschaften und des Regelungsverlaufs.

Die **Bedienungseinrichtungen** ermöglichen die Kommunikation zwischen dem Regelsystem und seiner Umgebung. Sie haben zwei Aufgaben:

1) *Eingriffe in das System*
2) *Meldungen über den Systemzustand*
   a) kurzfristige Signale
   b) Dokumentation

Eingriffe in das System erfolgen hauptsächlich über eine *Tastatur*; als Meldeeinrichtungen für kurzfristige Signale kommen z. B. Signallampen, Bildschirme oder Summer in Frage. Die Dokumentation benötigt in der Regel einen *Drucker*.

Beim **Reglerentwurf** werden die *Kenngrößen des Reglers* (Ordnung, Abtastzeit, Reglerparameter) festgelegt; die Reglerstruktur ist vorgegeben. Die *Optimierung* erfolgt an Hand eines *Regelgütekriteriums*.

Die **Ordnung des Reglers** wird entweder an die Ordnung des Prozesses angepaßt (*strukturoptimaler Regler*) oder fest vorgegeben (*parameteroptimaler Regler*).

Die **Abtastzeit** ist mit Rücksicht auf die Regelgüte möglichst klein zu wählen, sollte allerdings wesentlich höher als die Rechenzeit sein. Einen Anhaltspunkt bekommt man durch Betrachtung der Prozeßübergangsfunktion.

Verfahren zum **Reglerentwurf**:

1) Probiermethode
2) Probiermethode mit Vorgabe der ersten Stellgröße
3) Optimierung eines Analogreglers mit anschließender Digitalisierung
4) Rechnergestützter Entwurf
5) Einstellregeln.

Teil 3: Beschreibung des Standardbeispiels

9 Beschreibung der Hardware

9.1 Gesamtschaltbild

Die Konzeption des Standardbeispiels wurde bereits in Kap. 3 erläutert. Während das dort angegebene Prinzipschaltbild (Bild 3.1) lediglich das Grundsätzliche verdeutlichen sollte, muß jetzt die ganze Hardware im Detail besprochen werden.

Das Gesamtschaltbild des Standardbeispiels zeigt Bild 9.1. Es besteht aus folgenden Teilen:

A0 Netzteil
A1 Prozeß
A2 Sensor
A3 A/D-Wandler
A4 Regler (AIM-65)
A5 D/A-Wandler
A6 Stellglied.

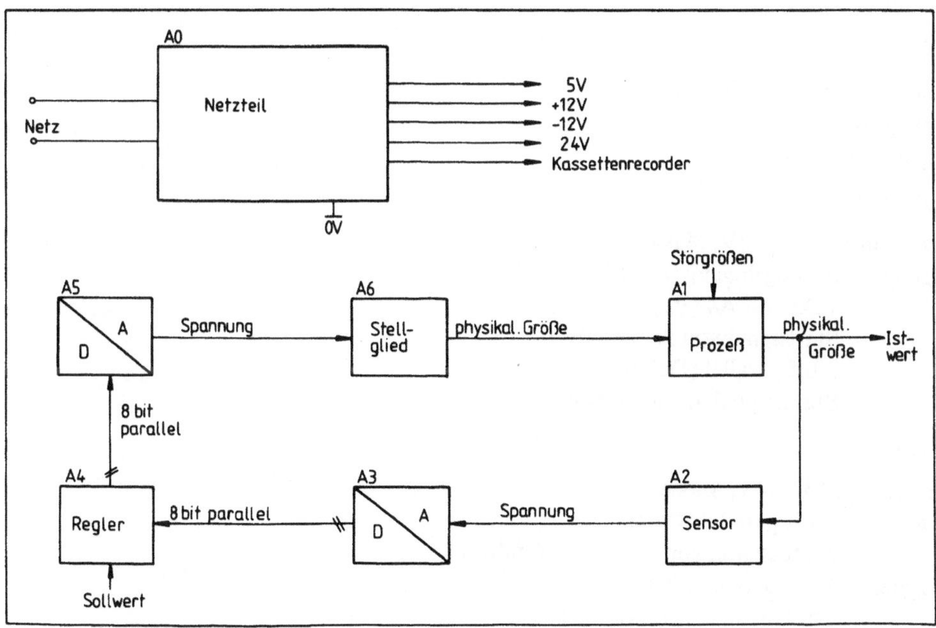

Bild 9.1 Gesamtschaltbild des Standardprozesses

Für die Realisierung des Standardbeispiels ist es ratsam, die einzelnen Teilbaugruppen getrennt aufzubauen, um so das Testen und Ändern zu erleichtern. Auf Grund der Blockstruktur kann man dann ohne weiteres einzelne Teile austauschen. Beispielsweise könnte der elektronische Prozeß A1 durch eine Heizung ersetzt werden; natürlich ist dann ein Temperatursensor zu verwenden.

9.2 Spezifikation der Teilbaugruppen

Die einzelnen Baugruppen bilden in sich abgeschlossene Bausteine, die nur über ihre Ein- und Ausgänge mit der Umgebung in Verbindung treten. Das Gesamtsystem kann nur dann richtig funktionieren, wenn diese Ein- und Ausgänge aufeinander abgestimmt sind; sie werden daher folgendermaßen spezifiziert:

A0 Netzteil

Eingang: Netz
Ausgänge: 5V (± 5 %) 2A (für AIM-65 und TTL-Bausteine)
           ± 12V (± 5 %) 2 × 0,5A (Versorgung der Operationsverstärker)
           24V (unstabilisiert) 0,5A, Spitze 2A (für den AIM-Drucker)
           0V (Masse)
           gegebenenfalls Versorgung für den Kassettenrekorder.

A1 Prozeß

Eingänge: Stellgröße 0 ... 10V
           Störgrößen (gegebenenfalls)
           Masse
Ausgang: Istwert 0 ... 10V

A2 Sensor

Versorgung: 5V, ± 12V, Masse
Eingang: 0 ... 10V
Ausgang: 0 ... 5V

A3 A/D-Wandler

Versorgung: 5V, ± 12V, Masse
Eingänge: Analogeingang 0 ... 5V
            Takt von A4 (Regler)
            Startsignal von A4 (Regler)
Ausgänge: 8 bit parallel (Daten)
            Statussignal an A4 (Regler).

A4 Regler

Versorgung: 5V, 24V, Masse
Eingänge: 8 bit parallel (Daten)
            Statussignal von A3 (A/D-Wandler)
Ausgänge: 8 bit parallel (Daten)
            Takt an A3 (A/D-Wandler)
            Startsignal an A3 (A/D-Wandler).

A5 D/A-Wandler

Versorgung: 5V, ± 12V, Masse
Eingang: 8 bit parallel (Daten)
Ausgang: Analogausgang 0 ... 10V

A6 Stellglied

Versorgung: ± 12V, Masse
Eingang: 0 ... 10V
Ausgang: 0 ... 10V

9.3 Beschreibung der Teilbaugruppen

9.3.1 Netzteil

Der Aufbau eines Netzteiles bleibt dem Leser überlassen. Anleitungen dazu findet man in [25] S. 27–34, [31], [38] Kap. 16.

9.3.2 Prozeß

Bild 9.2 zeigt das Schaltbild des Standardprozesses. Der eigentliche Prozeß wird von den drei Tiefpässen R1/C1, R2/C2 und R3/C3 gebildet und stellt somit eine Regelstrecke 3. Ordnung dar (vgl. [29]; [34] S. 16–19, 35). Durch die Wahl der Widerstände und Kondensatoren können die Zeitkonstanten in weiten Grenzen beeinflußt werden. Bei der angegebenen Dimensionierung betragen die Zeitkonstanten 10 ms, 50 ms und 100 ms.

Mit dem Taster S1 kann der Prozeß durch Entladen des Kondensators C3 gestört werden. Differenziertere Methoden zur Störung werden in Kap. 12 beschrieben.

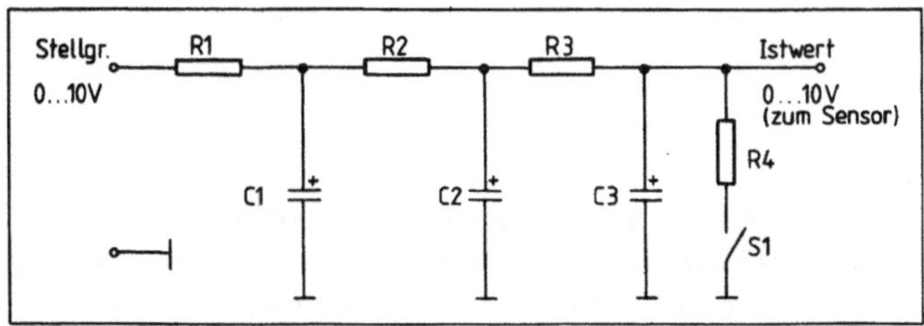

Bild 9.2

Schaltbild des Standardprozesses

Anschlüsse:	Anzahl für		Dimensionierung:	
	1	Stellgröße	C1 = 100	μF
	1	Istwert	C2 = 100	μF
	1	0V	C3 = 47	μF
			R1 = 100	Ω
			R2 = 470	Ω
			R3 = 2,2	KΩ
			R4 = 390	Ω

9.3.3 Sensor

Aufgabe des Sensors ist es, die physikalische Größe „Istwert" in eine Spannung umzuwandeln. Dabei soll er den Istwert möglichst wenig beeinflussen.

Im vorliegenden Fall ist der Istwert bereits eine Spannung, so daß sich die Funktion
des „Sensors" auf eine Pufferung (Spannungs-Spannungs-Wandlung) beschränkt. Sein
Schaltbild zeigt Bild 9.3.

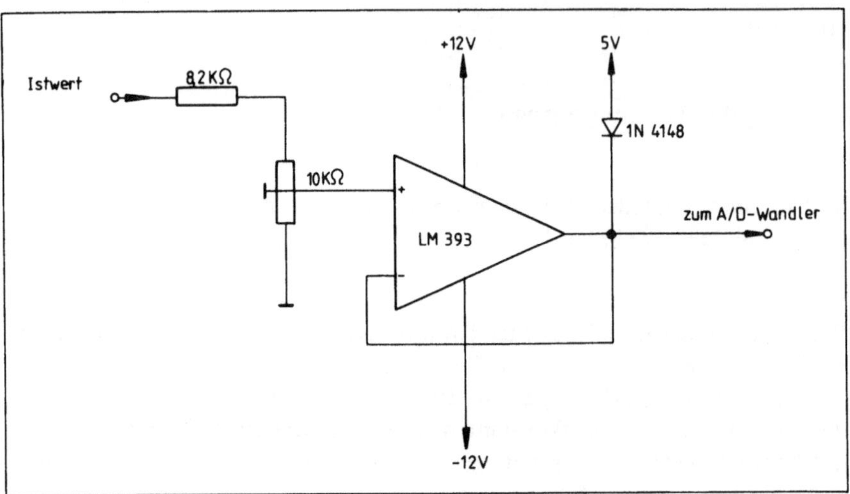

Anschlüsse: Anzahl für
    1   Eingang (Istwert)
    1   Ausgang (Zum A/D-Wandler)
    1   + 12V
    1   − 12V
    1   5V
    1   0V

Bild 9.3 Schaltbild des Sensors

Der Sensor besteht aus einem als Spannungsfolger geschalteten Operationsverstärker
([38] S. 103). Um den folgenden A/D-Wandler nicht zu gefährden, wird der Ausgang
durch die Diode auf 5V begrenzt. Daher darf auch der Eingang höchstens 5V betragen;
durch das Trimmpoti wird der Istwert von max. 12V auf max 5V heruntergeteilt.

Der beschriebene Sensor ist — solange er nicht übersteuert wird — linear. Der Einfluß nichtlinearer Sensoren kann daher mit ihm nicht demonstriert werden.

Im Standardregelkreis kann dieser Sensor sogar ohne Schaden entfallen, da der
A/D-Wandler für den Prozeß eine unerhebliche Last bedeutet. Er wurde lediglich aus
prinzipiellen Gründen eingefügt.

9.3.4 A/D-Wandler

Der A/D-Wandler ist mit dem Baustein ZN425E aufgebaut; seine Schaltung zeigt
Bild 9.4. Sie unterscheidet sich in einigen Details von Bild 5.22. Am auffälligsten ist das

Anschlüsse: Anzahl für

  1   Analogeingang
  8   Datenausgänge
  1   Starteingang
  1   Takteingang
  1   Statusausgang
  1   + 12V
  1   5V
  1   0V
  1   − 12V

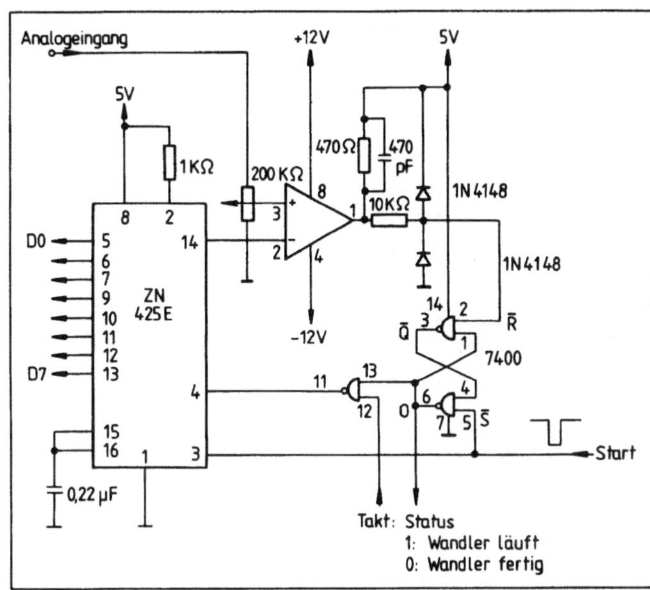

Bild 9.4

Schaltbild des A/D-Wandlers

Fehlen der Zählerüberlauferkennung. Das geschieht nur der Einfachheit halber und ist für die Versuche mit dem Standardbeispiel unerheblich, da der Sensor höchstens 5V liefert und das Potentiometer im Wandler entsprechend eingestellt wird.

Einige Bauteile sind gegenüber Bild 5.22 hinzugekommen; sie wurden aufgrund des eingesetzten Operationsverstärkers und seiner Versorgung notwendig. Der weitverbreitete Operationsverstärker 741 ist nicht brauchbar, da er viel zu langsam ist. Statt dessen wurde der LM 393 verwendet. Da er einen offenen Kollektor hat, benötigt er einen Pullup-Widerstand. Der Parallelkondensator 470pF dient zur Unterdrückung von Schwingungen. Zusätzlich wurden zwei Dioden 1N4148 eingefügt, um den Eingang des TTL-Bausteins 7400 zu schützen.

Als Takt wird der Systemtakt des AIM-65 verwendet. Dessen Frequenz beträgt 1 MHz, so daß man eine Wandlungszeit von max. 255 μs erhält.

9.3.5 Regler

Als Regler wird ein AIM-65 verwendet. Die erforderlichen Anschlüsse (ausgenommen die Versorgung) sind in Tab. 9.1 zusammengefaßt.

9.3.6 D/A-Wandler

Als D/A-Wandler wird der Baustein ZN425E mit angeschlossenem Trennverstärker gemäß Bild 5.18 eingesetzt. Die Anschlüsse dieser Schaltung sind in Tab. 9.2 zusammengefaßt.

9.3.7 Stellglied

Als Stellglied dient eine spannungsgesteuerte Spannungsquelle nach Bild 9.5. Ähnlich wie der Sensor könnte das Stellglied beim Standardbeispiel entfallen, da der Prozeß

Tabelle 9.1 Anschlüsse des AIM-65 im Standardbeispiel

		Applikations-stecker	Expansions-stecker
Dateneingänge	0	14	
Port A	1	4	
	2	3	
	3	2	
	4	5	
	5	6	
	6	7	
	7	8	
Datenausgänge	0	9	
Port B	1	10	
	2	11	
	3	12	
	4	13	
	5	16	
	6	17	
	7	15	
Takt		20	
Start		21	
Status			U
NMI			6

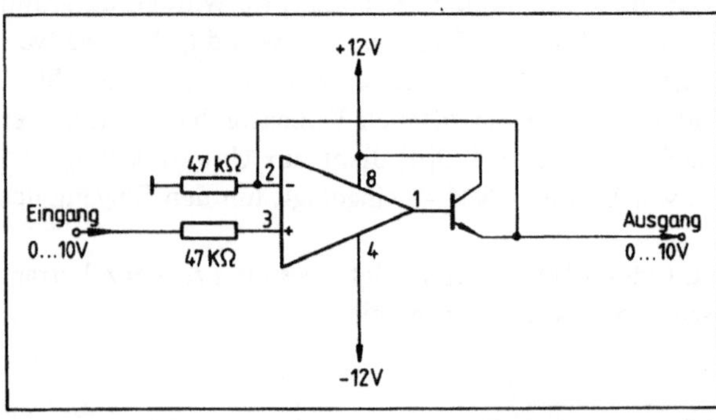

Anschlüsse: Anzahl für

1	Eingang
1	Ausgang
1	+ 12V
1	0V
1	− 12V

Bild 9.5
Spannungsgesteuerte
Spannungsquelle

Tabelle 9.2 Anschlüsse des
D/A-Wandlers von Bild 5.18

Anschlüsse	
Anzahl	für
8	Dateneingänge
1	Analogausgang
1	+ 12V
1	5V
1	0V
1	− 12V

für den D/A-Wandler nur eine geringfügige Last darstellt; es wurde lediglich aus prinzipiellen Gründen eingeführt.

9.3.8 Verbindung der Teilbaugruppen untereinander

Tab. 9.3 enthält sämtliche Verbindungen der Teilbaugruppen untereinander. Die beiden jeweils in einer Zeile nebeneinanderstehenden Anschlüsse sind miteinander zu verbinden. Die Stromversorgung ist in der Tabelle nicht aufgeführt.

Tabelle 9.3 Verbindung der Teilbaugruppen untereinander

Ausgänge	Eingänge
A1 Prozeß Istwert	A2 Sensor Istwert
A2 Sensor Ausgang	A3 A/D-Wandler Analogeingang
A4 AIM-65 Applikations-St. 21 Applikations-St. 20	A3 A/D-Wandler Starteingang Takteingang
A3 A/D-Wandler Datenausgänge D0 ... D7 Statusausgang	A4 AIM-65 Port A Bit 0 ... 7 Expansions-St. U
A4 AIM-65 Port B Bit 0 ... 7	A5 D/A-Wandler Dateneingänge D0 ... D7
A5 D/A-Wandler Analogausgang	A6 Stellglied Eingang
A6 Stellglied Ausgang	A1 Prozeß Stellgröße

10 Beschreibung der Software

10.1 Vorüberlegungen

10.1.1 Formel zur Berechnung der Stellgröße

Für die Berechnung der Stellgröße wird Gl. (4.16) zugrundegelegt:

$$u_k = \quad\quad p_1 u_{k-1} + p_2 u_{k-2}$$
$$+ q_0 w_k + q_1 w_{k-1} + q_2 w_{k-2} \qquad (4.16)$$
$$+ r_0 y_k + r_1 y_{k-1} + r_2 y_{k-2}$$

Diese Formel umfaßt verschiedene Verallgemeinerungen und Spezialisierungen des PID-Algorithmus. Letzteren erhält man für $p_1 = 1$, $p_2 = 0$, $r_i = -q_i$.

10.1.2 Bestimmung der Datenformate

Stellgrößen, Ist- und Sollwerte werden als positive ganze 8-Bit-Zahlen vorausgesetzt. Daher sind u_i, w_i und y_i je 1 Byte lang.

Die Koeffizienten p_i, q_i und r_i können positiv oder negativ sowie gebrochen sein. Sie sollen als 2-Byte-Zahlen dargestellt werden, wobei das Dualkomma zwischen dem ersten und dem zweiten Byte zu denken ist.

Der erforderliche Speicherplatz für ein einzelnes Produkt kann folgendermaßen ermittelt werden: Der Maximalwert des Produkts (ganzzahliger Anteil ohne Vorzeichenbit) beträgt $(2^7 - 1)(2^8 - 1) = 127 \times 255 = 32\,385 = 2^{15} - 383$; einschließlich des gebrochenen Anteils und des Vorzeichenbits werden daher 3 Bytes für dieses Zwischenergebnis benötigt.

Insgesamt werden 8 solche Produkte aufaddiert; das Ergebnis lautet im schlimmsten Fall $8 \times 32\,385 = 259\,080 = 2^{18} - 3064$ und erfordert daher insgesamt 4 Bytes, wobei gebrochener Anteil und das Vorzeichenbit wiederum mit eingerechnet sind.

10.1.3 Beschreibung der Ablaufsteuerung

Für die Ablaufsteuerung wird der Timer 1 des VIA 6522 verwendet. Die Abtastzeitpunkte sollen durch periodischen Interrupt erzeugt werden. Die exakte Einhaltung der Abtastzeit wird durch Verwendung der „freilaufenden" Betriebsart des Timers gewährleistet. Da nur ein Mikrocomputer-interner Interrupt, aber keine Signalisierung nach außen erforderlich ist, wird PB7 gesperrt; das ist auch deshalb notwendig, damit Port B für den D/A-Wandler frei ist.

Ist der Timer mit dem Startwert geladen, so wird er mit dem Systemtakt ($1\ \mu$s) heruntergezählt. Beim größtmöglichen Startwert FFFF (hexadezimal) ergibt das einen Zeitabstand von $2^{16} - 1 = 65\,535\ \mu$s. Für die Beispiele des vorliegenden Buches, welche Abtastzeiten bis zu mehreren Sekunden erfordern, ist das viel zu kurz. Daher darf nicht jeder Interrupt einen Regelalgorithmus auslösen. Es wird ein Speicher $T\emptyset$ verwendet, der nach jedem Interrupt um 1 vermindert wird. Ein Regelalgorithmus wird erst durchgeführt, wenn $T\emptyset$ zu Null wird; anschließend wird $T\emptyset$ wieder mit dem Startwert geladen.

Eine Länge von 1 Byte für $T\emptyset$ wäre i. a. noch zu gering. Die größte Abtastzeit wäre nämlich $(2^8 - 1)(2^{16} - 1)\ \mu\text{s} = 16{,}71$ s, während z. B. für Heizungsregelungen 20 s gefordert werden. Andererseits wäre die kleinste Abtastzeit 65,535 ms, was für schnelle Regelungen zu groß ist. Für $T\emptyset$ wird daher eine Länge von 2 Bytes gewählt. Als kleinste Abtastzeit wird 1 ms festgelegt; der Timer wird daher mit $1000 = \$03E8$ geladen. Damit ist der Startwert von $T\emptyset$ gleich der Abtastzeit in ms; die größtmögliche Abtastzeit beträgt 65,535 s.

10.1.4 Aufteilung der Aufgaben auf Haupt- und Interruptprogramm

Das Gesamtprogramm hat folgende Aufgaben zu erfüllen:

1) Initialisieren des Timers und der Ein- und Ausgabe
2) Durchführung des Regelalgorithmus
3) Dokumentation der Regelung
4) Eingeben und Ändern der Reglerparameter
5) Bestimmung der Übergangsfunktionen des Reglers und des Prozesses
6) Beendigung der Regelung
7) Behandlung von Notfällen.

Damit das Programm richtig arbeiten kann, müssen zu Beginn die Ein- und Ausgabebausteine sowie verschiedene Register initialisiert werden. Das ist Aufgabe des Hauptprogramms.

Der Interrupt ist für die Einhaltung der Abtastzeit erforderlich. Hauptaufgabe der Interrupt-Serviceroutine (im folgenden Interruptprogramm genannt) ist daher die Durchführung des Regelalgorithmus.

Die Dokumentation könnte im Prinzip ohne Bindung an den Regelalgorithmus erfolgen, doch ist es sinnvoll, sie an die Abtastzeit zu koppeln, d. h. Abtast- und Dokumentationsintervall sollten in einem ganzzahligen Verhältnis zueinander stehen. Dadurch ergeben sich zunächst drei Möglichkeiten:

1) Jeder Abtastzeitpunkt wird dokumentiert.
2) Zwischen zwei Abtastschritten wird eine bestimmte Anzahl von Dokumentationen vorgenommen.
3) Nach einer bestimmten Zahl von Abtastschritten wird eine Dokumentation durchgeführt.

Die Entscheidung für eine dieser Möglichkeiten hängt von der Abtastzeit, der Rechenzeit, der gewünschten Genauigkeit der Dokumentation und davon ab, welchen Verwaltungsaufwand man treiben will. Für die Fälle 2) und 3) wird dieser Aufwand beträchtlich. Daher wird für das Standardbeispiel nur der Fall 1) berücksichtigt.

Damit liegt es nahe, die Dokumentation unmittelbar an den Regelalgorithmus anzuschließen und sie in das Interruptprogramm aufzunehmen.

Vor der ersten Durchführung des Regelalgorithmus müssen die Reglerparameter eingegeben werden. Das ist Aufgabe des Hauptprogramms.

Während der Regelung muß die Möglichkeit bestehen, die Reglerparameter gezielt zu ändern. Dies geschieht ebenfalls durch das Hauptprogramm.

Um die Regelung vernünftig auswerten zu können, benötigt man die Übergangsfunktionen des Reglers und des Prozesses. Die Übergangsfunktion erhält man bekanntlich (vgl. Abschn. 1.2), indem man eine Sprungfunktion auf den Eingang des betreffenden Übertragungsgliedes gibt. Beim Regler hat man die entsprechenden Werte in den Algorithmus einzusetzen und die Stellgröße auszurechnen; dies kann innerhalb des Hauptprogramms geschehen. Um die Übergangsfunktion des Prozesses zu bekommen, gibt man einen festen Wert an den Eingang und beobachtet in regelmäßigen Zeitabständen den Ausgang des Prozesses. Diese Abstände wurden hier gleich der Abtastzeit gewählt, so daß die Bestimmung der Prozeß-Übergangsfunktion im Rahmen des Interruptprogramms erfolgt.

Schließlich muß es die Möglichkeit geben, jederzeit durch einen Tastendruck die Regelung ordnungsgemäß zu beenden. Das kann durch einen NMI erfolgen. Das NMI-Programm hält den Timer an, setzt die Stellgröße auf Null und gibt den Mikroprozessor an den Monitor zurück. Hardwaremäßig geschieht das, indem der NMI-Eingang des AIM-65 (Anschluß 6 des Expansionssteckers) kurzzeitig an Masse gelegt wird.

Bei vielen Prozessen muß in Notfällen (z. B. bei Überschreiten von Grenzfällen) vom Regelalgorithmus abgewichen werden. Aus Gründen der Einfachheit wird beim Standardprozeß auf eine Notfallbehandlung verzichtet.

10.2 Übergeordnete Programme

10.2.1 HPG Hauptprogramm

Das Struktogramm des Hauptprogramms zeigt Bild 10.1. Während der Initialisierung darf kein Interrupt auftreten; der erste Befehl ist daher SEI, wodurch jeder Interrupt (außer NMI) gesperrt wird. Nachdem der Stapel errichtet wurde, können Unterprogramme errichtet werden.

Das Unterprogramm INIT (Hauptprogramm initialisieren) trifft alle Vorbereitungen, die das Programm zu seiner ordnungsgemäßen Funktion benötigt (s. 10.3.1). LDPA (s. 10.3.2) gibt Vorschlagswerte für die Reglerparameter in die entsprechenden Speicherplätze ein.

Das weitere Vorgehen des Programms hängt davon ab, welche Taste des AIM gedrückt wird. Es stehen vier Möglichkeiten zur Wahl, nämlich die Tasten E, P, U und R. Die entsprechende Abfrageschleife wird so lange durchlaufen, bis eine dieser Tasten gedrückt wird; andere Tasten nimmt das Programm an dieser Stelle nicht zur Kenntnis.

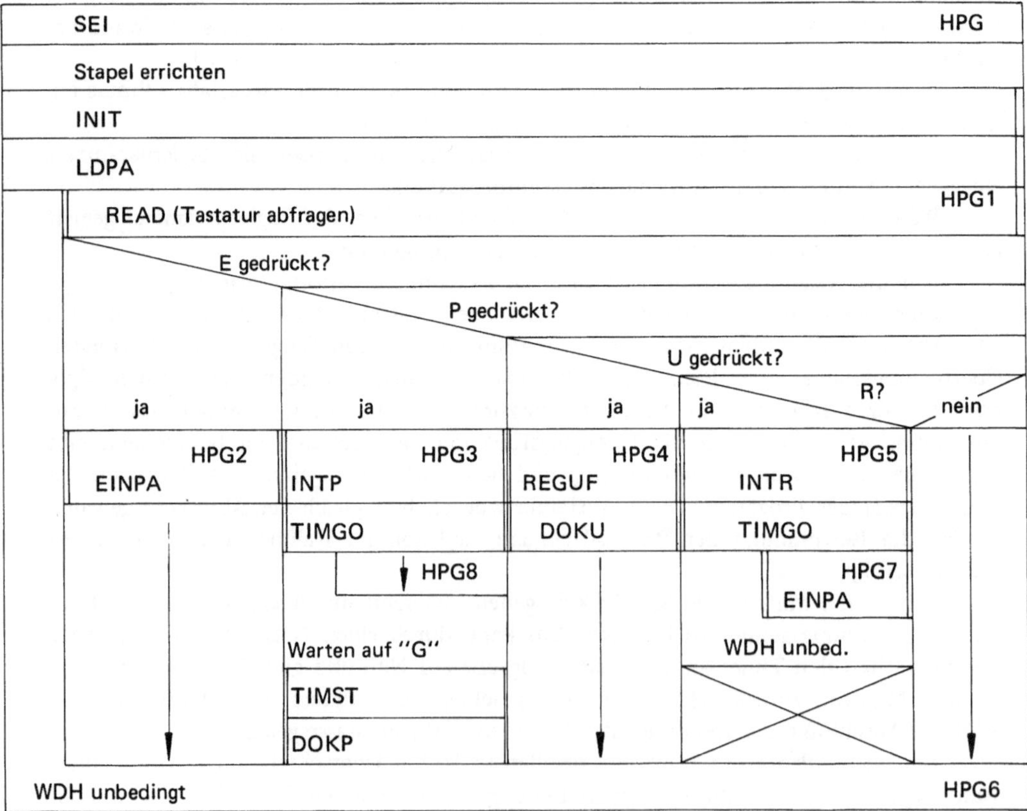

Bild 10.1 Struktogramm des Hauptprogrammes

Wird die Taste E gedrückt, so können über die Tastatur mit Hilfe des Unterprogramms EINPA (10.4.1) beliebige Reglerparameter eingegeben werden; anschließend erfolgt Rückkehr zur obigen Abfrageschleife.

Drückt man die Taste P, so wird die Prozeßübergangsfunktion ermittelt. Wie bereits in Abschn. 10.1.4 abgedeutet wurde, muß dazu in regelmäßigen Zeitabständen der Ausgang des Prozesses beobachtet werden; daher sind der Timer und das Interruptprogramm erforderlich. Das Unterprogramm INTP (10.5.3) initialisiert die Bestimmung der Prozeßübergangsfunktion; seine wichtigste Aufgabe besteht im Setzen der Flag FLPRZ, wodurch dem Interruptprogramm mitgeteilt wird, daß von ihm die Bestimmung der Prozeßübergangsfunktion (und nicht die Durchführung der Regelung) gefordert ist. Das Unterprogramm TIMGO (10.3.3) startet den Timer und ermöglicht anschließend durch den Befehl CLI Interrupts. Im Rahmen des dadurch aktivierten Interruptprogramms wird nun nach jedem Timerimpuls der Istwert des Prozesses gemessen und in einem Speicherplatz abgelegt, und zwar so lange, bis die Taste G gedrückt wird. Anschließend desaktiviert TIMST (10.3.4) das Interruptprogramm, indem es durch den Befehl SEI wieder alle Interrupts sperrt und den Timer anhält. Das Programm DOKP (10.5.9) druckt die Prozeßübergangsfunktion aus. Danach tritt das Programm wieder in die Abfrageschleife ein.

Drückt man die Taste U, so wird durch REGUF (10.5.5) die Reglerübergangsfunktion bestimmt und durch DOKU (10.5.6) ausgedruckt; anschließend folgt Rückkehr zur Abfrageschleife.

Ein Druck auf die Taste R löst schließlich die Regelung aus. INTR (10.3.5) initialisiert die Regelung, TIMGO (10.3.3) ermöglicht durch den Befehl CLI Interrupts und startet den Timer, so daß die Regelung einsetzt. Als „Hintergrundprogramm" läuft EINPA (10.4.1), so daß während der Regelung die Reglerparameter geändert werden können. Die Regelung kann jetzt nur mehr durch Drücken der NMI-Taste beendet werden; dadurch wird das NMI-Programm (10.2.3) aufgerufen.

10.2.2 IRQ Interruptprogramm

Durch jeden Timerimpuls wird das Interruptprogramm IRQ aufgerufen. Zu Beginn werden die CPU-Register auf den Stapel gerettet und der Interrupt quittiert. Anschließend wird der 2-Byte-Speicher T∅ dekrementiert (Begründung s. Abschn. 10.1.3). Ist das Ergebnis $\neq 0$, so wird das Interruptprogramm beendet. Andernfalls wird T∅ wieder mit seinem Startwert geladen. Ergibt die darauf folgende Abfrage der Flag FLPRZ, daß die Prozeßübergangsfunktion zu bestimmen ist (Bit 7 von FLPRZ = 1), so wird PRZUF (10.5.4) aufgerufen und anschließend das Interruptprogramm beendet. Soll dagegen die Regelung durchgeführt werden, so erfolgt eine Abfrage der „Regelflag" (Bit 7 von FLREG). Die Regelflag verhindert, daß ein neuer Regelvorgang eingeleitet wird, bevor die alte Stellgröße berechnet und ausgegeben ist (vgl. Abschn. 6.2.3). Sie wird vom Unterprogramm PRZRG (10.3.6) vor Beginn des Regelalgorithmus gesetzt und danach gelöscht. Ergibt also die Abfrage von FLREG, daß die Regelflag gesetzt ist und daher der vorhergehende Regelvorgang durch IRQ unterbrochen wurde, so wird NMI (10.2.3) aufgerufen und damit der Prozeß angehalten. Im anderen Fall kann der folgende Abtastschritt regulär durchgeführt werden. Diese Aufgabe wird vom Unterprogramm PRZRG (10.3.6) wahrgenommen, welches auch die Dokumentation durchführt.

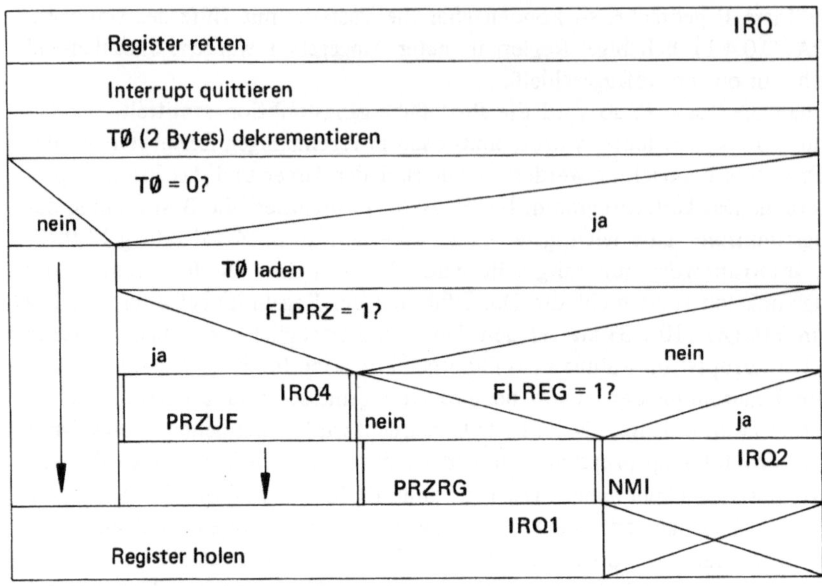

Bild 10.2 Interruptprogramm

10.2.3 NMI Regelung beenden

Das NMI-Programm hat die Aufgabe, die Regelung zu beenden. Es hält den Timer an, gibt die Stellgröße 0 aus und druckt die Ergebnisse der Regelungsdokumentation. Anschließend wird wieder das Hauptprogramm aufgerufen.

Bild 10.3 zeigt das Struktogramm von NMI. Der Speicherplatz V wird mit 0 geladen, da das Unterprogramm AUSTG dessen Inhalt als Stellgröße ausgibt.

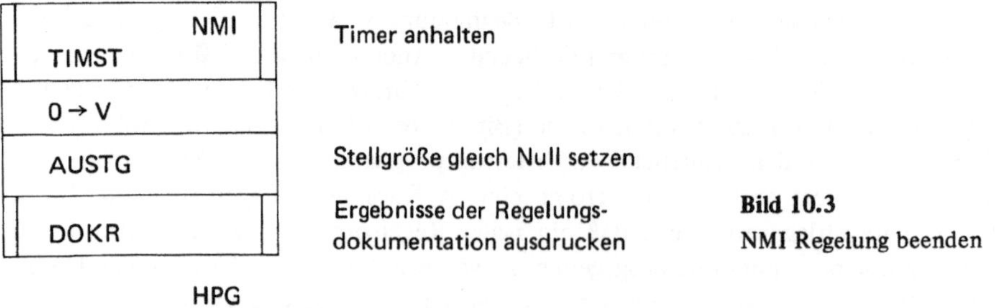

Timer anhalten

Stellgröße gleich Null setzen

Ergebnisse der Regelungs-
dokumentation ausdrucken

Bild 10.3
NMI Regelung beenden

10.3 Programme für die Regelung

10.3.1 INIT Hauptprogramm initialisieren

Das Unterprogramm INIT (Struktogramm: Bild 10.4) schafft die Voraussetzungen dafür, daß das Gesamtprogramm richtig arbeiten kann. Die meisten Anweisungen sprechen für sich; nur einige müssen genauer beschrieben werden:

<table>
<tr><td>

INIT
Binärarithmetik einschalten
E/A-Port A ist Eingang
E/A-Port B ist Ausgang
Interrupts sperren (IER)
ACR laden
PCR laden
IRQ-Flags für CA1/2 rücksetzen
IRQ-Vektor eingeben
NMI-Vektor eingeben
Drucker einschalten

RTS

Bild 10.4 INIT Hauptprogramm initialisieren

</td><td>

LDPA
Parameter löschen
P1 = 1
Q0 = 0
R0 = − 1
Sollwert = $8Ø
Abtastzeit = 1s

RTS

Bild 10.5 LDPA Vorschlagswerte für die Reglerparameter eingeben

TIMGO
Interrupt für Taktgeber 1 freigeben
Zähler mit 1ØØØ (ergibt 1 ms) laden
CLI (Interrupts freigeben)

RTS

Bild 10.6 TIMGO Timer starten

</td></tr>
</table>

Das "Auxiliary Control Register" (ACR) bestimmt u. a. die Betriebsart des Timers 1. Um die freilaufende Betriebsart zu bekommen und PB7 zu sperren (vgl. Abschn. 10.1.3), ist Bit 6 = 1 und Bit 7 = 0 zu wählen; die anderen Bits von ACR sind beim Standardbeispiel ohne Bedeutung und werden gleich Null gesetzt. Daher wird ACR mit % 0100 0000 geladen.

Das "Peripheral Control Register" (PCR) bestimmt die Funktionen der Anschlüsse CA1/2 und CB1/2 des VIA 6522. Es wird mit % 0000 1110 geladen (Begründung s. Abschn. 10.3.8).

Der IRQ- und der NMI-Vektor sind die Startadressen des Interrupt- bzw. NMI-Programms.

10.3.2 LDPA Vorschlagswerte für die Reglerparameter eingeben

Das Struktogramm für LDPA zeigt Bild 10.5. Das Programm hat die Aufgabe, Vorschlagswerte für die Reglerparameter in die entsprechenden Speicherplätze zu laden (vgl. 10.3.10), so daß von Anfang an definierte Verhältnisse herrschen.

10.3.3 TIMGO Timer starten

Das Unterprogramm TIMGO veranlaßt den Timer 1, in regelmäßigen Zeitabständen einen Interrupt zu erzeugen. Damit beim Nulldurchgang des Zählers ein Interrupt ausgelöst wird, muß dieser freigegeben werden; das geschieht, indem % 1100 0000 in das Interruptfreigaberegister (Interrupt Enable Register, IER) des VIA 6522 geladen wird. Die Periodendauer von 1 ms (vgl. Abschn. 10.1.3) wird durch Einschreiben von 1000 = $ 03E8 in den Zähler erreicht. Zuletzt gibt CLI die Interrupts für den Prozessor frei.

Das Struktogramm zeigt Bild 10.6.

```
                          TIMST
SEI (Interrupts sperren)

Interrupt für Taktgeber 1 sperren
                          RTS
```

Bild 10.7 TIMST Timer anhalten

```
                                        INTR
FLPRZ (Bit 7) löschen

FLDOK löschen

FLREG löschen

TØ mit 1 laden

Variable V + 1 ... V + 8 löschen

RX initialisieren

Ergebnisspeicher für Regelungs-
dokumentation löschen
                          RTS
```

Bild 10.8
INTR Regelung initialisieren

10.3.4 TIMST Timer anhalten

Das Unterprogramm TIMST hält den Timer 1 an und verhindert damit weitere Interrupts durch ihn. Bild 10.7 zeigt das Struktogramm.

10.3.5 INTR Regelung initialisieren

Bild 10.8 zeigt das Struktogramm für das Unterprogramm INTR, welches die Regelung initialisiert. Das gelöschte Bit 7 von FLPRZ zeigt dem Interruptprogramm (10.2.2), daß die Regelung (und nicht die Bestimmung der Prozeßübergangsfunktion) durchgeführt werden soll. Die Bedeutung von FLDOK und FLREG ist bei PRZRG (10.3.6) bzw. IRQ (3.2.2) beschrieben. TØ (vgl. 3.2.2) wird gleich 1 gesetzt, damit die Regelung nach dem Start des Timers sofort beginnt.

Die Speicherplätze V + 1 ... V + 8 enthalten die aktuellen und die früheren Stellgrößen, Sollwerte und Istwerte (s. 10.3.10) und werden gelöscht, damit zu Beginn der Regelung definierte Verhältnisse herrschen. Der Zeiger RX wird von DOK (10.5.1) benötigt und mit Null geladen. Schließlich werden die ebenfalls von DOK benötigten Ergebnisspeicher der Regelungsdokumentation gelöscht.

10.3.6 PRZRG Prozeß regeln

Das Unterprogramm PRZRG führt den Regelalgorithmus durch und dokumentiert anschließend den Prozeß. Die Bedeutung der Regelflag wurde in Abschn. 10.2.2 beschrieben. Die Dokumentationsflags FLDOK haben eine ähnliche Bedeutung: Nach jedem Regelalgorithmus wird eine Dokumentation durchgeführt. Dauert die Dokumentation länger als die Abtastzeit, so wird kein Dokumentationsschritt vollständig ablaufen. Das Interruptprogramm muß daher erkennen, daß eine Dokumentation unterbrochen wurde. Dazu dient die „Dokumentationsflag 7" (Bit 7 von FLDOK). Es bedeutet:

FLDOK (Bit 7) = 1: „Dokumentation läuft".

Die Dokumentationsflag 7 wird vor Beginn der Dokumentation gesetzt und danach gelöscht. Der Programmablauf ist damit folgender: Angenommen, es tritt während der ersten Dokumentation ein zweiter Regelalgorithmus auf. Dann wird die Dokumentation dieses zweiten Schrittes nicht durchgeführt. Nach RTI wird das Programm an der unterbrochenen Stelle weitergeführt, also bei der Dokumentation des ersten Schrittes. Je nach Dauer der Dokumentation können mehrere Abtastschritte in die Dokumentation des ersten Schrittes fallen. Würde man nach Ende dieser Dokumentation die Dokumentationsflag 7 löschen, wäre eine dauernde, aber fehlerhafte Dokumentation die Folge. Die Flag darf daher nur gelöscht werden, wenn die Dokumentation nicht unterbrochen wurde. Man benötigt daher eine weitere „Dokumentationsflag 6" (Bit 6 von FLDOK). Es bedeutet:

FLDOK (Bit 6) = 1: „Die Dokumentation wurde unterbrochen".

Diese Flag wird gesetzt, wenn FLDOK (Bit 7) = 1 erkannt wurde. Dadurch wird das Löschen von FLDOK (Bit 7) und damit jede weitere Dokumentation verhindert.

Aus diesen Überlegungen folgt Bild 10.9 als Struktogramm.

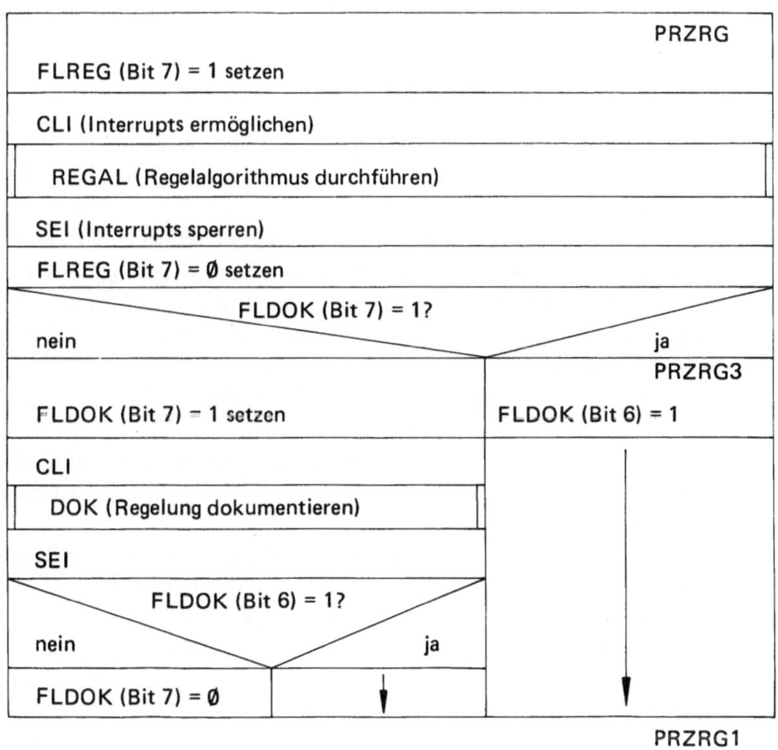

Bild 10.9 PRZRG Prozeß regeln

10.3.7 REGAL Regelalgorithmus durchführen

Bild 10.10 zeigt das Struktogramm für REGAL. Die Bedeutung der Unterprogramme ist bei den zugehörigen Beschreibungen angegeben (10.3.8 bis 10.3.13).

REGAL	
RDIST	Istwert einlesen
RDSOL	Sollwert einlesen
BRSTG	Stellgröße berechnen
SPSTG	Stellgröße korrigieren
AUSTG	Stellgröße ausgeben
WTVSC	Werte verschieben

RTS

Bild 10.10 REGAL Regelalgorithmus durchführen

Tabelle 10.1 Bedeutung des Steuerregisters PCR

Bit	gilt für	Inhalt	Bedeutung
0	CA1	$\emptyset$	negative Flanke
1	CA2	$\emptyset/1$	Ausgangszustand
2		1	„Stufe"
3		1	CA2 ist Ausgang
4	CB1	X	
5	CB2	X	
6		X	
7		X	

10.3.8 RDIST Istwert einlesen

Die Aufgabe des Unterprogramms RDIST besteht darin, den momentanen Istwert vom A/D-Wandler zu holen und an den Speicherplatz zu bringen, auf den BRSTG (10.3.10) anschließend zugreift.

Der A/D-Wandler (Bild 9.4) benötigt einen Startimpuls. Der Starteingang liegt normalerweise auf H-Pegel; zum Einleiten der Wandlung ist ein kurzer L-Impuls (einige μs genügen) erforderlich, der vom Mikrocomputer erzeugt wird. Der Wandler besitzt ferner einen Statusausgang. Solange die Wandlung andauert, liegt dieser auf H-Pegel; eine fallende Flanke gibt an, daß die Wandlung beendet ist.

Der Starteingang des Wandlers ist mit dem Anschluß CA2 des VIA 6522 verbunden. CA2 muß als Ausgang programmiert werden; das geschieht, indem Bit 3 des Steuerregisters PCR gleich 1 gesetzt wird. Bit 2 = 1 bedeutet, daß der Ausgangszustand von CA2 so lange bestehen bleibt, bis er umprogrammiert wird („Stufe"). Der Ausgangszustand selbst ist durch Bit 1 von PCR gegeben.

Der Statusausgang des Wandlers ist mit dem Anschluß CA1 des 6522 verbunden. Der Mikrocomputer muß eine negative Flanke an diesem Anschluß erkennen; daher ist Bit 0 von PCR auf 0 zu setzen. Dies hat zur Folge, daß durch eine fallende Flanke Bit 1 des Interrupt Flag Registers (IFR) gesetzt wird. Die fallende Flanke soll jedoch beim Prozessor keinen Interrupt auslösen; daher muß Bit 1 des Interrupt Enable Registers (IER) gelöscht sein (das geschieht während INIT, s. Abschn. 10.3.1).

Die Bedeutung von PCR ist in Tab. 10.1 zusammengefaßt. Ein "X" in der Spalte „Inhalt" bedeutet, daß der Wert des betreffenden Bits für das Standardbeispiel gleichgültig ist. Es wird gleich Null gesetzt.

Gemäß obigen Überlegungen ist PCR folgendermaßen zu laden:

Normalzustand: PCR = % 0000 1100
Startimpuls für A/D-Wandler: PCR = % 0000 1110

Der Digitalausgang des A/D-Wandlers ist mit dem E/A-Port A des VIA 6522 verbunden.

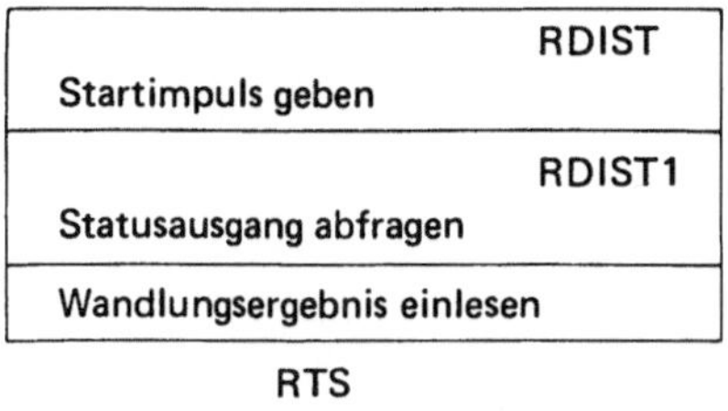

<pre>
┌──┐
│   RDIST   │
│ Startimpuls geben   │
├──┤
│   RDIST1   │
│ Statusausgang abfragen   │
├──┤
│ Wandlungsergebnis einlesen   │
└──┘
                    RTS
</pre>

Bild 10.11
RDIST Istwert einlesen

Das Struktogramm für RDIST zeigt Bild 10.11. Der Startimpuls wird mit Hilfe des Steuerregisters PCR gegeben. Anschließend wird eine negative Flanke am Statusausgang abgewartet, indem laufend Bit 1 des Interrupt Flag Registers IFR abgefragt wird. Sobald dieses Bit gleich 1 ist, kann das Wandlungsergebnis vom Port A eingelesen werden.

10.3.9 RDSOL Sollwert einlesen

Es wird vorausgesetzt, daß der Sollwert in einem Speicherplatz SOL vorgegeben ist. Das Unterprogramm RDSOL hat die Aufgabe, diesen Wert an den Platz zu bringen, auf den BRSTG (10.3.10) anschließend zugreift. Ein Struktogramm für RDSOL erübrigt sich aufgrund der Einfachheit.

10.3.10 BRSTG Stellgröße berechnen

Die Berechnung der Stellgröße erfolgt (vgl. Abschn. 10.1.1) nach Gl. (4.16). Verwendet man wie bei Gl. (4.6) Großbuchstaben, um die jeweiligen Speicherplätze zu bezeichnen, so lautet die Formel:

$$
\begin{aligned}
<U_0> = \quad & + <P_1><U_1> + <P_2><U_2> \\
& + <Q_0><W_0> + <Q_1><W_1> + <Q_2><W_2> \\
& + <R_0><Y_0> + <R_1><Y_1> + <R_2><Y_2>
\end{aligned}
\tag{10.1}
$$

Um das zu berechnen, muß man 8 Produkte aus gleichartigen Größen aufaddieren. In Tab. 10.2 sind die zugehörigen Speicherplätze zusammmengestellt. Die Wortlängen der Faktoren und des Ergebnisses wurden bereits in 10.1.2 hergeleitet: die „Koeffizienten" P_i, Q_i und R_i sind 2 Bytes lang (Adressen F + 2, F + 3, ... F + 17), die „Werte" U_i, W_i und Y_i ein Byte (Adressen V + 1, V + 2 ... V + 8). Das Ergebnis benötigt 4 Bytes und

Tabelle 10.2 Speicherplätze für die Berechnung der Stellgröße nach Gl. 10.1

Adresse	F + 2	F + 3	F + 4	F + 5	F + 6	F + 7	F + 8	F + 9	F + 10	F + 11	F + 12	F + 13	F + 14	F + 15	F + 16	F + 17
Speichername	P_1		P_2		Q_0		Q_1		Q_2		R_0		R_1		R_2	
Inhalt	p_1		p_2		q_0		q_1		q_2		r_0		r_1		r_2	

Adresse	V + 1	V + 2	V + 3	V + 4	V + 5	V + 6	V + 7	V + 8
Speichername	U_1	U_2	W_0	W_1	W_2	Y_0	Y_1	Y_2
Inhalt	u_1	u_2	w_0	w_1	w_2	y_0	y_1	y_2

Die untereinanderstehenden Speicherinhalte werden miteinander multipliziert und aufaddiert.
Das Ergebnis (die unkorrigierte Stellgröße) wird in U0, U0 + 1, U0 + 2, U0 + 3 abgelegt.
Die korrigierte Stellgröße (vgl. 10.3.11) wird in V abgelegt.

Ergebnisspeicher UØ löschen	BRSTG
X = 8, Y = 17 setzen	

$\langle V, X\rangle \to M1$	BRSTG1
$\langle F, Y\rangle \to M2 + 2$	
DEY (Y dekrementieren)	
$\langle F, Y\rangle \to M2 + 1$	
$\langle M2 + 1, M2 + 2\rangle = \emptyset$?	
nein	ja
X, Y retten	
MUL1	
$\langle M3\rangle + \langle U\emptyset\rangle \to U\emptyset$	
X, Y, holen	
DEY	BRSTG2
DEX	
WDH, bis X = Ø	

RTS

Bild 10.12
BRSTG Stellgröße berechnen

wird an den Adressen UØ, UØ + 1, UØ + 2, UØ + 3 abgelegt. Es wird anschließend durch das Unterprogramm SPSTG (10.3.11) korrigiert, auf 1 Byte gerundet und an der Adresse V gespeichert.

Bild 10.12 zeigt das Struktogramm für die Berechnung der Stellgröße. Da die 8 Produkte in Gl. (10.1) von gleicher Art sind, wird für deren Berechnungen ein Unterprogramm MUL1 (10.6.1) verwendet. Dieses Programm multipliziert die Inhalte von M1 (1 Byte) und M2 (2 Bytes) und legt das Ergebnis in M3 (4 Bytes) ab.

Die Berechnung der Stellgröße läuft nun folgendermaßen ab: Nachdem die Ergebnisspeicher UØ ... UØ + 3 gelöscht sind, werden Anfangswerte für die Indexregister X und Y vorgegeben. Das ist notwendig, da M1 und M2 durch Indizierung geladen werden. Beim ersten Durchlauf der nun folgenden Schleife wird Y_2 nach M1 und R_2 nach M2 gebracht. Um die Rechenzeit zu verkürzen, wird die Multiplikation umgangen, falls der Koeffizient in M2 gleich Null ist. Andernfalls werden, da MUL1 die Indexregister benützt, X und Y auf den Stapel gerettet, die Multiplikation durchgeführt und das Ergebnis zu UØ addiert. Schließlich werden Y und X vom Stapel zurückgeholt. Nachdem die Indexregister auf die für die nächste Multiplikation erforderlichen Werte gebracht sind, wird die Schleife wiederum durchlaufen, und zwar so oft, bis alle Produkte abgearbeitet sind. Damit ist BRSTG beendet.

10.3.11 SPSTG Stellgröße korrgieren

Das Unterprogramm SPSTG (Bild 10.13) untersucht die von BRSTG berechnete Stellgröße (in UØ) auf Über- und Unterlauf des erlaubten Bereiches (ØØ ... FF), rundet sie auf 1 Byte und bringt sie nach V.

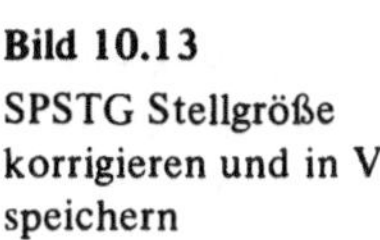

Bild 10.13
SPSTG Stellgröße korrigieren und in V speichern

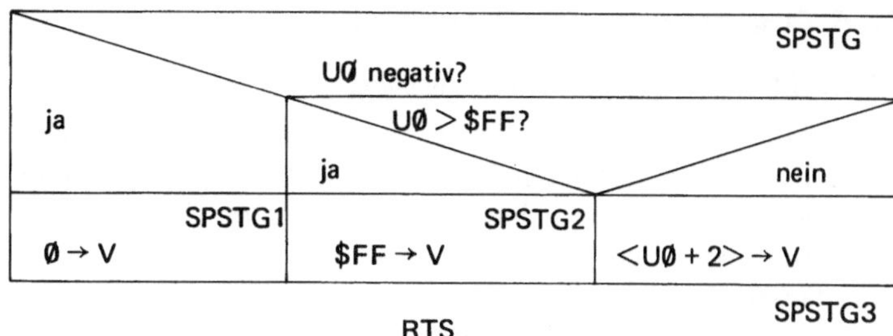

Tabelle 10.3 Verschiebung der Werte u_i, w_i und y_i (u ist die tatsächliche ausgegebene Stellgröße)

Adresse	V	V + 1	V + 2	V + 3	V + 4	V + 5	V + 6	V + 7	V + 8
Inhalt vorher	u	u_1	u_2	w_0	w_1	w_2	y_0	y_1	y_2
Inhalt nachher	(u)	u	u_1	(u_2)	w_0	w_1	(w_2)	y_0	y_1

Bild 10.14
WTVSC Werte verschieben

10.3.12 AUSTG Stellgröße ausgeben

Das Unterprogramm AUSTG gibt die in V stehende Stellgröße über den Ausgabeport ORB an den D/A-Wandler und damit an den Prozeß aus.

10.3.13 WTVSC Werte verschieben

In Abschn. 4.3.2.2 wurde gezeigt, daß die „Werte" u_i, w_i und y_i zwischen zwei Berechnungen der Stellgröße um einen Platz verschoben werden müssen, da sich die Bedeutung dieser Zahlen ändert (u_1 wird zu u_2 usw.). Tab. 10.3 zeigt, wie diese Verschiebung erfolgt. Die im nächsten Abtastschritt durchzuführende neuerliche Berechnung der Stellgröße benötigt nur die nicht eingeklammerten Werte. WTVSC wird jedoch wesentlich einfacher, wenn der ganze Block verschoben wird. Daraus ergeben sich keine Komplikationen, da vor dem Aufruf von BRSTG der aktuelle Soll- bzw. Istwert nach $W_0 = V + 3$ bzw. $Y_0 = V + 6$ geladen und V von BRSTG nicht verwendet wird. Bild 10.14 zeigt das Struktogramm für WTVSC.

10.4 Programme für die Reglerbedienung

10.4.1 EINPA Reglerparameter eingeben

Das Unterprogramm EINPA ermöglicht ein gezieltes Ändern der Parameter des Reglers vor und während der Regelung. Die Formulierung dieses Programms ist durch die Anforderungen des Anwenders bestimmt; hier ist eine Fassung beschrieben, die für die erste Arbeit mit dem System verwendet werden kann und im übrigen nur als Anregung aufzufassen ist.

Zur Vereinfachung der Parametereingabe werden Soll- und Istwert gleich behandelt, d.h. es ist $q_i = -r_i$. Aus Gl. (4.15) folgt dann $p_2 = 1 - p_1$. Daher müssen nur q_0, q_1, q_2, p_1, Sollwert und Abtastzeit von Hand eingegeben werden; alles andere erledigt EINPA. Die Eingabe erfolgt gemäß folgender Anweisung:

1) Bei Aufruf von EINPA: Anzeige Q2 = (Wert), d.h. der in Q2 gespeicherte Wert erscheint hexydezimal (einschließlich Dualpunkt) auf der Anzeige des AIM. Weiter bei 2).

2) a) Soll dieser Wert geändert werden, weiter bei 3).

   b) Soll dieser Wert beibehalten werden, weiter bei 7).

3) Taste "/" drücken. Auf der Anzeige erscheint zusätzlich "/". Weiter bei 4).

4) Nun ist der gewünschte Wert (einschließlich eines eventuell erforderlichen Minuszeichens) einzugeben. Der Dualpunkt erscheint automatisch. Weiter bei 5).

5) a) Ist die Eingabe beendet worden, aber fehlerhaft erfolgt, so ist die Taste „RETURN" zu drücken. In der Anzeige erscheint der momentan gültige Wert des Parameters, gefolgt von "/". Weiter bei 4).

   b) Soll der eingegebene Wert vom Regler übernommen werden, so drücke man die Taste "L" ("LOAD"). Weiter bei 6).

6) a) Soll der Wert nochmals geändert werden (z. B. weil man das Regelkreisverhalten bei verschiedenen Werten untersuchen will), so drücke man die Taste "/". In der Anzeige erscheint der momentan gültige Wert, gefolgt von "/". Weiter bei 4).

   b) Soll der nächste Parameter eingegeben werden, weiter bei 7).

<table>
<tr><td colspan="3">Eingabezähler laden (Y = 11)</td><td align="right">EINPA</td></tr>
<tr><td></td><td colspan="2">EINGB (Reglerparameter eingeben)</td><td align="right">EINPA1</td></tr>
<tr><td></td><td colspan="3">Eingabezähler ändern (DEY, DEY)</td></tr>
<tr><td colspan="4">WDH, bis alle Eingaben erledigt sind (Y = 5)</td></tr>
<tr><td colspan="4">STGGB (Parameter für Stellgröße eingeben)</td></tr>
<tr><td colspan="4">SOLGB (Sollert eingeben)</td></tr>
<tr><td colspan="4">TØGB (Abtastzeit eingeben)</td></tr>
<tr><td colspan="4">Anzeige löschen</td></tr>
</table>

RTS

Bild 10.15
EINPA Reglerparameter eingeben

7) Die Taste "SPACE" ist zu drücken. Nun kann der nächste Parameter eingegeben werden (Vorgehen wie bei Punkt 1)). Die Eingabe der Parameter erfolgt in der Reihenfolge q_2, q_1, q_0, w_0, T_0.

Bild 10.15 zeigt das Struktogramm für EINPA. Die Bedeutung des „Eingabezählers" Y wird bei EINGB (10.4.2) erklärt.

10.4.2 EINGB Reglerparameter anzeigen und ändern

Die Reglerparameter q_0, q_1, q_2, r_0, r_1, r_2 stehen in den Speichern F + 6 ... F + 17. Eingabe und Anzeige erfolgen hexadezimal, wobei zwischen den beiden Bytes der Dualpunkt zu denken ist und automatisch angezeigt wird.

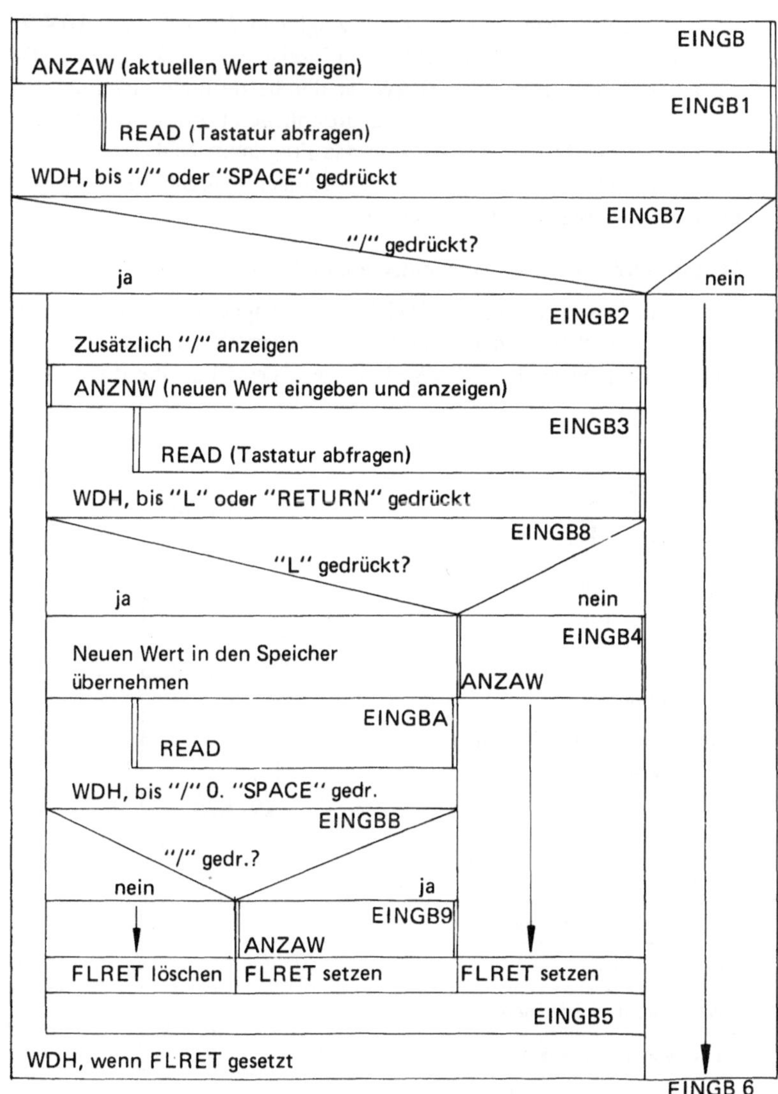

Bild 10.16

EINGB Reglerparameter anzeigen und ändern

Die Reglerparameter unterscheiden sich durch die Speicherplätze, in denen sie stehen, und durch ihre anzuzeigenden Namen. Es wäre aufwendig, für jeden Parameter ein eigenes Unterprogramm zu schreiben. Daher muß vor dem Aufruf von EINGB festgelegt werden, welcher Parameter bearbeitet werden soll. Das geschieht durch einen „Eingabezähler", für den das Indexregister Y verwendet wird. Die Reglerparameter stehen in F + 6 ... F + 17, die ASCII-Codes für die anzuzeigenden Namen in REINGB + 6 ... REINGB + 17. Es genügt daher, Y vorzugeben und F bzw. REINGB mit Y zu indizieren.

Bild 10.16 zeigt das Struktogramm. Die Flag FLRET wird gesetzt, wenn die Eingabe des betreffenden Parameters wiederholt werden soll.

10.4.3 ANZAW Aktuellen Wert anzeigen

Das Unterprogramm ANZAW zeigt den durch Y (vgl. 10.4.2) bestimmten Reglerparameter auf dem AIM an. Bild 10.17 zeigt das Struktogramm. Das Programm verwendet einen Zwischenspeicher SPAW für den betreffenden Parameter. Die Anweisung „Ausgabe sperren" ist erforderlich, da anschließend zur Umwandlung der hexadezimal codierten Ziffern in den ASCII-Code das Programm NOUT (ein Unterprogramm des AIM-Monitors, vgl. 10.7) verwendet wird. Wenn ein Ausgabebaustein aktiv wäre, würde NOUT die Zahl an diesen Baustein ausgeben.

10.4.4 ANZNW Neuen Wert eingeben und anzeigen

Das Unterprogramm ANZNW (Struktogramm: Bild 10.18) hat die Aufgabe, den eingegebenen Wert von der Tastatur zu übernehmen, auf dem AIM anzuzeigen und in einen Zwischenspeicher SPNW abzulegen (Die Übergabe dieses Wertes an den Regler er-

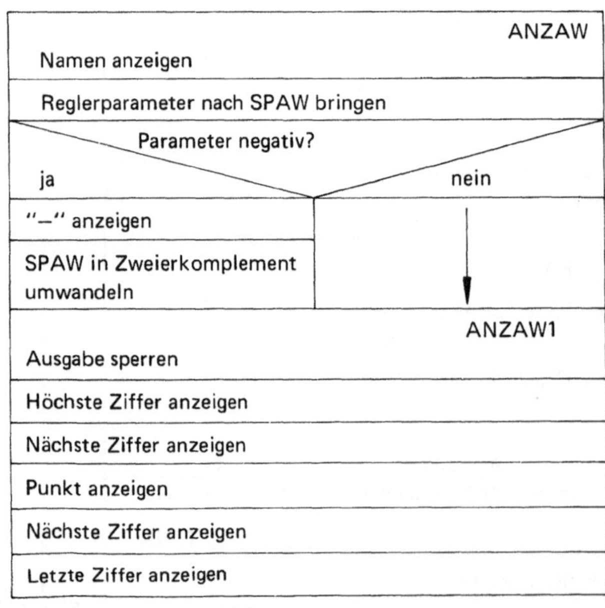

Bild 10.17
ANZAW Aktuellen Wert anzeigen

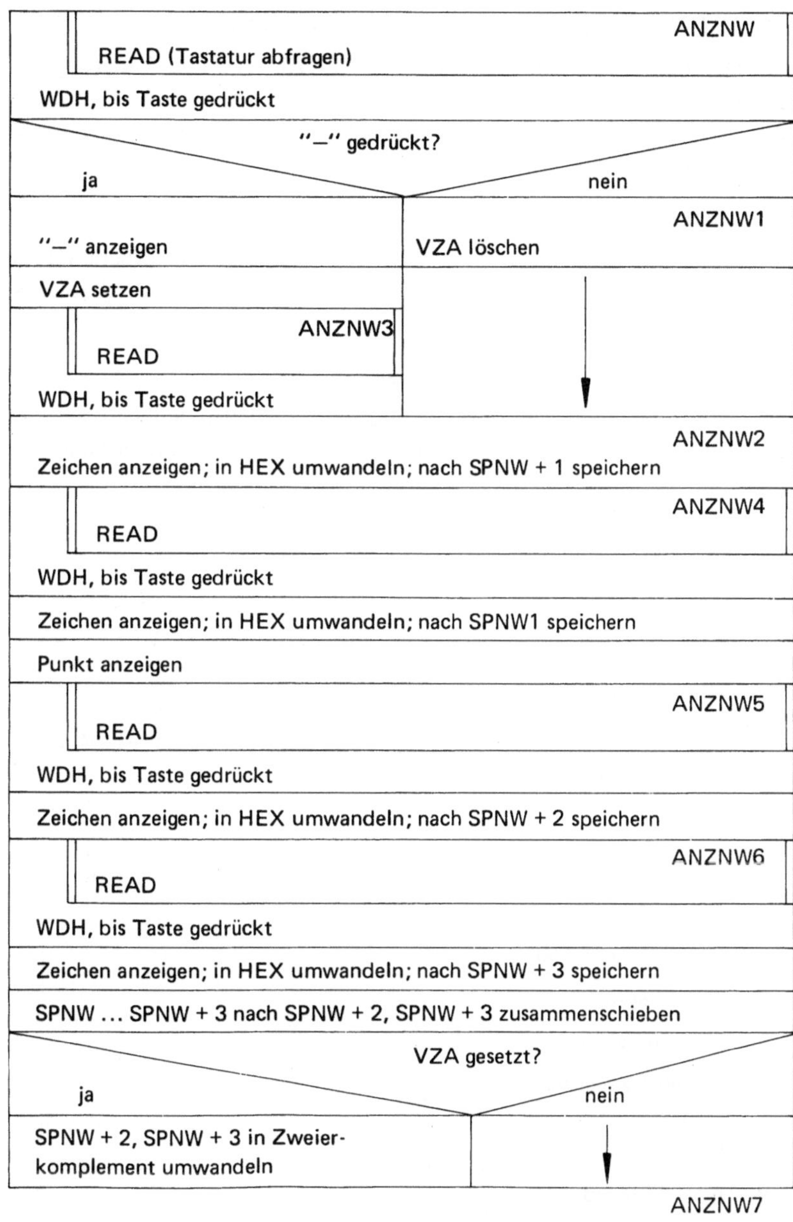

Bild 10.18 ANZNW Neuen Wert eingeben und anzeigen

folgt bei EINGB, vgl. 10.4.2). Da die Ziffern von der Tastatur im ASCII-Code geliefert werden, muß vor der Speicherung in SPNW eine Umwandlung in den HEX-Code erfolgen. Eine Flag VZA (Vorzeichenflag) zeigt dem Programm an, ob der Wert positiv oder negativ ist.

Am Ende von ANZNW steht der neue Wert in den Speichern SPNW + 2, SPNW + 3.

10.4.5 STGGB Stellgrößenparameter anzeigen und ändern

Das Unterprogramm STGGB dient zur Anzeige und Änderung des Parameters p_1 (für die Stellgröße). Der Ablauf ist derselbe wie bei EINGB (10.4.2), so daß auch dasselbe Struktogramm (Bild 10.16) verwendet wird. Damit p_1 angesprochen wird, muß lediglich vorher Y mit 3 geladen werden.

10.4.6 SOLGB Sollwert anzeigen und ändern

Auch das Unterprogramm SOLGB hat dasselbe Struktogramm wie EINGB (Bild 10.16), doch ist jetzt ANZAW durch SOLAW, ANZNW durch SOLNW zu ersetzen. Diese Änderung ist auf Grund der unterschiedlichen Datenformate erforderlich.

10.4.7 SOLAW Aktuellen Sollwert anzeigen

Das Unterprogramm SOLAW zeigt den aktuellen Sollwert auf dem AIM an. Bild 10.19 enthält das Struktogramm. Die Begründung für die Anweisung „Ausgabe sperren" ist dieselbe wie bei ANZAW (10.4.3).

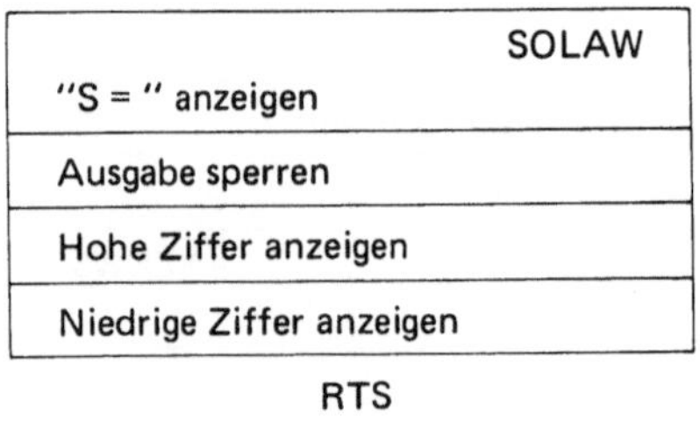

<table>
<tr><td colspan="1" align="right">SOLAW</td></tr>
<tr><td>"S = " anzeigen</td></tr>
<tr><td>Ausgabe sperren</td></tr>
<tr><td>Hohe Ziffer anzeigen</td></tr>
<tr><td>Niedrige Ziffer anzeigen</td></tr>
</table>

RTS

Bild 10.19
SOLAW Aktuellen Wert anzeigen

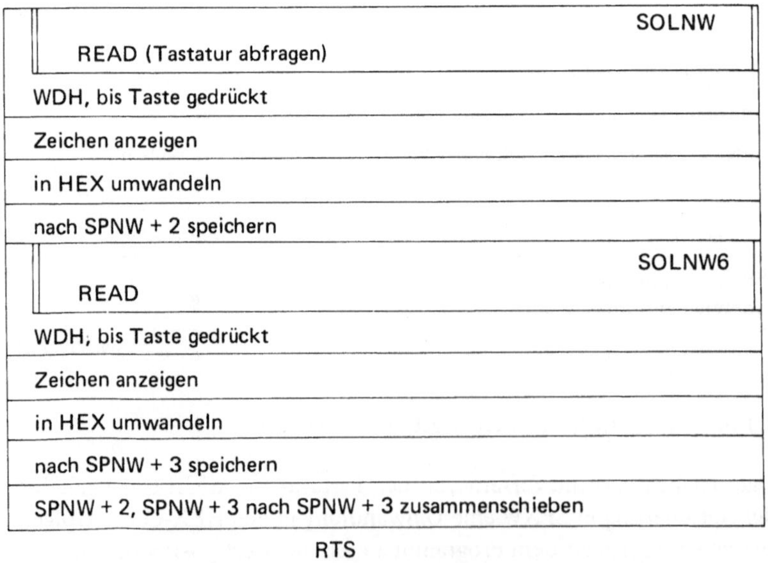

<table>
<tr><td colspan="1" align="right">SOLNW</td></tr>
<tr><td>READ (Tastatur abfragen)</td></tr>
<tr><td>WDH, bis Taste gedrückt</td></tr>
<tr><td>Zeichen anzeigen</td></tr>
<tr><td>in HEX umwandeln</td></tr>
<tr><td>nach SPNW + 2 speichern</td></tr>
<tr><td align="right">SOLNW6</td></tr>
<tr><td>READ</td></tr>
<tr><td>WDH, bis Taste gedrückt</td></tr>
<tr><td>Zeichen anzeigen</td></tr>
<tr><td>in HEX umwandeln</td></tr>
<tr><td>nach SPNW + 3 speichern</td></tr>
<tr><td>SPNW + 2, SPNW + 3 nach SPNW + 3 zusammenschieben</td></tr>
</table>

RTS

Bild 10.20 SOLNW Neuen Sollwert eingeben und anzeigen

<table>
<tr><td colspan="2" align="right">T∅AW</td></tr>
<tr><td colspan="2">"T∅ =" anzeigen</td></tr>
<tr><td colspan="2">Abtastzeit → HEX (Vorbereitung für HXBC)</td></tr>
<tr><td colspan="2">HXBC (Umwandlung binär → BCD)</td></tr>
<tr><td colspan="2">Ausgabe sperren</td></tr>
<tr><td colspan="2">BCD + 1 (LSD) anzeigen</td></tr>
<tr><td colspan="2">BCD + 2 (MSD) anzeigen</td></tr>
<tr><td colspan="2">Punkt anzeigen</td></tr>
<tr><td colspan="2">BCD + 2 (LSD) anzeigen</td></tr>
<tr><td colspan="2">BCD + 3 (MSD) anzeigen</td></tr>
<tr><td colspan="2">BCD + 3 (LSD) anzeigen</td></tr>
</table>

RTS

Bild 10.21
T∅AW Aktuelle Abtastzeit anzeigen

10.4.8 SOLNW Neuen Sollwert eingeben und anzeigen

Das Unterprogramm SOLNW (Struktogramm Bild 10.20) übernimmt den eingegebenen Sollwert von der Tastatur, zeigt ihn auf dem AIM an und legt ihn im Zwischenspeicher SPNW + 3 ab (vgl. auch 10.4.4).

10.4.9 T∅GB Abtastzeit anzeigen und ändern

Das Unterprogramm T∅GB hat dasselbe Struktogramm wie EINGB (Bild 10.16), doch ist ANZAW durch T∅AW, ANZNW durch T∅NW zu ersetzen.

10.4.10 T∅AW Aktuelle Abtastzeit anzeigen

Das Unterprogramm T∅AW zeigt die aktuelle Abtastzeit auf dem AIM an. Bild 10.21 enthält das Struktogramm. Im Gegensatz zu den bisher behandelten Parametern (ANZAW 10.4.3 und SOLAW 10.4.7) erfolgt die Anzeige der Abtastzeit dezimal in Sekunden mit Angabe des Dezimalpunkts. Die Umwandlung des Binärcodes in den Dezimalcode erfolgt durch das Unterprogramm HXBC (10.6.5).

Die Abkürzungen "LSD" und "MSD" im Struktogramm bedeuten *"Least Significant Digit"* (niederwertiges Halbbyte) bzw. *"Most Significant Digit"* (höherwertiges Halbbyte). Beispielsweise enthält der Speicherplatz BCD + 2 zwei BCD-codierte Ziffern ("digits"), wobei das LSD die vier letzten und MSD die vier ersten Bits von BCD + 2 belegt.

10.4.11 T∅NW Neue Abtastzeit eingeben und anzeigen

Das Unterprogramm T∅NW (Struktogramm: Bild 10.22) übernimmt die dezimal einzugebende Abtastzeit von der Tastatur, zeigt sie auf dem AIM an und legt sie im Speicher namens BCD an. Das Unterprogramm BCHX (10.6.6) wandelt diesen Wert in den Binärcode um, da die Abtastzeit nur dann richtig eingehalten wird, wenn sie in dieser Form vorliegt. Wird ein Wert > 65 535 = $FFFF eingegeben, so wird automatisch $FFFF übernommen.

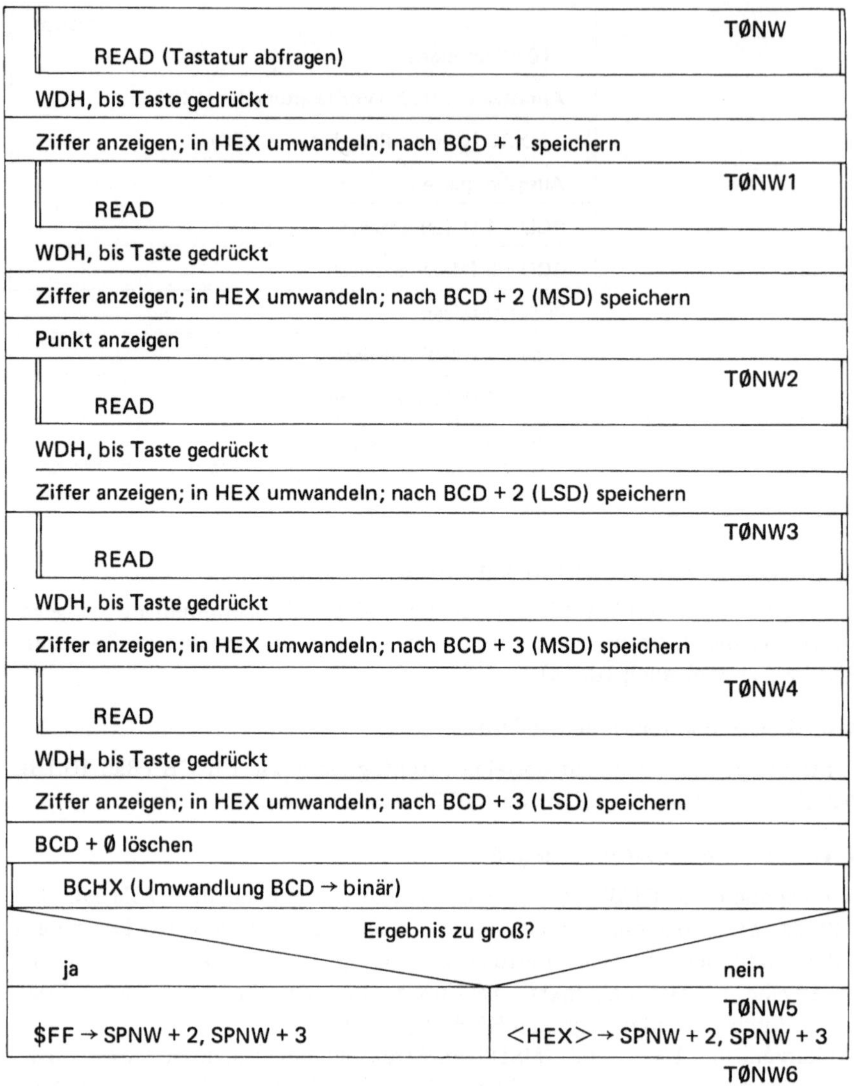

Bild 10.22 TØNW Neue Abtastzeit eingeben und anzeigen

10.5 Programme für die Dokumentation

10.5.1 DOK Dokumentation der Regelung

Wie bei den Programmen zur Reglerbedienung (10.4) sind die Programme für die Dokumentation von den Anforderungen des Anwenders abhängig; die hier beschriebene Formulierung ist daher nur als Anregung gedacht.

Bild 10.23 zeigt das Struktogramm von DOK. Sollwert, Istwert und Stellgröße werden bei jedem Abtastschritt in einem eigenen Speicherbereich abgelegt, der bei STRTR beginnt und 256 Bytes umfaßt. Ist der Speicherbereich voll, so erfolgt keine weitere Speicherung mehr.

Nach Beendigung der Regelung durch NMI werden die gespeicherten Werte durch DOKR ausgedruckt.

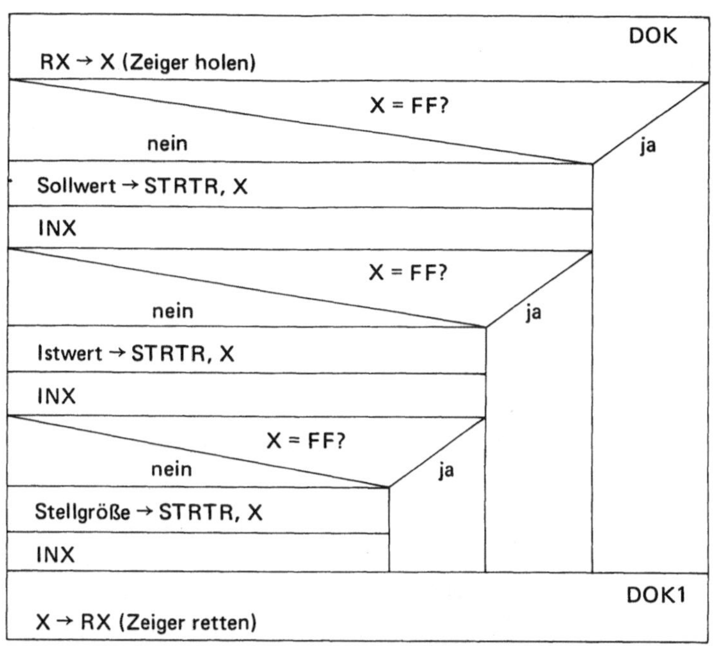

Bild 10.23

DOK Dokumentation der Regelung

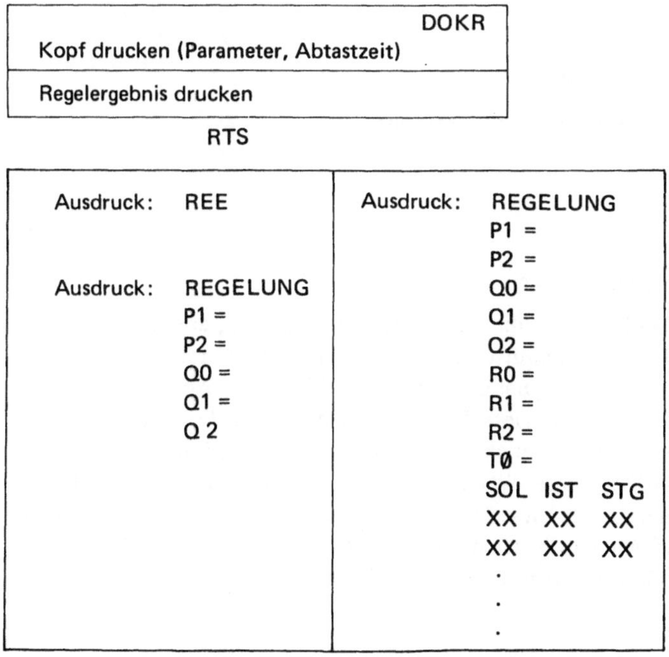

Bild 10.24

DOKR Regelergebnis drucken (Übersicht)

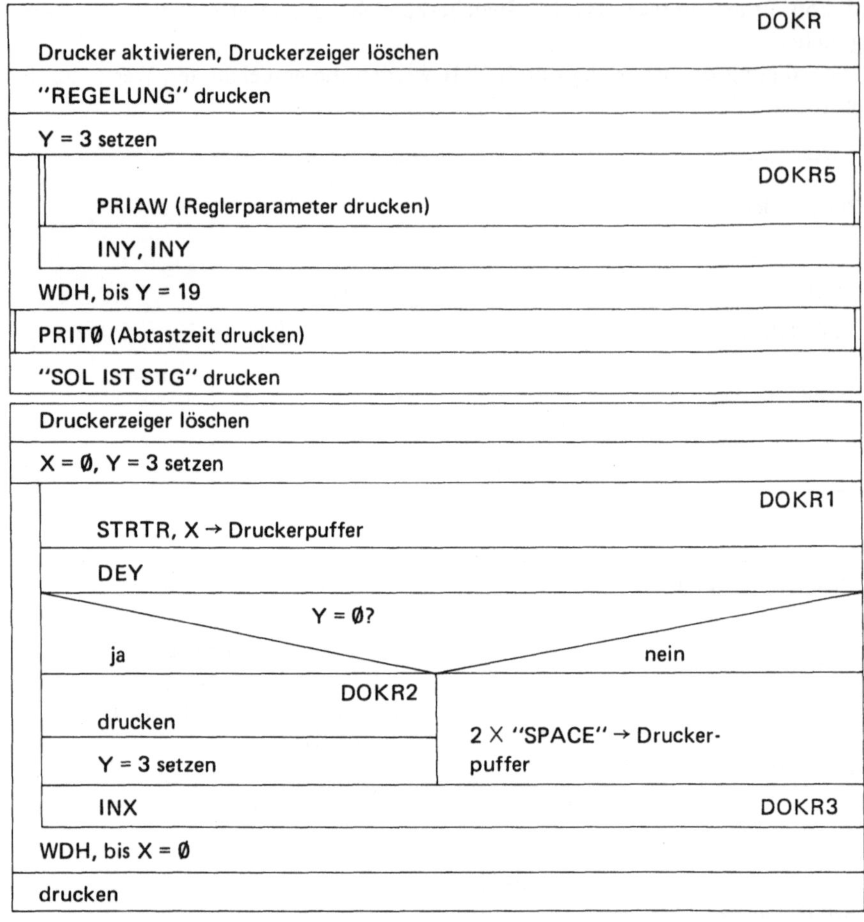

Bild 10.25 DOKR Regelergebnis drucken (Detailstruktogramm)

10.5.2 DOKR Ergebnisse von DOK drucken

Das Unterprogramm DOKR druckt die Ergebnisse der Regelung aus. Es ist auf die Möglichkeiten des AIM-Druckers zugeschnitten. Damit der Ausdruck brauchbar ist, werden zunächst die Werte der Reglerparameter gedruckt (Bild 10.24, Anweisung „Kopf drucken"); dabei ist vorausgesetzt, daß diese Parameter seit Beginn der Regelung nicht mehr geändert wurden. Anschließend druckt das Programm von jedem Abtastschritt Sollwert, Istwert und Stellgröße; diese Werte werden dem Speicherbereich STRTR (10.5.1) entnommen. Wenn der Inhalt dieses Bereichs gedruckt ist, wird DOKR beendet. Demnach werden die ersten 85 Abtastschritte dokumentiert.

Bild 10.25 zeigt das detaillierte Struktogramm für DOKR.

10.5.3 INTP Bestimmung der Prozeßüberfangsfunktion initialisieren

Das Unterprogramm INTP trifft alle erforderlichen Vorbereitungen, damit PRZUF (10.5.4) die Prozeßübergangsfunktion bestimmen kann (Bild 10.26).

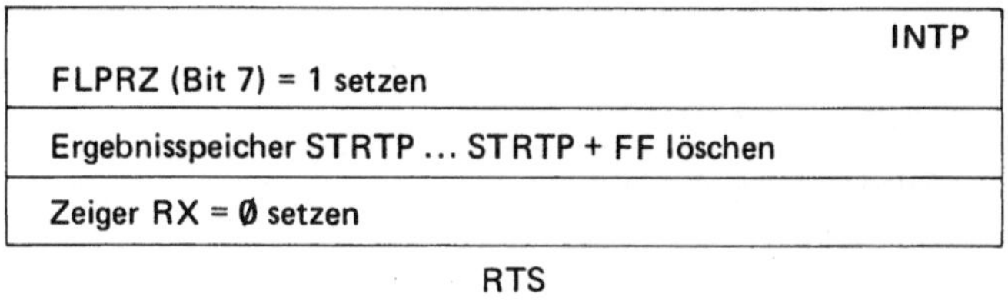

Bild 10.26

INTP Bestimmung der
Prozeßübergangsfunktion
initialisieren

10.5.4 PRZUF Prozeßübergangsfunktion bestimmen

Das Unterprogramm PRZUF (s. auch 10.2.1 und 10.2.2) bestimmt die Übergangsfunktion des Prozesses. Vor dem ersten Aufruf muß der Istwert gleich Null sein. Den Programmablauf zeigt Bild 10.27. Als Stellgröße wird der Wert ausgegeben, der als Folge von LDPA (10.3.2) oder EINPA (10.4.1) als „Sollwert" gespeichert ist. Dadurch ist es möglich, verschiedene Übergangsfunktionen des Prozesses zu bestimmen. Die Folge der Istwerte wird im Speicherbereich STRTP ... STRTP + \$FF abgelegt. Sobald dieser Bereich gefüllt ist, wird die Abspeicherung umgangen; PRZUF wird jedoch weiterhin durchgeführt. Das Ergebnis kann durch DOKP (10.5.5) ausgedruckt werden.

Bild 10.27

PRZUF Prozeßüber-
gangsfunktion be-
stimmen

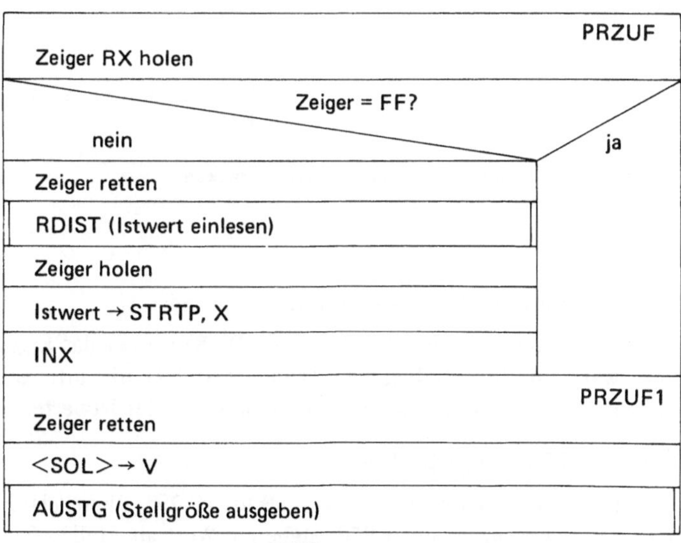

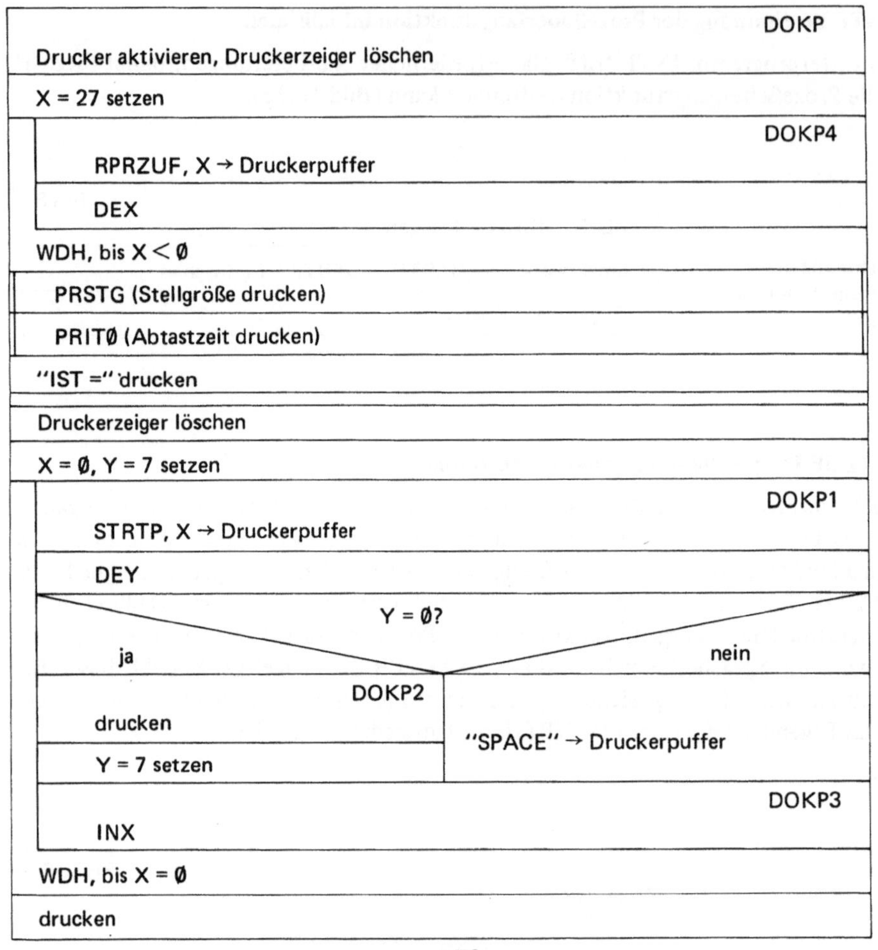

Bild 10.28 DOKP Prozeß-Übergangsfunktion drucken

10.5.5 DOKP Prozeßübergangsfunktion drucken

Das Unterprogramm DOKP (Bild 10.28) druckt das Ergebnis von PRZUF (10.5.4), und zwar zunächst ähnlich wie DOKR (10.5.2) die interessierenden Parameter Stellgröße und Abtastzeit und anschließend die Folge der Istwerte.

10.5.6 PRSTG Stellgröße drucken

Das Unterprogramm PRSTG (Bild 10.29) dient als Hilfsprogramm für DOKP (10.5.5). Dabei wird der in SOL stehende Wert als Stellgröße aufgefaßt. PRSTG druckt "STG = <SOL>" auf dem AIM-Drucker.

	PRSTG
Drucker aktivieren	
Druckerpuffer löschen	
"STG =" → Druckerpuffer	
SOL → 2 X ASCII → Drucker	
drucken	

RTS

Bild 10.29
PRSTG Stellgröße drucken

	PRITØ
Drucker aktivieren	
"TØ" → Druckerpuffer	
Abtastzeit → HEX (Vorbereitung für HXBC)	
HXBC (Umwandlung Binär − BCD)	
BCD + 1 (LSD) → Druckerpuffer	
BCD + 2 (MSD) → Druckerpuffer	
Punkt → Druckerpuffer	
BCD + 2 (LSD) → Druckerpuffer	
BCD + 3 → Druckerpuffer	
drucken	

RTS

Bild 10.30
PRITØAbtastzeit
drucken

10.5.7 PRITØ Abtastzeit drucken

Das Unterprogramm PRITØ (Bild 10.30) ist ebenfalls ein Hilfsprogramm für DOKP und ruckt die Abtastzeit auf dem AIM-Drucker.

10.5.8 REGUF Reglerübergangsfunktion bestimmen

Das Unterprogramm REGUF dient zur Bestimmung der Reglerübergangsfunktion. Man erhält diese, indem man bei jedem Abtastzeitpunkt eine bestimmte konstante Regelabweichung an den Regelalgorithmus liefert und das Ergebnis beobachtet. In der vorliegenden Fassung wird das dadurch erreicht, daß man den Istwert jeweils gleich Null setzt, so daß die Regelabweichung gleich dem Sollwert ist. Das Ergebnis wird im Speicherbereich STRTU ... STRTU + $FF abgelegt, bis dieser voll ist. Im übrigen läuft das Programm analog wie REGAL (10.3.7) ab.

Bild 10.31 zeigt das Struktogramm.

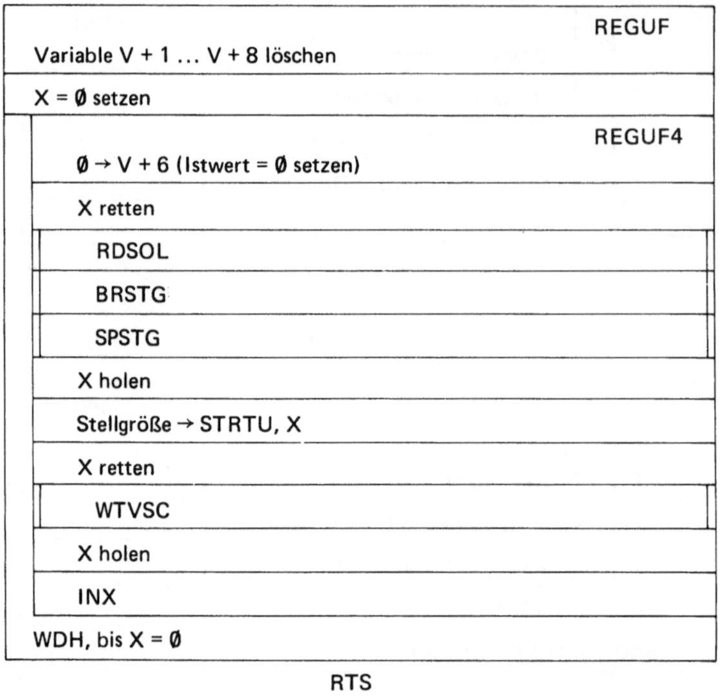

```
┌──────────────────────────────────────────────────┬─────────┐
│                                                    │  REGUF  │
│ Variable V + 1 ... V + 8 löschen                             │
├──────────────────────────────────────────────────────────────┤
│ X = Ø setzen                                                   │
│ ┌────────────────────────────────────────────────┬─────────┐ │
│ │                                                  │ REGUF4  │ │
│ │   Ø → V + 6 (Istwert = Ø setzen)                           │ │
│ ├────────────────────────────────────────────────────────────┤ │
│ │   X retten                                                   │ │
│ │ ┌──────────────────────────────────────────────────────────┐ │ │
│ │ │   RDSOL                                                    │ │ │
│ │ ├──────────────────────────────────────────────────────────┤ │ │
│ │ │   BRSTG                                                    │ │ │
│ │ ├──────────────────────────────────────────────────────────┤ │ │
│ │ │   SPSTG                                                    │ │ │
│ │ └──────────────────────────────────────────────────────────┘ │ │
│ │   X holen                                                    │ │
│ ├──────────────────────────────────────────────────────────────┤ │
│ │   Stellgröße → STRTU, X                                      │ │
│ ├──────────────────────────────────────────────────────────────┤ │
│ │   X retten                                                   │ │
│ │ ┌──────────────────────────────────────────────────────────┐ │ │
│ │ │   WTVSC                                                    │ │ │
│ │ └──────────────────────────────────────────────────────────┘ │ │
│ │   X holen                                                    │ │
│ ├──────────────────────────────────────────────────────────────┤ │
│ │   INX                                                        │ │
│ └────────────────────────────────────────────────────────────┘ │
│ WDH, bis X = Ø                                                 │
└──────────────────────────────────────────────────────────────┘
                        RTS
```

Bild 10.31
REGUF Regler-Übergangsfunktion bestimmen

10.5.9 DOKU Reglerübergangsfunktion drucken

Das Unterprogramm DOKU (Bild 10.32) druckt das Ergebnis von REGUF (10.5.8), und zwar zunächst ähnlich wie DOKR (10.5.2) die Reglerparameter und anschließend die Reglerübergangsfunktion.

10.5.10 PRIAW Aktuellen Wert drucken

PRIAW (Bild 10.33) ist ein Hilfsprogramm für DOKU und druckt je nach dem Inhalt von Y einen der Reglerparameter.

10.5.11 PRISL Sollwert drucken

PRISL (Bild 10.34) ist ebenfalls ein Hilfsprogramm für DOKU und druckt den Sollwert.

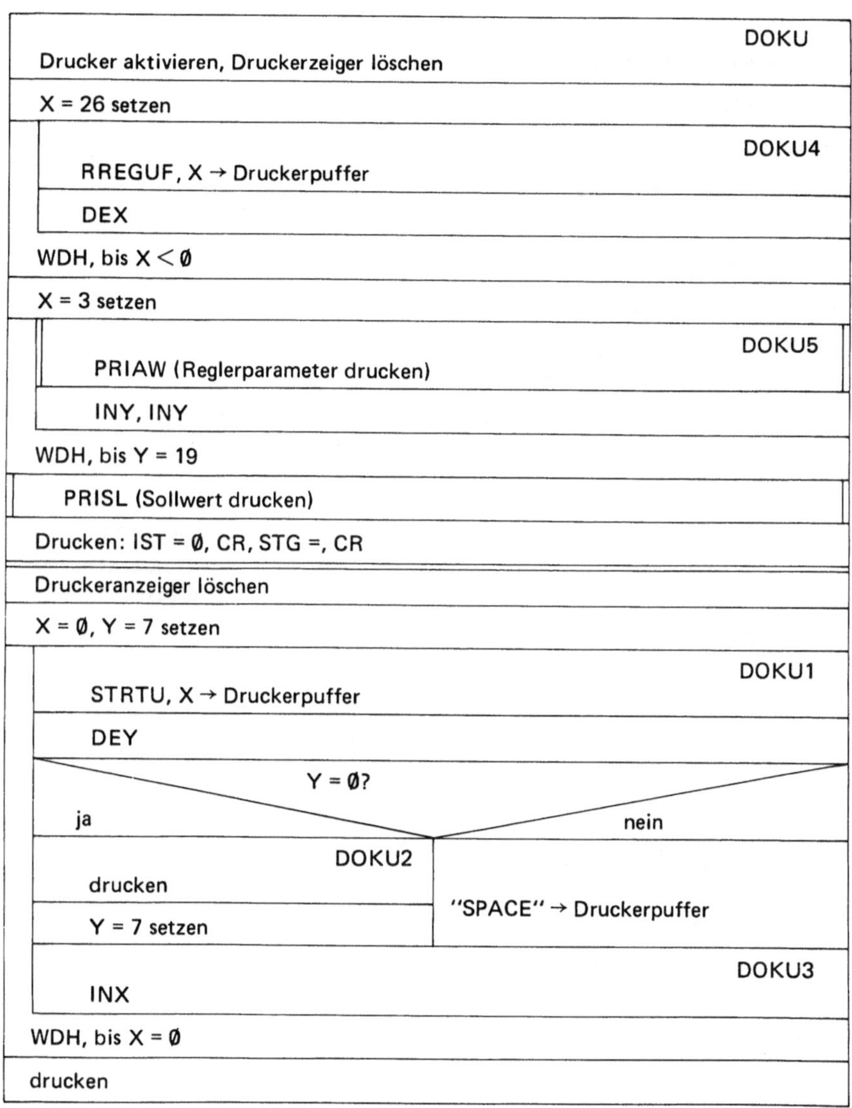

Bild 10.32 DOKU Regler-Übergangsfunktion drucken

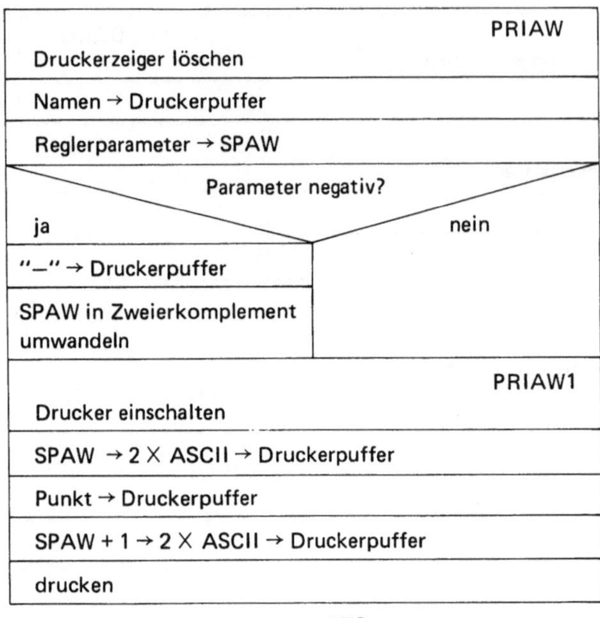

Bild 10.33
PRIAW Aktuellen Wert drucken

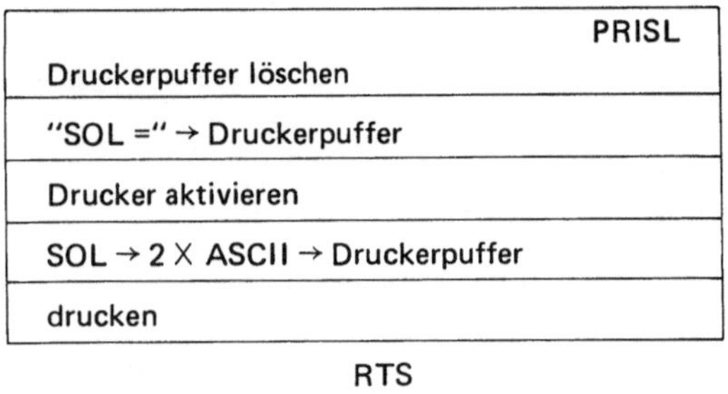

Bild 10.34
PRISL Sollwert drucken

10.6 Rechenprogramme

10.6.1 MUL1 Multiplikation

Das Unterprogramm MUL1 (Bild 10.35) multipliziert eine positive 1-Byte-Zahl mit einer vorzeichenbehafteten 2-Byte-Zahl. Das Ergebnis wird in 4 Bytes abgelegt. Zwar hätte das Produkt in 3 Bytes Platz, doch benötigt BRSTG (10.3.10) Zahlen von 4 Bytes Länge. Als Speicherplätze werden verwendet:

1) M1 (1 Byte) für den ersten Faktor
2) M2, bestehend aus M2 + ∅, M2 + 1, M2 + 2 (3 Bytes) für den zweiten Faktor; dabei wird M2 + ∅ zusätzlich benötigt, da der Inhalt von M2 während der Multiplikation nach links verschoben wird.
3) M3, bestehend aus M3 + ∅ ... M3 + 3 (4 Bytes) für das Ergebnis.

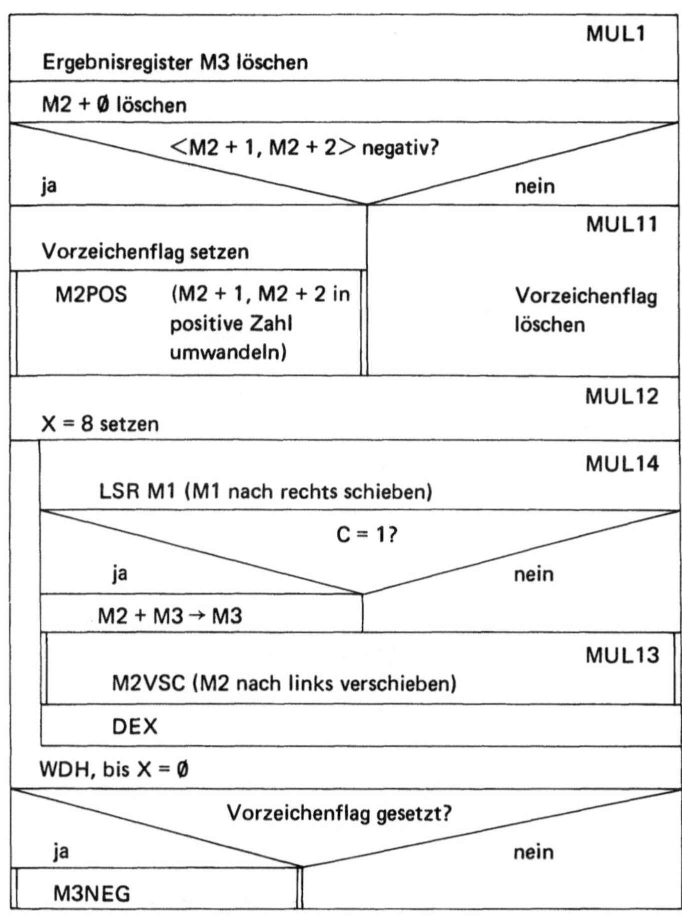

Bild 10.35
MUL1 Multiplikation

10.6.2 M2POS Hilfsprogramm für MUL1

M2POS faßt den Inhalt von M2 + 1, M2 + 2 als Zweierkomplement auf und wandelt ihn in die zugehörige positive Zahl um. Das geschieht, indem M2 von Null subtrahiert wird.

10.6.3 M2VSC Hilfsprogramm für MUL1

M2VSC verschiebt den Inhalt von M2 + Ø, M2 + 1, M2 + 1, M2 + 2 um ein Bit nach links. Ein Überlauf von M2 + Ø wird nicht berücksichtigt.

10.6.4 M3NEG Hilfsprogramm für MUL1

M3NEG wandelt den Inhalt von M3 in sein Zweierkomplement um. Wie bei M2POS (10.6.2) wird das durch Subtraktion von Null erreicht.

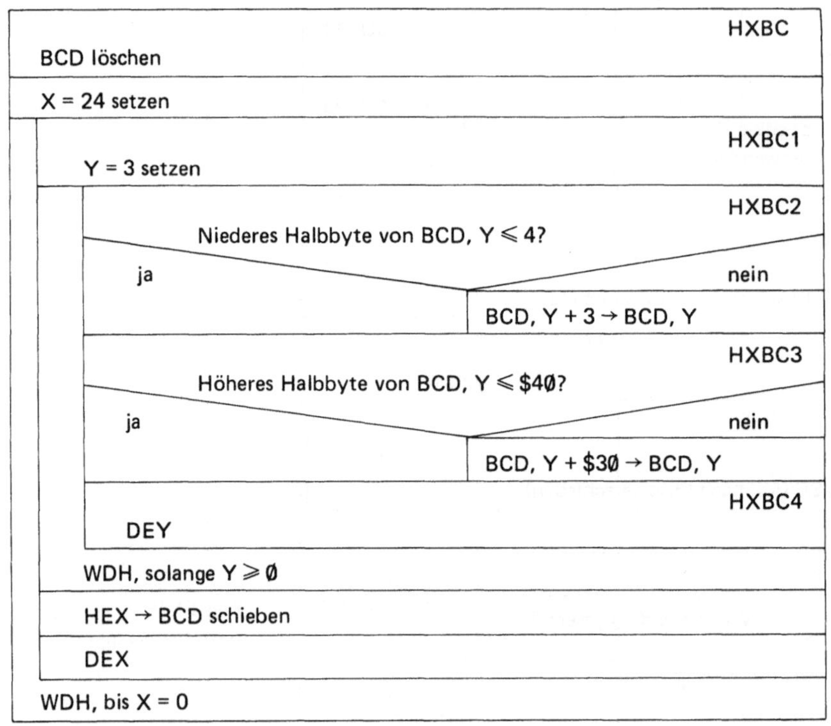

Speicher | HEX | HEX + 1 | HEX + 2 | → | BCD | BCD + 1 | BCD + 2 | BCD + 3 |

max. Inhalt $FF $FF $FF   16   77   72   15

Bild 10.36 Speicherplätze für HXBC

		HXBC
BCD löschen		
X = 24 setzen		

HXBC

BCD löschen

X = 24 setzen

HXBC1

Y = 3 setzen

HXBC2

Niederes Halbbyte von BCD, Y ≤ 4?

ja   nein

BCD, Y + 3 → BCD, Y

HXBC3

Höheres Halbbyte von BCD, Y ≤ $4Ø?

ja   nein

BCD, Y + $3Ø → BCD, Y

HXBC4

DEY

WDH, solange Y ≥ Ø

HEX → BCD schieben

DEX

WDH, bis X = 0

RTS

Bild 10.37 HXBC Umwandlung BCD → binär

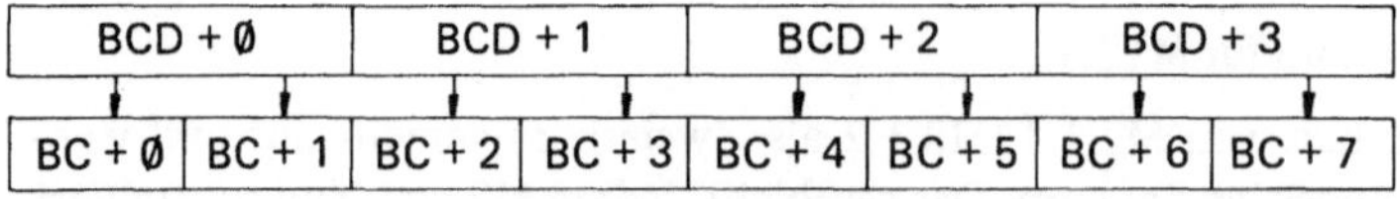

BCD + Ø	BCD + 1	BCD + 2	BCD + 3
BC + Ø	BC + 1	BC + 2	BC + 3	BC + 4	BC + 5	BC + 6	BC + 7

Bild 10.38 Aufteilung der BCD-Ziffern

10.6.5 HXBC Umwandlung Binär → BCD

HXBC (Bild 10.37) wandelt eine binär codierte Zahl von 3 Bytes Länge in eine BCD-codierte Zahl um. Wegen $FF FF FF = 16 777 215 benötigt das Ergebnis 4 Bytes. Bild 10.36 zeigt die verwendeten Speicher. Der Algorithmus für die Umwandlung ist in [38] S. 459 ff. beschrieben. Es wird vorausgesetzt, daß der Prozessor auf Binärarithmetik eingestellt ist.

<table>
<tr><td colspan="2" align="right">BCHX</td></tr>
<tr><td colspan="2">X = 3 setzen</td></tr>
<tr><td colspan="2">Y = 7 setzen</td></tr>
<tr><td></td><td align="right">BCHX1</td></tr>
<tr><td></td><td>Niederes Halbbyte von BCD, X isolieren</td></tr>
<tr><td></td><td>Nach BC, Y speichern</td></tr>
<tr><td></td><td>DEY</td></tr>
<tr><td></td><td>Höheres Halbbyte von BCD, X nach rechts schieben</td></tr>
<tr><td></td><td>Nach BC, Y speichern</td></tr>
<tr><td></td><td>DEY, DEX</td></tr>
<tr><td colspan="2">WDH, solange X ≥ Ø</td></tr>
<tr><td colspan="2">X = 23, Y = 7, HEX = Ø setzen</td></tr>
<tr><td></td><td align="right">BCHX2</td></tr>
<tr><td></td><td>B, X → MB2 + 2</td></tr>
<tr><td></td><td>DEX</td></tr>
<tr><td></td><td>B, X → MB2 + 1</td></tr>
<tr><td></td><td>DEX</td></tr>
<tr><td></td><td>B, X → MB2</td></tr>
<tr><td></td><td>DEX</td></tr>
<tr><td></td><td>BC, Y → MB1</td></tr>
<tr><td></td><td>X, Y retten</td></tr>
<tr><td></td><td>MUL2</td></tr>
<tr><td></td><td>Y, X holen</td></tr>
<tr><td></td><td>Ergebnis zu HEX addieren</td></tr>
<tr><td></td><td>DEY</td></tr>
<tr><td colspan="2">WDH, solange Y ≥ Ø</td></tr>
</table>

RTS

Bild 10.39

BCHX Umwandlung
BCD → binär

10.6.6 BCHX Umwandlung BCD → Binär

BCHX (Bild 10.39) wandelt eine BCD-codierte Zahl von 4 Bytes Länge (Speicher BCD + Ø ... BCD + 3) in eine binär codierte Zahl um. Es wird vorausgesetzt, daß das Ergebnis in 3 Bytes Platz hat (vgl. 10.6.5). Da jedes Byte der ursprünglichen Zahl zwei BCD-Ziffern enthält, werden zuerst diese auf jeweils einen Speicherplatz gebracht. Das MSD (vgl. 10.4.10) von BCD + Ø kommt als LSD nach BC + Ø, das LSD von BCD + Ø kommt als LSD nach BC + 1 usw. (s. Bild 10.38). Anschließend wird der Ausdruck

$$1 * (BC + 7) + 10 * (BC + 6) + 100 * (BC + 5) + ...$$
$$... + 10^7 * (BC + Ø)$$

(10.2)

oder in hexadezimaler Schreibweise

$$1* (BC + 7) + \$A* (BC + 6) + \$64* (BC + 5) + \$3E8* (BC + 4) +$$
$$+ \$271\emptyset* (BC + 3) + \$186A\emptyset* (BC + 2) + \$F424\emptyset* (BC + 1) + \qquad (10.3)$$
$$+ \$98968\emptyset* (BC + \emptyset)$$

berechnet und in HEX + $\emptyset$, HEX + 1, HEX + 2 gespeichert. Die erforderlichen Faktoren stehen in den Speichern B ... B + 23.

10.6.7 MUL2 Hilfsprogramm für BCHX

Die Aufgabe von MUL 2 (Struktogramm: Bild 10.41) ist aus Bild 10.40 ersichtlich. Zwar verschiebt MUL2 den Inhalt von MB2 nach links; da jedoch vorausgesetzt ist, daß das Ergebnis in 3 Bytes Platz hat, kann dabei kein Überlauf entstehen.
Der Speicher MB1 kann nur die Zahlen $\emptyset\emptyset$ ... $\emptyset9$ enthalten.
Es ist vorausgesetzt, daß der Prozessor auf Binärarithmetik eingestellt ist.

| MB2 | MB2 + 1 | MB2 + 2 | * | MB1 | = | MB3 | MB3 + 1 | MB3 + 2 |

Bild 10.40 Aufgabe von MUL 2

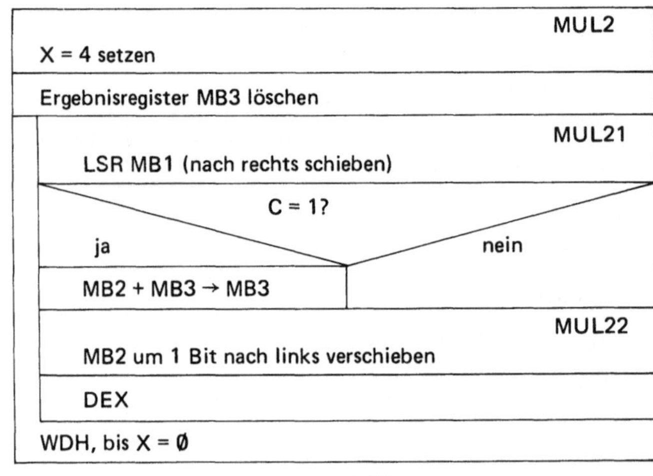

Bild 10.41
MUL2 Hilfsprogramm für BCHX

10.7 Unterprogramme des AIM-65-Betriebssystems

Das Standardbeispiel verwendet die im folgenden beschriebenen Unterprogramme des AIM-65-Betriebssystems:

1) AIMCLR (im Anwenderhandbuch des AIM mit CLR bezeichnet) löscht die Anzeige und den Druckerzeiger.
2) AIMHEX (im Handbuch: HEX) wandelt eine im Akku befindliche ASCII-codierte Hexadezimalzahl in den Binärcode um; das höherwertige Halbbyte von A wird gleich Null gesetzt.

3) NOUT kann dazu verwendet werden, um eine im Akku befindliche Hexadezimalziffer in den ASCII-Code umzusetzen. Voraussetzung ist, daß das MSD des Akkus gleich Null ist. Dann enthält A nach NOUT den ASCII-Code. NOUT hat noch die weitere Wirkung, daß dieses Zeichen an den aktiven Ausgabebaustein ausgegeben wird.

4) NUMA wandelt zwei im Akku befindliche Hexadezimalziffern in den ASCII-Code um und gibt sie an den aktiven Ausgabebaustein.

5) OUTDIS zeigt ein im Akku befindliches ASCII-Zeichen auf dem Display an.

6) OUTPRI gibt ein im Akku befindliches ASCII-Zeichen an den Druckerpuffer. Ist das Zeichen ein CR ($0D), so wird eine Zeile gedruckt.

7) READ dient zur Abfrage der Tastatur. Die gedrückte Taste steht im ASCII-Code im Akku.

10.8 Zusammenfassung

Das Standardbeispiel wurde als Reglerentwicklungssystem für Demonstrationszwecke entworfen und enthält daher einen wenig realistischen, dafür aber sehr flexiblen elektronischen Prozeß, mit dem viele reale Prozesse simuliert werden können. Abtastzeit und Reglerparameter werden über die Tastatur eingegeben; neben der Durchführung und Dokumentation der Regelung ist die Bestimmung von Prozeß- und Reglerübergangsfunktion möglich. Als Mikrocomputer wird der AIM-65 (CPU: 6500) eingesetzt.

Das Programm besteht aus 3 Teilen, nämlich Haupt-, Interrupt- und NMI-Programm. Das Interruptprogramm bearbeitet alle Aufgaben, die mit der Abtastzeit in Zusammenhang stehen, während das NMI-Programm zur Beendigung der Regelung (auf Knopfdruck oder wenn die Abtastzeit zu klein ist) dient. Alles andere wird vom Hauptprogramm erledigt.

11 Programme

11.1 Vorbemerkungen

Das Kap. 11 enthält die Auflistung aller Programme, die in Kap. 10 für das Standdardbeispiel beschrieben wurden. Der AIM-65-Besitzer hat damit die komplette Software für einen Regler zur Verfügung. Die Numerierungen von Kap. 10 und Kap. 11 laufen parallel, z. B. gehört zur Beschreibung 10.3.8 RDIST das Programm 11.3.8 RDIST.

Kommentare stehen in der jeweiligen Programmzeile. Gehört ein Kommentar zu mehreren Zeilen, so steht er in der letzten dieser Zeilen.

Die Ziffer "NULL" wird mit "∅" bezeichnet, um sie vom Buchstaben "O" zu unterscheiden.

Das Symbol "*" bedeutet den „Adreßpegel", das ist die Speicheradresse, die der Assembler gerade bearbeitet. Beispielsweise (vgl. den Anfang von 11.2.0) setzt die Anweisung "∗ = Ø" den Adreßpegel auf ØØØØ; das bedeutet, daß das folgende Label (hier VZ) den Wert ØØØØ hat. Die Anweisung "M2 ∗ = ∗ + 3" (11.2.0) reserviert 3 Bytes Speicherplatz für die Variable M2.

Die Anweisung ".BYT ..." veranlaßt den Assembler, aufeinanderfolgende Speicherplätze (beginnend mit dem momentanen Wert des Adreßpegels) mit Daten zu laden; ein ASCII-Zeichen, zwischen zwei Apostrophe gesetzt, ergibt den zugehörigen ASCII-Code.

11.2 Übergeordnete Programme

11.2.0 Adreßzuweisungen

```
; VARIABLENSPEICHER

            * = Ø
VZ          * = * + 1            Vorzeichenflag (MUL1)
M1          * = * + 1
M2          * = * + 3
M3          * = * + 4            Hilfsspeicher für MUL1
V           * = * + 10           Werte für BRSTG
UØ          * = * + 4            unkorrigierte Stellgröße
TØ          * = * + 2            Abtastzeit
FLREG       * = * + 1            Regelflag
FLDOK       * = * + 1            Dokumentationsflag
MB1         * = * + 1
MB2         * = * + 3
MB3         * = * + 3            Hilfsspeicher für MUL2
BCD         * = * + 4
BC          * = * + 8
HEX         * = * + 3            Hilfsspeicher für BCHX, HXBC
FLRET       * = * + 1            Flag für EINGB
SPAW        * = * + 2            Zwischenspeicher für aktuellen Wert (EINGB)
SPNW        * = * + 4            Zwischenspeicher für neuen Wert (EINGB)
VZA         * = * + 1            Vorzeichenflag für Reglerparameter
SOL         * = * + 1            Sollwert
FLPRZ       * = * + 1            FLAG für IRQ
RX          * = * + 1            Zeiger für DOK
            * = $2ØØ
STRTU       * = * + $1ØØ
STRTR       * = * + $1ØØ
STRTP       * = * + $1ØØ         Ergebnisspeicher für die Dokumentation
RTØ         * = * + 2            Zwischenspeicher für Abtastzeit
F           * = * + 18           Reglerparameter


; FESTWERTSPEICHER

B           .BYT $98, $96, S8Ø, $F, $42, $4Ø, 1, $86, $AØ, Ø
            .BYT $27, $1Ø, Ø, 3, $E6, Ø, Ø, $64, Ø, Ø, $A, Ø, Ø, 1
```

```
REINGB     * = * + 2
           .BYT '1', 'P', '2', 'P', 'Ø', 'Q', '1', 'Q'
           .BYT '2', 'Q', 'Ø', 'R', '1', 'R', '2', 'R'
                   Text für EINGB
RREGUF     .BYT $ØD, 'N', '0', 'I', 'T', 'K', 'N', 'U', 'F', 'S'
           .BYT 'G', 'N', 'A', 'G', 'R', 'E', 'B', 'E', 'U'
           .BYT $ØD, '—', 'R', 'E', 'L', 'G', 'E', 'R'
                   Text für DOKU
RPRZUF     .BYT $ØD, 'N', 'O', 'I', 'T', 'K', 'N', 'U', 'F', 'S'
           .BYT 'G', 'N', 'A', 'G', 'R', 'E', 'B', 'E', 'U'
           .BYT $ØD, '—', 'S', 'S', 'E', 'Z', 'O', 'R', 'P'
                   Text für DOKP

; AIM-ADRESSEN

           NMIV2    = $A4Ø2
           IRQV2    = $A4Ø4
           UDDRA    = $AØØ3
           UDDRB    = $AØØ2
           UDRA     = $AØØF
           UDRB     = $AØØØ
           UPCR     = $AØØC
           PRIFLG   = $A411
           AIMCLR   = $EB44
           OUTDIS   = $EFØ5
           READ     = $E93C
           AIMHEX   = $EA7D
           OUTFLG   = $A413
           NOUT     = $EA51
           UDRAH    = $AØØ1
           UIFR     = $AØØD
           UIER     = $AØØE
           OUTPRI   = $FØØØ
           NUMA     = $EA46
           UACR     = $AØØB
           T1LL     = $AØØ4
           T1LH     = $AØØ5
           T1CL     = $AØØ4
```

11.2.1 HPG Hauptprogramm

```
HPG        SEI
           LDX # $FF
           TXS                Stapel errichten
           JSR INIT           Initialisieren
           JSR LDPA           Reglerparameter eingeben
```

```
HPG1      JSR READ          Tastatur abfragen
          CMP # 'E'
          BEQ HPG2          E gedrückt?
          CMP # 'P'         nein
          BEQ HPG3          P gedrückt?
          CMP # 'U'         nein
          BEQ HPG 4         U gedrückt?
          CMP # 'R'         nein
          BEQ HPG5          R gedrückt?
HPG6      JMP HPG1
HPG2      JSR EINPA         neue Reglerparameter eingeben
          JMP HPG1
HPG3      JSR INTP          Bestimmung der Prozeßübergangsfunktion intialisieren
          JSR TIMGO         Timer starten
HPG8      JSR READ          Tastatur abfragen
          CMP # 'G'
          BNE HPG8          G gedrückt?
          JSR TIMST         Timer anhalten
          JSR DOKP          Prozeßübergangsfunktion drucken
          JMP HPG1
HPG4      JSR REGUF         Reglerübergangsfunktion bestimmen
          JSR DOKU          Reglerübergangsfunktion drucken
          JMP HPG1
HPG5      JSR INTR          Regelung initialisieren
          JSR TIMGO         Timer starten
HPG7      JSR EINPA         neue Reglerparameter eingeben
          JMP HPG7
```

11.2.2 IRQ Interruptprogramm

```
IRQ       PHA
          TXA
          PHA
          TYA
          PHA               Register retten
          LDA T1CL          Interrupt quittieren
          SEC
          LDA TØ + 1
          SBC # 1
          STA TØ + 1
          LDA TØ
          SBC # Ø
          STA TØ            TØ dekrementieren
          LDA TØ + 1
          ORA TØ
          BNE IRQ1          TØ = Ø?
```

```
                LDA RTØ
                STA TØ
                LDA RTØ + 1
                STA TØ + 1        TØ mit Startwert laden
                BIT FLPRZ
                BMI IRQ4          Prozeßübergangsfunktion bestimmen?
                BIT FLREG
                BMI IRQ2          Regelung durchführen?
                JSR PRZRG         Regelung durchführen
IRQ1            PLA
                TAY
                PLA
                TAX
                PLA               Register holen
                RTI
IRQ2            JMP NMI
IRQ4            JSR PRZUF         Prozeßübergangsfunktion bestimmen
                JMP IRQ1
```

11.2.3 NMI Regelung beenden

```
NMI             JSR TIMST
                LDA #Ø
                STA V
                JSR AUSTG
                JSR DOKR
                JMP HPG
```

11.3 Programme für die Regelung

11.3.1 INIT Hauptprogramm initialisieren

```
INIT            CLD               Binärarithmetik einschalten
                LDA #Ø
                STA UDDRA         Port A ist Eingang
                LDA #$FF
                STA UDDRB         Port B ist Ausgang
                LDA #%Ø1111111
                STA UIER          Interrupts sperren
                LDA #%Ø1ØØØØØØ
                STA UACR          ACR laden
                LDA #%ØØØØ111Ø
                STA UPCR          PCR laden
                LDA UDRAH         IRQ-Flags für CA1/2 rücksetzen
                LDA #<IRQ
                STA IRQV2
                LDA #>IRQ
```

```
        STA IRQV2 + 1        IRQ-Vektor eingeben
        LDA #<NMI
        STA NMIV2
        LDA #> NMI
        STA NMIV2 + 1        NMI-Vektor eingeben
        LDA #$80
        STA PRIFLG           Drucker einschalten
        RTS
```

11.3.2 LDPA Vorschlagswerte für Reglerparameter eingeben

```
LDPA    LDA #0
        LDX #17
LDPA2   STA F, X
        DEX
        CPX #1
        BNE LDPA2            Reglerparameter löschen
        LDA #1
        STA F + 2            P1 = 1
        STA F + 6            Q0 = 1
        SEC
        LDA #0
        SBC #0
        STA F + 13
        LDA #0
        SBC #1
        STA F + 12           R0 = − 1
        LDA #$80
        STA SOL              Sollwert = 80
        LDA #$E8
        STA RT0 + 1
        LDA #$03
        STA RT0              Abtastzeit = 1 s
        RTS
```

11.3.3 TIMGO Timer starten

```
TIMGO   LDA #%11000000
        STA UIER             Interrupt für Taktgeber 1 freigeben
        LDA #$E8
        STA T1LL
        LDA #$03
        STA T1LH             Zähler mit 1000 = $03E8 laden
        CLI                  Interrupts freigeben
        RTS
```

11.3.4 TIMST Timer anhalten

```
TIMST   SEI                 Interrupts sperren
        LDA # %01000000
        STA UIER            Interrupt für Taktgeber 1 sperren
        RTS
```

11.3.5 INTR Regelung initialisieren

```
INTR    LDA # 0
        STA FLPRZ           Bit 7 löschen
        LDA # 0
        STA FLDOK           Bit 7 löschen
        LDA # 0
        STA FLREG           Bit 7 löschen
        LDA # 1
        STA T0 + 1
        LDA # 0
        STA T0              T0 mit 1 laden
        LDX # 8
        LDA # 0
INTR1   STA V, X
        DEX
        BNE INTR1           Variable V + 1 ... V + 8 löschen
        LDA # 0
        STA RX              RX initialisieren
        LDX # 0
        LDA # 0
INTR2   STA STRTR, X
        INX
        BNE INTR2           Ergebnisspeicher für Regelungsdokumentation löschen
        RTS
```

11.3.6 PRZRG Prozeß regeln

```
PRZRG   LDA FLREG
        ORA # %10000000
        STA FLREG           Bit 7 von FLREG setzen
        CLI                 Interrupt ermöglichen
        JSR REGAL           Regelalgorithmus durchführen
        SEI                 Interrupt sperren
        LDA FLREG
        AND # %01111111
        STA FLREG           Bit 7 von FLREG löschen
        BIT FLDOK
        BMI PRZRG3 B        Bit 7 von FLDOK = 1?
        LDA FLDOK           nein
```

```
            ORA #%10000000
            STA FLDOK          Bit 7 von FLDOK setzen
            CLI                Interrupt ermöglichen
            JSR DOK            Regelung dokumentieren
            SEI                Interrupt sperren
            BIT FLDOK
            BVS PRZRG1         Bit 6 von FLDOK = 1?
            LDA FLDOK          nein
            AND #%01111111
            STA FLDOK          Bit 7 von FLDOK löschen
PRZRG1      RTS
PRZRG3      LDA FLDOK
            ORA #%01000000
            STA FLDOK          Bit 6 von FLDOK setzen
            JMP PRZRG1
```

11.3.7 REGAL Regelalgorithmus durchführen

```
REGAL       JSR RDIST          Istwert einlesen
            JSR RDSOL          Sollwert einlesen
            JSR BRSTG          Stellgröße berechnen
            JSR SPSTG          Stellgröße korrigieren und speichern
            JSR AUSTG          Stellgröße ausgeben
            JSR WTVSC          Werte verschieben
            RTS
```

11.3.8 RDIST Istwert einlesen

```
RDIST       LDA #%00001100
            STA UPCR
            LDA #%00001110
            STA UPCR           Startimpuls geben
RDIST1      LDA UIFR
            LSR A
            LSR A
            BCC RDIST1         Warten auf negative Flanke am Statusausgang
            LDA UDRAH
            STA V + 6          Istwert einlesen
            RTS
```

11.3.9 RDSOL Sollwert einlesen

```
RDSOL       LDA SOL
            STA V + 3
            RTS
```

11.3.10 BRSTG Stellgröße berechnen

```
BRSTG     LDA #Ø
          STA UØ
          STA UØ + 1
          STA UØ + 2
          STA UØ + 3          Ergebnisspeicher UØ löschen
          LDY # 17
          LDX #8              Y, X initialisieren
BRSTG1    LDA V, X
          STA M1              Wert nach M1 bringen
          LDA F, Y
          STA M2 + 2
          DEY
          LDA F, Y
          STA M2 + 1          Parameter nach M2 bringen
          LDA M2 + 1
          ORA M2 + 2
          BEQ BRSTG2          M2 = Ø?
          TXA                 nein
          PHA
          TYA
          PHA                 X, Y retten
          JSR MUL1            Multiplikation
          CLC
          LDA M3 + 3
          ADC UØ + 3
          STA UØ + 3
          LDA M3 + 2
          ADC UØ + 2
          STA UØ + 2
          LDA M3 + 1
          ADC UØ + 1
          STA UØ + 1
          LDA M3
          ADC UØ
          STA UØ              M3 + UØ nach UØ bringen
          PLA
          TAY
          PLA
          TAY                 Y, X holen
BRSTG2    DEY
          DEX
          BNE BRSTG1
          RTS
```

11.3.11 SPSTG Stellgröße korrigieren

```
SPSTG     BIT UØ
          BMI SPSTG1        Unterlauf?
          LDA UØ            nein
          ORA UØ + 1
          BNE SPSTG2        Überlauf?
          LDA UØ + 2        nein
          STA V             Stellgröße runden und speichern
SPSTG3    RTS
SPSTG1    LDA #Ø            Unterer Anschlag
          STA V             Stellgröße auf unteren Anschlag setzen
          JMP SPSTG3
SPSTG2    LDA #$FF          Überlauf
          STA V             Stellgröße auf oberen Anschlag setzen
          JMP SP$TG3
```

11.3.12 AUSTG Stellgröße ausgeben

```
AUSTG     LDA V
          STA UDRB
          RTS
```

11.3.13 WTVSC Werte verschieben

```
WTVSC     LDX #7
WTVSC1    LDA V, X
          INX
          STA V, X
          DEX
          DEX
          BPL WTVSC1
          RTS
```

11.4 Programme für die Reglerbedienung

11.4.1 EINPA Reglerparameter eingeben

```
EINPA     LDY # 11          Eingabezähler laden
EINPA2    JSR EINGB         Reglerparameter anzeigen und ändern
          DEY
          DEY
          CPY #5            Sind alle Eingaben erledigt?
          BNE EINPA2
          JSR STGGB         Parameter für Stellgröße eingeben
          JSR SOLGB         Sollwert eingeben
          JSR TØGB          Abtastzeit eingeben
          JSR AIMCLR
          JSR OUTDIS        AIM-Anzeige löschen
          RTS
```

11.4.2 EINGB Reglerparameter anzeigen und ändern

```
EINGB     JSR ANZAW         aktuellen Wert anzeigen
EINGB1    JSR READ          Tastatur abfragen
          CMP # '/'
          BEQ EINGB7        "/" gedrückt?
          CMP # $20         nein
          BNE EINGB1        "SPACE" gedrückt?
EINGB7    CMP # '/'         ja
          BNE EINGB6        "/" gedrückt?
EINGB2    LDA # '/'         ja
          JSR OUTDIS        zusätzlich "/" anzeigen
          JSR ANZNW         neuen Wert eingeben und anzeigen
EINGB3    JSR READ          Tastatur abfragen
          CMP # 'L'
          BNE EINGB8        "L" gedrückt?
          CMP # $0D         nein
          BNE EINGB3        "RETURN" gedrückt?
EINGB8    CMP # 'L'         ja
          BNE EINGB4        "L" gedrückt?
          LDA SPNW + 3      ja
          STA F, Y
          LDA SPNW + 2
          STA F−1, Y        eingegebenen Wert als Q speichern
          SEC
          LDA # 0
          SBC SPNW + 3
          STA F + 6, Y
          LDA # 0
          SBC SPNW + 2
          STA F + 5, Y      eingegebenen Wert in Zweierkomplement umwandeln
                            und als R speichern
EINGBA    JSR READ          Tastatur abfragen
          CMP # ' '
          BEQ EINGBB        "/" gedrückt?
          CMP # $20         nein
          BNE EINGBA        "SPACE" gedrückt?
EINGBB    CMP # '/'         ja
          BEQ EINGB9        "/" gedrückt?
          LDA # 0           nein
          STA FLRET         FLRET löschen
EINGB5    BIT FLRET
          BMI EINGB2        FLRET gesetzt?
EINGB6    RTS
```

```
EINGB4    JSR ANZAW            aktuellen Wert anzeigen
          LDA # %10000000
          STA FLRET            FLRET setzen
          JMP EINGB5
```

11.4.3 ANZAW Aktuellen Wert anzeigen

```
ANZAW     JSR AIMCLR
          JSR OUTDIS           AIM-Anzeige löschen
          LDA REINGB, Y
          JSR OUTDIS
          LDA REINGB−1, Y
          JSR OUTDIS
          LDA # '='
          JSR OUTDIS           "Name =" anzeigen
          LDA F, Y
          STA SPAW + 1
          LDA F−1, Y
          STA SPAW            Parameter nach SPAW bringen
          BIT SPAW
          BPL ANZAW1          Sprung, wenn Parameter positiv
          LDA # '−'
          JSR OUTDIS           "−" anzeigen
          SEC
          LDA # 0
          SBC SPAW + 1
          STA SPAW + 1
          LDA # 0
          SBC SPAW
          STA SPAW            SPAW in Zweierkomplement umwandeln
ANZAW1    LDA # 'X'
          STA OUTFLG          Ausgabe sperren
          LDA SPAW
          LSR A
          LSR A
          LSR A
          LSR A               Höchste Ziffer in den Akku bringen
          JSR NOUT            Akku-Inhalt in ASCII umwandeln
          JSR OUTDIS           Ziffer anzeigen
          LDA SPAW
          AND # $0F
          JSR NOUT
          JSR OUTDIS           Nächste Ziffer anzeigen
          LDA # '.'
          JSR OUTDIS           Punkt anzeigen
          LDA SPAW + 1
```

```
        LSR A
        LSR A
        LSR A
        LSR A
        JSR NOUT
        JSR OUTDIS        Nächste Ziffer anzeigen
        LDA SPAW + 1
        AND # $ØF
        JSR NOUT
        JSR OUTDIS        Letzte Ziffer anzeigen
        RTS
```

11.4.4 ANZNW Neuen Wert eingeben und anzeigen

```
ANZNW   JSR READ          Tastatur abfragen
        CMP # $15
        BEQ ANZNW         Wiederholung, wenn keine Taste gedrückt wurde
        CMP # '−'
        BNE ANZNW1        Sprung, wenn "−" nicht gedrückt wurde
        JSR OUTDIS        "−" anzeigen
        LDA # %10000000
        STA VZA           Vorzeichenflag setzen
ANZNW3  JSR READ          Tastatur abfragen
        CMP # $15
        BEQ ANZNW3        Wiederholung, wenn keine Taste gedrückt wurde
ANZNW2  JSR OUTDIS        Zeichen anzeigen
        JSR AIMHEX        In Hexadezimal-Code umwandeln
        STA SPNW          speichern
ANZNW4  JSR READ          Tastatur abfragen
        CMP # $15
        BEQ ANZNW4        Wiederholung, wenn keine Taste gedrückt wurde
        JSR OUTDIS        Zeichen anzeigen
        JSR AIMHEX        in HEX-Code umwandeln
        STA SPNW + 1      speichern
        LDA # '.'
        JSR OUTDIS        Punkt anzeigen
ANZNW5  JSR READ          Tastatur abfragen
        CMP # $15
        BEQ ANZNW5
        JSR OUTDIS
        JSR AIMHEX
        STA SPNW + 2      speichern
ANZNW6  JSR READ          Tastatur abfragen
        CMP # $15
        BEQ ANZNW6
        JSR OUTDIS
```

```
                JSR AIMHEX
                STA SPNW + 3        speichern
                LDA SPNW + 2
                ASL A
                ASL A
                ASL A
                ASL A
                CLC
                ADC SPNW + 3
                STA SPNW + 3
                LDA SPNW
                ASL A
                ASL A
                ASL A
                ASL A
                CLC
                ADC SPNW + 1
                STA SPNW + 2        SPNW zusammenschieben
                BIT VZA
                BPL ANZNW7          Vorzeichenflag gesetzt?
                SEC                 ja
                LDA # 0
                SBC SPNW + 3
                STA SPNW + 3
                LDA # 0
                SBC SPNW + 2
                STA SPNW + 2        SPNW in Zweierkomplement umwandeln
ANZNW7          RTS
ANZNW1          PHA                 A retten
                LDA # 0
                STA VZA             Vorzeichenflag löschen
                PLA                 A holen
                JMP ANZNW2
```

11.4.5 STGGB Stellgrößenparameter anzeigen und ändern

```
STGGB           LDY # 3             Zeiger auf P1 setzen
                JSR ANZAW           aktuellen Wert anzeigen
STGGB1          JSR READ            Tastatur abfragen
                CMP # '/'
                BEQ STGGB7          "/" gedrückt?
                CMP # $20           nein
                BNE STGGB1          "SPACE" gedrückt?
STGGB7          CMP # '/'           ja
                BNE STGGB6          "/" gedrückt?
```

```
STGGB2    LDA # '/'              ja
          JSR OUTDIS             "/" zusätzlich anzeigen
          JSR ANZNW              neuen Wert eingeben und anzeigen
STGGB3    JSR READ               Tastatur abfragen
          CMP # $20
          BEQ STGGB8             "SPACE" gedrückt?
          CMP # $0D
          BNE STGGB3             "RETURN" gedrückt?
STGGB8    CMP # $20
          BNE STGGB4             "SPACE" gedrückt?
          LDA SPNW + 3           ja
          STA F + 3
          LDA SPNW + 2
          STA F + 2              eingegebenen Wert als P1 speichern
          SEC
          LDA # 0
          SBC SPNW + 3
          STA F + 5
          LDA # 1
          SBC SPNW + 2
          STA F + 4             01.00-P1 als P2 speichern
          LDA # 0
          STA FLRET             FLRET löschen
STGGB5    BIT FLRET
          BMI STGGB2            FLRET gesetzt?
STGGB6    RTS
STGGB4    JSR ANZAW            aktuellen Wert anzeigen
          LDA # %10000000
          STA FLRET            FLRET setzen
          JMP STGGB5
```

11.4.6 SOLGB Sollwert anzeigen und ändern

```
SOLGB     JSR SOLAW             aktuellen Wert anzeigen
SOLGB1    JSR READ              Tastatur abfragen
          CMP # '/'
          BEQ SOLGB7            "/" gedrückt?
          CMP # $20             nein
          BNE SOLGB1            "SPACE" gedrückt?
SOLGB7    CMP # '/'             ja
          BNE SOLGB6           "/" gedrückt?
SOLGB2    LDA # '/'            ja
          JSR OUTDIS          "/" zusätzlich anzeigen
          JSR SOLNW           neuen Wert eingeben und anzeigen
```

```
SOLGB3    JSR READ          Tastatur abfragen
          CMP # S2Ø
          BEQ SOLGB8        "SPACE" gedrückt?
          CMP # $ØD
          BNE SOLGB3        "RETURN" gedrückt?
SOLGB8    CMP # $2Ø
          BNE SOLGB4        "SPACE" gedrückt?
          LDA SPNW + 3      ja
          STA SOL           eingegebenen Wert nach SOL speichern
          LDA # Ø
          STA FLRET         FLRET löschen
SOLGB5    BIT FLRET
          BMI SOLGB2        FLRET gesetzt?
          SOLGBG            RTS
SOLGB4    JSR SOLAW         aktuellen Wert anzeigen
          LDA # %1ØØØØØØØ
          STA FLRET         FLRET setzen
          JMP SOLGB5
```

11.4.7 SOLAW aktuellen Sollwert anzeigen

```
SOLAW     JSR AIMCLR
          JSR OUTDIS        Anzeige löscheh
          LDA # 'S'
          JSR OUTDIS
          LDA # '='
          JSR OUTDIS        "S =" anzeigen
          LDA # 'X'
          STA OUTFLG        Ausgabe sperren
          LDA SOL
          LSR A
          LSR A
          LSR A
          LSR A
          JSR NOUT
          JSR OUTDIS        hohe Ziffer anzeigen
          LDA SOL
          AND # $ØF
          JSR NOUT
          JSR OUTDIS        niedrige Ziffer anzeigen
          RTS
```

11.4.8 SOLNW Neuen Sollwert eingeben und ändern

```
SOLNW     JSR READ          Tastatur abfragen
          CMP # $15
          BEQ SOLNW         Wiederholung, wenn keine Taste gedrückt wurde
```

```
                JSR OUTDIS        Ziffer anzeigen
                JSR AIMHEX        Akku-Inhalt in HEX-Code umwandeln
                STA SPNW          speichern
SOLNW6          JSR READ          Tastatur abfragen
                CMP # $15
                BEQ SOLNW6
                JSR OUTDIS        Ziffer anzeigen
                JSR AIMHEX        In HEX-Code umwandeln
                STA SPNW + 3      speichern
                LDA SPNW + 2
                ASL A
                ASL A
                ASL A
                ASL A
                CLC
                ADC SPNW + 3
                STA SPNW + 3      SPNW zusammenschieben
                RTS
```

11.4.9 TØGB Abtastzeit anzeigen und ändern

Die Kommentare sind dieselben wie bei EINGB, soweit nichts anderes angegeben ist.

```
TØGB            JSR TØAW
TØGB1           JSR READ
                CMP # '/'
                BEQ TØGB7
                CMP # $20
                BNE TØGB1
TØGB7           CMP # '/'
                BNE TØGB6
TØGB2           LDA # '/'
                JSR OUTDIS
                JSR TØNW
TØGB3           JSR READ
                CMP # $20
                BEQ TØGB8
                CMP # $ØD
                BEQ TØGB3
TØGB8           CMP # $20
                BNE TØGB4
                LDA SPNW + 3
                STA RTØ + 1
                LDA SPNW + 2
                STA RTØ            eingegebenen Wert als Abtastzeit speichern
                LDA # Ø
                STA FLRET
```

```
TØGB5     BIT FLRET
          BMI TØGB2
TØGB6     RTS
TØGB4     JSR TØAW
          LDA #%10000000
          STA FLRET
          JMP TØGB5
```

11.4.10 TØAW Aktuelle Abtastzeit anzeigen

```
TØAW      JSR AIMCLR
          JSR OUTDIS          AIM-Anzeige löschen
          LDA #'T'
          JSR OUTDIS
          LDA #'Ø'
          JSR OUTDIS
          LDA #'='
          JSR OUTDIS          "TØ =" anzeigen
          LDA RTØ + 1
          STA HEX + 2
          LDA RTØ
          STA HEX + 1
          LDA #Ø
          STA HEX             Abtastzeit nach HEX bringen
          JSR HXBC            Umwandlung in BCD-Code
          LDA #'X'
          STA OUTFLG          Ausgabe sperren
          LDA BCD + 1
          JSR NOUT
          JSR OUTDIS
          LDA BCD + 2
          LSR A
          LSR A
          LSR A
          LSR A
          JSR NOUT
          JSR OUTDIS
          LDA #'.'
          JSR OUTDIS
          LDA BCD + 2
          AND #$ØF
          JSR NOUT
          JSR OUTDIS
          LDA BCD + 3
          LSR A
          LSR A
```

```
                LSR A
                LSR A
                JSR NOUT
                JSR OUTDIS
                LDA BCD + 3
                AND #$ØF
                JSR NOUT
                JSR OUTDIS        Abtastzeit anzeigen
                RTS
```

11.4.11 TØNW Neue Abtastzeit eingeben und anzeigen

```
TØNW     JSR READ          Tastatur abfragen
         CMP #$15
         BEQ TØNW          Wiederholung, wenn keine Taste gedrückt wurde
         JSR OUTDIS        Ziffer anzeigen
         JSR AIMHEX        Akku-Inhalt in HEX-Code umwandeln
         STA BCD + 1       speichern
TØNW1    JSR READ          Tastatur abfragen
         CMP #$15
         BEQ TØNW1
         JSR OUTDIS        anzeigen
         JSR AIMHEX        in HEX-Code umwandeln
         ASL A
         ASL A
         ASL A
         ASL A             in vorderes Halbbyte (MSD) schieben
         STA BCD + 2       speichern
         LDA #'.'
         JSR OUTDIS        Punkt anzeigen
TØNW2    JSR READ          Tastatur abfragen
         CMP #$15
         BEQ TØNW2
         JSR OUTDIS
         JSR AIMHEX
         CLC
         ADC BCD + 2
         STA BCD + 2       speichern
TØNW3    JSR READ          Tastatur abfragen
         CMP #$15
         BEQ TØNW3
         JSR OUTDIS
         JSR AIMHEX
         ASL A
         ASL A
         ASL A
```

```
           ASL A                   in vorderes Halbbyte schieben
           STA BCD + 3             speichern
TØNW4      JSR READ                Tastatur abfragen
           CMP # $15
           BEQ TØNW4
           JSR OUTDIS
           JSR AIMHEX
           CLC
           ADC BCD + 3
           STA BCD + 3             speichern
           LDA # Ø
           STA BCD                 BCD löschen
           JSR BCHX                Umwandlung der Abtastzeit in HEX-Code
           LDA HEX
           BEQ TØNW5               Ergebnis zu groß?
           LDA # $FF               ja
           STA SPNW + 2
           STA SPNW + 3            Abtastzeit gleich $FFFF setzen
TØNW6      RTS
TØNW5      LDA HEX + 1
           STA SPNW + 2
           LDA HEX + 2
           STA SPNW + 3            Abtastzeit nach SPNW speichern
           JMP TØNW6
```

11.5 Programme für die Dokumentation

11.5.1 DOK Dokumentation der Regelung

```
DOK        LDX RX                  Zeiger holen
           CPX # $FF
           BEQ DOK1                Speicherbereich voll?
           LDA SOL                 nein
           STA STRTR, X            Sollwert speichern
           INX
           CPX # $FF
           BEQ DOK1                Speicherbereich voll?
           LDA V + 7               nein
           STA STRTR, X            Istwert speichern
           INX
           CPX # $FF
           BEQ DOK1                Speicherbereich voll?
           LDA V + 1               nein
           STA STRTR, X            Stellgröße speichern
           INX
DOK1       STX RX                  Zeiger retten
           RTS
```

11.5.2 DOKR Ergebnisse von DOK drucken

```
DOKR      LDA # 'P'
          STA OUTFLG        Drucker aktivieren
          JSR AIMCLR        Druckerzeiger löschen
          LDA # 'R'
          JSR OUTPRI
          LDA # 'E'
          JSR OUTPRI
          LDA # 'G'
          JSR OUTPRI
          LDA # 'E'
          JSR OUTPRI
          LDA # 'L'
          JSR OUTPRI
          LDA # 'U'
          JSR OUTPRI
          LDA # 'N'
          JSR OUTPRI
          LDA # 'G'
          JSR OUTPRI
          LDA # $ØD
          JSR OUTPRI        "REGELUNG" drucken
          LDY # 3
DOKR5     JSR PRIAW         Parameter drucken
          INY
          INY
          CPY # 19
          BNE DOKR5
          JSR PRITØ         Abtastzeit drucken
          LDA # 'S'
          JSR OUTPRI
          LDA # 'O'
          JSR OUTPRI
          LDA # 'L'
          JSR OUTPRI
          LDA # $2Ø
          JSR OUTPRI
          LDA # 'I'
          JSR OUTPRI
          LDA # 'S'
          JSR OUTPRI
          LDA # 'T'
          JSR OUTPRI
          LDA # $2Ø
          JSR OUTPRI
```

```
            LDA # 'S'
            JSR OUTPRI
            LDA # 'T'
            JSR OUTPRI
            LDA # 'G'
            JSR OUTPRI
            LDA # $ØD
            JSR OUTPRI          "SOL IST STG" drucken
            JSR AIMCLR          Druckerzeiger löschen
            LDX # Ø
            LDY # 3
DOKR1       LDA STRTR, X
            JSR NUMA            STRTR, X in den Druckerpuffer laden
            DEY
            BEQ DOKR2           Y = Ø?
            LDA # $2Ø      n    nein
            JSR OUTPRI
            LDA # $2Ø
            JSR OUTPRI          2 X "SPACE" in den Druckerpuffer bringen
DOKR3       INX
            BNE DOKR1           Speicherbereichsende erreicht?
            LDA # $ØD           ja
            JSR OUTPRI          drucken
            RTS
DOKR2       LDA # $ØD
            JSR OUTPRI          drucken
            LDY # 3
            JMP DOKR 3
```

11.5.3 INTP Bestimmung der Prozeßübergangsfunktion initialisieren

```
INTP        LDA # S8Ø
            STA FLRPZ          Prozeßüberfangsfunktion ist zu bestimmen
            LDA # Ø
            LDY # $FF
INTP1       STA STRTP, X
            DEX
            CPX # $FF
            BNE INTP1          Ergebnisspeicher STRTP ... STRTP + FF löschen
            LDX # Ø
            STX RX             Zeiger laden
            RTS
```

11.5.4 PRZUF Prozeßübergangsfunktion bestimmen

```
PRZUF       LDX RX             Zeiger holen
            CPX # $FF
```

```
              BEQ PRZUF1        Speicherbereich voll?
              STX RX            nein; Zeiger retten
              JSR RDIST         Istwert einlesen
              LDX RX            Zeiger holen
              LDA V + 6         Istwert in den Akku
              STA STRTP, X      Istwert speichern
              INX
PRZUF1        STX RX            Zeiger retten
              LDA SOL
              STA V
              JSR AUSTG         Stellgröße ausgeben
              RTS
```

11.5.5 DOKP Prozeßübergangsfunktion drucken

```
DOKP          LDA #'P'
              STA OUTFLG        Drucker aktivieren
              JSR AIMCLR        Druckerzeiger löschen
              LDX #27
DOKP4         LDA RPRZUF, X
              JSR OUTPRI
              DEX
              BPL DOKP4         "PROZESS-ÜBERGANGSFUNKTION" drucken
              JSR PRSTG         Stellgröße drucken
              JSR PRITØ         Abtastzeit drucken
              LDA #'I'
              JSR OUTPRI
              LDA #'S'
              JSR OUTPRI
              LDA #'T'
              JSR OUTPRI
              LDA #'='
              JSR OUTPRI
              LDA #$ØD
              JSR OUTPRI        "IST =" drucken
              JSR AIMCLR        Druckerzeiger löschen
              LDX #Ø
              LDY #7
DOKP1         LDA STRTP, X
              JSR NUMA          STRTP, X in den Druckerpuffer bringen
              DEY
              BEQ DOKP2         Y = Ø?
              LDA #$2Ø          nein
              JSR OUTPRI        "SPACE" in den Druckerpuffer bringen
DOKP3         INX
              BNE DOKP1         Speicherbereichsende erreicht?
```

```
               LDA # $ØD          ja
               JSR OUTPRI         drucken
               RTS
DOKP2          LDA # $ØD
               JSR OUTPRI         drucken
               LDY # 7
               JMP DOKP3
```

11.5.6 PRSTG Stellgröße drucken

```
PRSTG          LDA # 'P'
               STA OUTFLG         Drucker aktivieren
               JSR AIMCLR         Druckerpuffer löschen
               LDA # 'S'
               JSR OUTPRI
               LDA # 'T'
               JSR OUTPRI
               LDA # 'G'
               JSR OUTPRI
               LDA # '='
               JSR OUTPRI         "STG =" in den Druckerpuffer bringen
               LDA SOL
               JSR NUMA           <SOL> in den Druckerpuffer bringen
               LDA # $ØD
               JSR OUTPRI         drucken
               RTS
```

11.5.7 PRITØ Abtastzeit drucken

```
PRITØ          LDA # 'P'
               STA OUTFLG         Drucker aktivieren
               LDA # 'T'
               JSR OUTPRI
               LDA # 'O'
               JSR OUTPRI
               LDA # '='
               JSR OUTPRI         "TØ =" in den Druckerpuffer bringen
               LDA RTØ + 1
               STA HEX + 2
               LDA RTØ
               STA HEX + 1
               LDA # Ø
               STA HEX           Abtastzeit nach HEX bringen
               JSR HXBC          Umwandlung in BCD-Code
               LDA BCD + 1
               JSR NOUT
               LDA BCD + 2
```

```
         LSR A
         LSR A
         LSR A
         LSR A
         JSR NOUT
         LDA #'.'
         JSR OUTPRI
         LDA BCD + 2
         AND # $ØF
         JSR NOUT
         LDA BCD +3
         JSR NUMA
         LDA # $ØD
         JSR OUTPRI      drucken
         RTS
```

11.5.8 REGUF Reglerübergangsfunktion bestimmen

```
REGUF    LDX # 8
         LDA # Ø
REGUF1   STA V, X
         DEX
         BNE REGUF 1     V + 1 ... V + 8 löschen
         LDX # Ø
REGUF4   LDA # Ø
         STA V + 6       Istwert = Ø setzen
         TXA
         PHA             X retten
         JSR RDSOL       Sollwert einlesen
         JSR BRSTG       Stellgröße berechnen
         JSR SPSTG       Stellgröße korrgieren
         PLA
         TAX             X holen
         LDA V
         STA STRTU, X    Stellgröße speichern
         TXA
         PHA             X retten
         JSR WTVSC       Werte verschieben
         PLA
         TAX             X holen
         INX
         BNE REGUF4
         RTS
```

11.5.9 DOKU Reglerübergangsfunktion drucken

```
DOKU      LDA # 'P'
          STA OUTFLG         Drucker aktivieren
          JSR AIMCLR         Druckerzeiger löschen
          LDX # 26
DOKU4     LDA RREGUF, X
          JSR OUTPRI         "REGLER-ÜBERGANGSFUNKTION" drucken
          DEX
          BPL DOKU4
          LDY # 3
DOKU5     JSR PRIAW          Parameter drucken
          INY
          INY
          CPY # 19
          BNE DOKU5
          JSR PRISL          Sollwert drucken
          LDA # 'I'
          JSR OUTPRI
          LDA # 'S'
          JSR OUTPRI
          LDA # 'T'
          JSR OUTPRI
          LDA # '='
          JSR OUTPRI
          LDA # 'Ø'
          JSR OUTPRI
          LDA # $ØD          "IST = Ø drucken
          JSR OUTPRI
          LDA # 'S'
          JSR OUTPRI
          LDA # 'T'
          JSR OUTPRI
          LDA # 'G'
          JSR OUTPRI
          LDA # '='
          JSR OUTPRI
          LDA # $ØD          "STG = " drucken
          JSR OUTPRI
          JSR AIMCLR         Druckerzeiger löschen
          LDX # Ø
          LDY # 7
DOKU1     LDA STRTU, X
          JSR NUMA           STRTU, X in den Druckerpuffer
          DEY
          BEQ DOKU2          Y = Ø?
```

```
                LDA #$2Ø           nein
                JSR OUTPRI         "SPACE" in den Druckerpuffer
DOKU3           INX
                BNE DOKU1          Speicherbereichsende erreicht?
                LDA #$ØD           ja
                JSR OUTPRI         drucken
                RTS
DOKU2           LDA #$ØD
                JSR OUTPRI         drucken
                LDY #7
                JMP DOKU3
```

11.5.10 PRIAW aktuellen Wert drucken

```
PRIAW           JSR AIMCLR         Druckerzeiger löschen
                LDA REINGB, Y
                JSR OUTPRI
                LDA REINGB−1, Y
                JSR OUTPRI
                LDA #'='
                JSR OUTPRI         "Name =" in den Druckerpuffer laden
                LDA F, Y
                STA SPAW + 1
                LDA F−1, Y
                STA SPAW           Paramter nach SPAW bringen
                BIT SPAW
                BPL PRIAW1         Parameter negativ?
                LDA #'−'           ja
                JSR OUTPRI         "−" in den Druckerpuffer
                SEC
                LDA #Ø
                SBC SPAW + 1
                STA SPAW + 1
                LDA #Ø
                SBC SPAW
                STA SPAW           SPAW in Zweierkomplement umwandeln
PRIAW1          LDA #'P'
                STA OUTFLG         Drucker einschalten
                LDA SPAW
                JSR NUMA           SPAW in den Druckerpuffer
                LDA #'.'
                JSR OUTPRI         Punkt in den Druckerpuffer
                LDA SPAW + 1
                JSR NUMA           SPAW + 1 in den Druckerpuffer
                LDA #$ØD
                JSR OUTPRI         drucken
                RTS
```

11.5.11 Sollwert drucken

```
PRISL     JSR AIMCLR          Druckerzeiger löschen
          LDA # 'S'
          JSR OUTPRI
          LDA # "O"
          JSR OUTPRI
          LDA # 'L'
          JSR OUTPRI
          LDA # '='
          JSR OUTPRI          "SOL =" in den Druckerpuffer
          LDA # 'P'
          STA OUTFLG          Drucker aktivieren
          LDA SOL
          JSR NUMA            Sollwert in den Druckerpuffer bringen
          LDA # $ØD
          JSR OUTPRI          drucken
          RTS
```

11.6 Rechenprogramme

11.6.1 MUL1 Multiplikation

```
MUL1      LDA # Ø
          STA M3
          STA M3 + 1
          STA M3 + 2
          STA M3 + 3          Ergebnisspeicher löschen
          STA M2              M2 löschen
          BIT M2 + 1
          BPL MUL11           2. Faktor negativ?
          LDA # $8Ø           ja
          STA VZ              Vorzeichenflag setzen
          JSR M2POS           2. Faktor in positive Zahl umwandeln
MUL12     LDX # 8
MUL14     LSR M1              1. Faktor nach rechts schieben
          BCC MUL13           Sprung, wenn Übertrag = Ø
          CLC
          LDA M3 + 3
          ADC M2 + 2
          STA M3 + 3
          LDA M3 + 2
          ADC M2 + 1
          STA M3 + 2
          LDA M3 + 1
          ADC M2
          STA M3 + 1
```

```
            LDA M3
            ADC #Ø
            STA M3          M2 + M3 nach M3 bringen
MUL13       JSR M2VSC       2. Faktor nach links verschieben
            DEX
            BNE MUL14       Multiplikation beendet?
            BIT VZ          ja
            BPL MUL15       Ergebnis negativ?
            JSR M3NEG       wenn ja, Ergebnis in negative Zahl umwandeln
MUL15       RTS
MUL11       LDA #Ø
            STA VZ          Vorzeichenflag löschen, wenn 2. Faktor positiv
            JMP MUL12
```

11.6.2 M2POS Hilfsprogramm für MUL1

```
M2POS       SEC
            LDA #Ø
            SBC M2 + 2
            STA M2 + 2
            LDA #Ø
            SBC M2 + 1
            STA M2 + 1
            RTS
```

11.6.3 M2VSC Hilfsprogramm für MUL1

```
M2VSC       ASL M2 + 2
            ROL M2 + 1
            ROL M2
            RTS
```

11.6.4 M3NEG Hilfsprogramm für MUL1

```
M3NEG       SEC
            LDA #Ø
            SBC M3 + 3
            STA M3 + 3
            LDA #Ø
            SBC M3 + 2
            STA M3 + 2
            LDA #Ø
            SBC M3 + 1
            STA M3 + 1
            LDA #Ø
            SBC M3
            STA M3
            RTS
```

11.6.5 HXBC Umwandlung Binär → BCD

```
HXBC      LDA # 0
          STA BCD
          STA BCD + 1
          STA BCD + 2
          STA BCD + 3          Ergebnisspeicher löschen
          LDX # 24
HXBC1     LDY # 3
HXBC2     LDA BCD, Y
          AND # $0F            höheres Halbbyte von BCD + Y löschen
          SEC
          SBC # 5
          BMI HXBC3            niederes Halbbyte von BCD + Y ≤ 4?
          LDA BCD, Y           nein
          CLC
          ADC # 3
          STA BCD, Y           3 addieren
HXBC3     LDA BCD, Y
          AND # $F0            niederes Halbbyte von BCD + Y löschen
          SEC
          SBC # $50
          BMI HXBC4            höheres Halbbyte von BCD + Y ≤ S40?
          LDA BCD, Y           ja
          CLC
          ADC # S30
          STA BCD, Y           $30 addieren
HXBC4     DEY
          BPL HXBC2
          ASL HEX + 2
          ROL HEX + 1
          ROL HEX
          ROL BCD + 3
          ROL BCD + 2
          ROL BCD + 1
          ROL BCD              HEX nach BCD schieben
          DEX
          BNE HXBC1
          RTS
```

11.6.6 BCHX Umwandlung BCD → Binär

```
BCHX      LDX # 3
          LDY # 7              X, Y laden
BCHX1     LDA BCD, X
          AND # $0F            Niederes Byte von BCD, X isolieren
          STA BC, Y            Abspeichern
```

```
            DEY
            LDA BCD, X
            LSR A
            LSR A
            LSR A
            LSR A           Höheres Byte nach rechts schieben
            STA BC, Y       Abspeichern
            DEY
            DEX
            BPL BCHX1       Wiederholung, solange X ⩾ 0
            LDX # 23
            LDY # 7         X, Y laden
            LDA # Ø
            STA HEX + 2
            STA HEX + 1
            STA HEX         HEX löschen
BCHX2       LDA B, X
            STA MB2 + 2
            DEX
            LDA B, X
            STA MB2 + 1
            DEX
            LDA B, X
            STA MB2
            DEX
            LDA BC, Y
            STA MB1
            TXA
            PHA
            TYA
            PHA             Multiplikation vorbereiten
            JSR MUL2        Multiplikation
            PLA
            TAY
            PLA
            TAX
            CLC
            LDA HEX + 2
            ADC MB3 + 2
            STA HEX + 2
            LDA HEX + 1
            ADC MB3 + 1
            STA HEX + 1
            LDA HEX
            ADC MB3
```

```
        STA HEX              Ergebnis addieren
        DEY
        BPL BCHX2            Wiederholung, solange Y ≥ 0
        RTS
```

11.6.7 MUL2 Hilfsprogramm für BCHX

```
MUL2    LDX # 4              X laden
        LDA # Ø
        STA MB3
        STA MB3 + 1
        STA MB3 + 2          Ergebnisregister löschen
MUL21   LSR MB1
        BCC MUL22
        CLC
        LDA MB3 + 2
        ADC MB2 + 2
        STA MB3 + 2
        LDA MB3 + 1
        ADC MB2 + 1
        STA MB3 + 1
        LDA MB3
        ADC MB2
        STA MB3
MUL22   ASL MB2 + 2
        ROL MB2 + 1
        ROL MB2             Multiplikation
        DEX
        BNE MUL21           Wiederholung, bis X = Ø
        RTS
```

Teil 4: Beschreibung eines Beispiels

12 Heizungssystem

12.1 Anforderungen an das Heizungssystem

Im vorliegenden Kapitel wird eine Anlage vorgestellt, die zur Temperaturregelung mehrerer unabhängiger Systeme dient. In erster Linie kann dabei an die Beheizung der einzelnen Räume eines Hauses gedacht werden, doch sind andere Anwendungen genauso gut möglich. Eines der Systeme könnte beispielsweise ein Aquarium sein, ein anderes ein Kühlraum. Im letzteren Fall ist dann für das betreffende Teilsystem das Wort „Heizung" durch das Wort „Kühlung" zu ersetzen.

Die Eigenschaften dieses Heizungssystems werden durch den folgenden Anforderungskatalog beschrieben:

1) Es sollen mehrere Räume unabhängig voneinander beheizt werden. Zur Erfassung der Temperatur sind in jedem Raum ein oder mehrere Sensoren angebracht, aus deren Signal jeweils ein gewichteter Mittelwert gebildet wird.

2) In jedem Raum ist eine elektrische Heizeinrichtung vorhanden, die ein- und ausgeschaltet werden kann; Zwischenstufen sind nicht möglich.

3) Die Sollwertvorgabe erfolgt automatisch in Abhängigkeit vom Wochentag und der Uhrzeit. Bei Bedarf kann über die Tastatur ein anderer Sollwert vorgegeben werden, ohne daß sich dadurch die für die Automatik gespeicherten Sollwerte ändern. Bei Aufhebung dieser Vorgabe werden die Sollwerte wieder durch die Automatik bestimmt.

4) Für Feiertage steht eine eigene Reihe von Sollwerten zur Verfügung, die durch einen Tastendruck aktiviert werden kann.

5) Ferner existiert ein minimaler Sollwert, der ebenfalls durch Tastendruck aktiviert wird und so lange gültig bleibt, bis er wieder aufgehoben wird. Diese Möglichkeit kann beispielsweise bei längerer Abwesenheit ausgenützt werden.

6) Die für die Automatik gespeicherten Sollwerte können über die Tastatur jederzeit geändert werden.

7) Die Anlage enthält eine Zeituhr mit Gangreserve (bei Netzausfall), welche die Wochentage erkennt. Sie kann über die Tastatur eingestellt werden.

8) Bei Netzausfall bleiben die gespeicherten Sollwerte erhalten; bei Netzwiederkehr wird ein quittierbares Störsignal gegeben.

9) Ein Reglerentwicklungssystem ist vorhanden; es wird bei der Inbetriebnahme und bei Systemänderungen eingesetzt.

10) Maßnahmen gegen zu große Rechenzeiten und gegen Einstreuung von Störungen sind nicht vorgesehen.

12.2 Beschreibung der Hardware

Bild 12.1 zeigt das Blockschaltbild der Gesamtanlage. Hauptbestandteile sind das Netzteil A1, die Pufferbatterie A2, die Zeituhr A3, der CMOS-Speicher A4, der Computer A5 und die Bedien- und Anzeigeeinheit A6. Das System ist so ausgelegt, daß maximal 16 Sensoren und ebensoviele Heizungen angeschlossen werden können, wobei die Anzahl der Heizungen i. a. kleiner als die der Sensoren ist.

Das Netzteil A1 liefert die Versorgungsspannungen für den Computer. Ferner erzeugt es ein Netzausfallsignal für die Zeituhr und den CMOS-Speicher.

Die Zeituhr A3 ist erforderlich, damit die Sollwerte richtig vorgegeben werden. Als zeitbestimmendes Element enthält sie einen Quarzoszillator, der zugleich den Takt für den Computer bereitstellt. Sie benötigt eine größere Anzahl von Verbindungsleitungen zum Computer, damit Datum und Uhrzeit gemeldet werden können und ein Stellen der Uhr über den Computer (gemäß den Eingaben an der Bedieneinheit) möglich ist. Die Uhr wird von der Pufferbatterie versorgt. Das Netzausfallsignal stellt sicher, daß sie beim Zusammenbrechen der Computerversorgung nicht verstellt wird.

Bei einem Netzausfall dürfen die gespeicherten Sollwerte nicht verlorengehen; andererseits müssen sie durch Eingriffe auf der Tastatur veränderbar sein. Sie werden daher im CMOS-Speicher A4 angelegt, der ebenfalls von der Pufferbatterie versorgt wird. Auch hier schützt das Netzausfallsignal vor unerwünschten Änderungen.

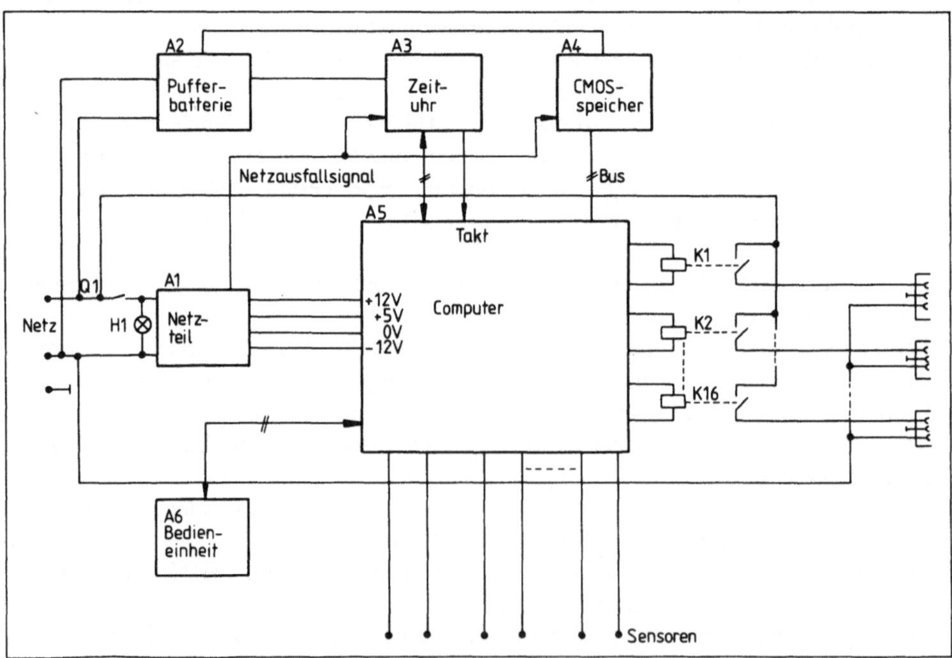

Bild 12.1 Blockschaltbild des Heizungssystems

Durch den Netzschalter Q1 kann das Netzteil und damit die Computerversorgung abgeschaltet werden. Aus Bild 12.1 ist ersichtlich, daß dann die Schütze K1 ... K16 abfallen und dadurch alle Heizungen stromlos werden. Die Pufferbatterie wird dagegen direkt vom Netz geladen (natürlich über einen Gleichrichter) so daß man die Anlage über eine lange Zeit abschalten kann, ohne die Uhr und die gespeicherten Sollwerte zu beeinträchtigen. Würde man die Pufferbatterie ebenfalls vom Netz trennen, so gingen die Uhrzeit und die gespeicherten Werte nach kurzer Zeit verloren.

Die Bedien- und Anzeigeeinheit A6 enthält eine Tastatur für Eingaben, ferner Anzeigeelemente wie Siebensegmentanzeigen und Signallampen für Meldungen an den Benutzer. Ihre genaue Gestalt muß vom Entwickler festgelegt werden. Sie hängt von der Anzahl der Regelkreise sowie von den Wünschen des Anwenders ab, die im allgemeinen Anforderungskatalog von Abschn. 12.1 natürlich nicht berücksichtigt werden konnten.

Die Schütze K1 ... K16 schalten die einzelnen Heizungen ein und aus. Letztere werden einfach in die zugehörigen Steckdosen eingesteckt.

Der Computer A5 ist in Bild 12.2 genauer dargestellt. Das Kernstück wird vom eigentlichen Mikrocomputer A7 gebildet, welcher aus CPU, ROM (bzw. EPROM), RAM und Ein-/Ausgabe-Bausteinen besteht. Links im Bild sind Temperatursensoren (z. B. NTC-Widerstände) gezeichnet, welche sich in den einzelnen Räumen befinden. Die Widerstände R1 und die Potentiometer R2 dienen zur Linearisierung und Anpassung. Über die Analogschalter S1 ... S16 wird jeweils eines der Sensorsignale an den A/D-Wandler A8 gegeben, der über einen Datenbus und zwei Steuerleitungen (Start- und Statussignal) mit dem Mikrocomputer verbunden ist.

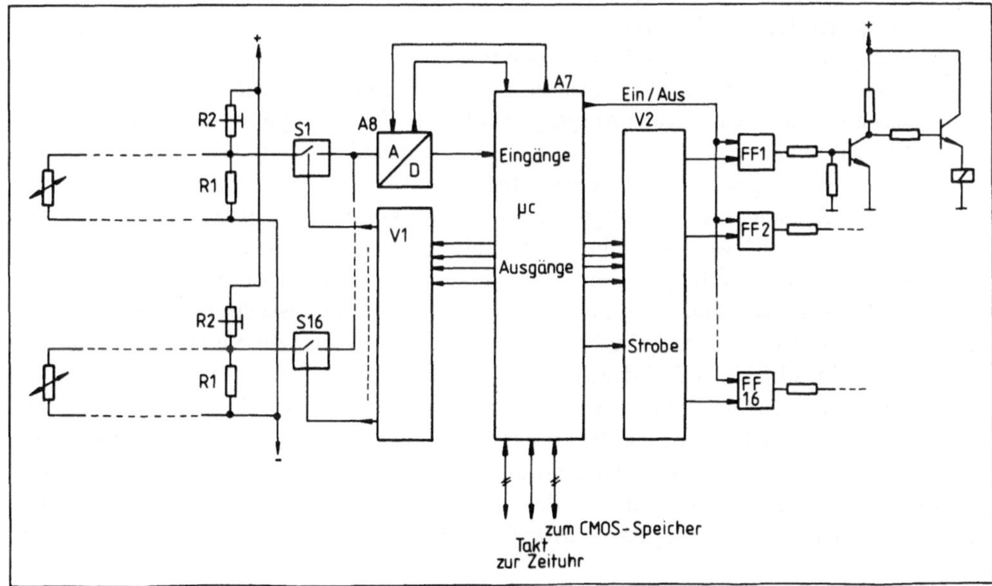

Bild 12.2 Schaltbild des Computers

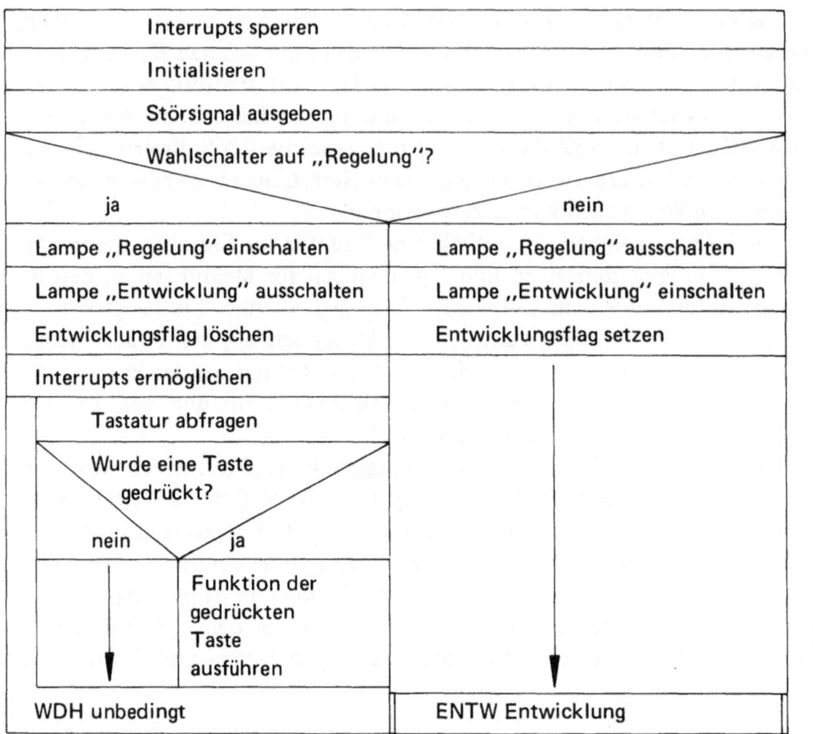

Bild 12.3
Hauptprogramm

Die Analogschalter werden über den Demultiplexer V1 angesteuert. In Abhängigkeit von seiner Eingangsinformation wird genau ein Schalter geschossen, während alle anderen geöffnet sind. Dadurch kann gezielt jeweils ein Sensorsignal auf den A/D-Wandler durchgeschaltet werden. Auf den Demultiplexer kann man verzichten, wenn man jeden Analogschalter durch eine eigene Ausgangsleitung des Mikrocomputers ansteuert.

Die Ansteuerung der Schütze zum Ein- und Ausschalten der Heizung erfolgt auf ähnliche Weise. Die gewählte Regelungsmethode (vgl. 12.3) erfordert, daß die Schütze unabhängig voneinander ein- und ausgeschaltet werden können und zwischen den einzelnen Schaltimpulsen ihre jeweilige Stellung beibehalten. Auch hier könnte jeder Schütz (ähnlich wie bei der Ansteuerung der Analogschalter) direkt von einer Ausgangsleitung des des Mikrocomputers (natürlich über einen Leistungsverstärker) geschaltet werden. Um die erforderliche Anzahl von Ausgangsleitungen zu verringern, werden ein Demultiplexer V2 und die Flipflops FF1 ... FF16 dazwischengeschaltet.

Jedes Flipflop hat 2 Eingänge, nämlich einen Daten- (im Bild mit "Ein/Aus" bezeichnet) und einen Takteingang. Wenn das Flipflop durch den Takteingang aktiviert ist, übernimmt es den Zustand des Dateneingangs an seinen Ausgang; anderenfalls bleibt sein Ausgang ungeändert. Dabei muß die richtige Reihenfolge beachtet werden: zuerst den Dateneingang in den gewünschten Zustand bringen, dann das betreffende Flipflop aktivieren.

Zu einem bestimmten Zeitpunkt darf jeweils höchstens ein Flipflop aktiviert werden; die Aktivierung erfolgt durch den Demultiplexer V2. Letzterer besitzt neben den 4

Auswahleingängen einen "Strobe"-Eingang. Dadurch wird erreicht, daß im Normalzustand alle angeschlossenen Flipflops desaktiviert sind. Die Ansteuerung der Schütze erfolgt daher folgendermaßen:

1) Im Normalzustand sind alle Flipflops durch den Strobe-Eingang von V2 desaktiviert.
2) Soll einer der Schütze umgeschaltet werden, so ist die Ein-/Aus-Leitung in den erforderlichen Zustand zu bringen.
3) Über die Wahleingänge von V2 wird der betreffende Schütz angewählt.
4) Über den Strobe-Eingang von V2 wird der Zustand der Ein-/Aus-Leitung auf den Schütz übertragen.
5) Über den Strobe-Eingang werden alle Flipflops desaktiviert. Damit ist der Normalzustand wiederhergestellt.

12.3 Zeitorganisation

Wenn ein einziger Mikroprozessor mehrere unabhängige Regelkreise zu bedienen hat, so muß man der Organisation der zur Verfügung stehenden Zeit besondere Aufmerksamkeit widmen, damit die Abtastzeiten eingehalten werden. Im vorliegenden Beispiel kommt hinzu, daß nur Zweipunktstellglieder vorhanden sind. Daher ist keine kontinuierliche, sondern nur eine „quasi-analoge" Regelung nach Abschn. 6.7 möglich, was allerdings wegen der Trägheit der Heizungen keine Rolle spielt. Als Stellgröße eines Regelkreises dient die Einschaltzeit der jeweiligen Heizung bezogen auf die Abtastzeit, also das Tastverhältnis; somit müssen die Stellgrößen in die Zeitorganisation einbezogen werden.

Es ist günstig, wenn alle vorkommenden Zeiten in einem Mikrocomputersystem aus dem Takt des Mikrocomputers abgeleitet werden. Das gilt auch für die Zeituhr, deren Grundeinheit die Sekunde ist. Alle folgenden Überlegungen gehen daher davon aus, daß als Taktfrequenz des Systems 1 MHz gewählt wird; somit ist 1 s die kleinste Zeiteinheit.

Damit die Zeitorganisation übersichtlich bleibt, soll ein Zeitraster zugrundegelegt werden. Ein Timer gibt in gleichmäßigen Zeitabständen t_0 ein Signal ab. Abtastvorgänge, Ein- und Ausschalten der Heizungen werden nur zu diesen Zeitpunkten eingeleitet.

Für die Wahl der „Grundzeit" t_0 sind zwei Gesichtspunkte maßgebend. Der erste ist die Abtastzeit. Sie wird für alle Regelkreise gleich groß festgesetzt, nämlich zu 20 s, da dieser Wert für Heizungsregelungen i. a. günstig ist. Ferner soll die Wortlänge der Stellgrößen u bei allen Kreisen 8 bit betragen; sie können daher Werte von 0 bis $2^8 - 1 = 255$ annehmen. Wird die Heizung eines Regelkreises zu Beginn der Abtastperiode eingeschaltet, so muß sie nach der Zeit $u \cdot 20\,s/256 = u \cdot 0{,}078125$ wieder abgeschaltet werden. Daher wird $t_0 = 78{,}125$ ms gewählt.

Die Abtastung der einzelnen Regelkreise soll in gleichmäßigen Zeitabständen erfolgen. Alle $20\,s/16 = 1{,}25\,s = 16t_0$ wird also einer der 16 Kreise abgetastet. Die Zeitorganisation läuft somit folgendermaßen ab:

1) Ein Timer gibt alle 78,125 ms ein Signal.
2) Bei Eintreffen des Signals wird geprüft, ob und gegebenenfalls welcher Regelkreis abzutasten ist. Erforderlichenfalls werden Ist- und Sollwert eingelesen und die Stellgröße berechnet. Wenn $u \neq 0$ ist, wird die betreffende Heizung eingeschaltet.
3) Ferner werden bei Eintreffen des Signals die Heizungen ausgeschaltet, bei denen die Einschaltzeit abgelaufen ist.

12.4 Programmierung

12.4.1 Vorüberlegungen

Die Programmorganisation für das Heizungssystem kann auf ähnliche Überlegungen wie beim Standardbeispiel gegründet werden. Der wesentlichste Unterschied besteht im zusätzlich erforderlichen Entwicklungssystem; dafür entfällt die Dokumentation.

Das Programmsystem besteht wiederum aus zwei Teilen, nämlich dem Haupt- und dem Interruptprogramm. Letzteres ist für die Zeitorganisation und damit auch für die Durchführung der Regelung verantwortlich. Im Gegensatz zum Standardbeispiel wird kein NMI-Programm (vgl. Abschn. 10.2.3) benötigt, da die Regelung durch den Netzschalter Q1 (Bild 12.1) beendet wird.

Dem Programm stehen drei verschiedene Arten von Speichern zur Verfügung. Die erste Speicherart ist ein Festwertspeicher (ROM bzw. EPROM); er enthält das Programm sowie alle Daten (z. B. Umrechnungsfaktore), die bereits vor dem Reglerentwurf feststehen. Eine zweite Speicherart ist ein RAM-Bereich, der als Arbeitsspeicher dient. Er enthält alle Daten, die bei einem Netzausfall verlorengehen dürfen; dazu gehören momentan gültige Ist- und Sollwerte sowie Zwischen- und Endergebnisse der Stellgrößenberechnung, da diese bei Netzwiederkehr ohnehin nicht mehr aktuell sind. Der gepufferte CMOS-Speicher schließlich beinhaltet alle Daten, die zwar veränderbar sein müssen, aber bei Netzausfall erhalten bleiben sollen. Dabei handelt es sich beispielsweise um Reglerparameter und um Informationen über die Zuordnung der Sensoren zu den Heizungen.

Damit das Programm weiß, ob es als Reglerentwicklungssystem oder im normalen Regelbetrieb arbeiten soll, ist ein Wahlschalter mit den Stellungen "Entwicklung" und "Regelung" vorhanden, der bei Bedarf abgefragt wird. Dieser Schalter ist ebenso wie die Bedienelemente für das Entwicklungssystem innerhalb des Gerätes angeordnet und daher im Regelbetrieb nicht zugänglich. Zwei Anzeigelampen "Entwicklung" und "Regelung" zeigen dem Benutzer den Betriebszustand an. Ist der Reglerentwurf beendet, so wird der Wahlschalter auf "Regelung" gestellt und anschließend die ebenfalls im Innern des Gerätes befindliche RESET-Taste gedrückt.

Eine Störmeldung durch eine Anzeigelampe soll erfolgen, wenn ein Netzausfall stattgefunden hat. Da bei Netzwiederkehr automatisch RESET gegeben und dadurch das Hauptprogramm gestartet wird, erfolgt die Ausgabe dieser Meldung zweckmäßigerweise am Beginn des Hauptprogramms.

12.4.2 Hauptprogramm

Bild 12.3 zeigt das Struktogramm für das Hauptprogramm. Nach der Initialisierung (dabei werden alle Vorbereitungen getroffen, die für eine einwandfreie Funktion des Programms erforderlich sind) wird das Störsignal ausgegeben; dieses zeigt an, daß ein Netzausfall stattgefunden hat.

Der weitere Programmablauf hängt von der Stellung des Wahlschalters "Entwicklung/Regelung" ab; daher wird dieser abgefragt. Steht er auf "Entwicklung", so wird die Anzeigelampe für "Regelung" aus- und die für "Entwicklung" eingeschaltet. Ferner wird eine "Entwicklungsflag" gesetzt, damit das Interrupprogramm die Betriebsart erkennen kann. Anschließend wird zu einem Unterprogramm ENTW (Entwicklung) verzweigt, mit dessen Hilfe der Reglerentwurf durchgeführt wird (vgl. Abschn. 12.4.5).

Steht der Wahlschalter auf "Regelung", so wird die Anzeigelampe für "Regelung" ein- und die für "Entwicklung" ausgeschaltet; die Entwicklungsflag wird gelöscht. Die eigentliche Regelung wird durch das Interruptprogramm erledigt, während das Hauptprogramm nur mehr Bedienungsfunktionen erfüllt. Daher wird laufend die Tastatur abgefragt; wurde eine Taste gedrückt, so wird die betreffende Funktion ausgeführt. Dazu gehören beispielsweise Sollwertvorgaben, Quittierung des Störsignals und Stellen der Zeituhr.

Da das Hauptprogramm zuletzt in einer Endlosschleife läuft, hat es keinen regulären Ausgang. Es kann nur durch Drücken der RESET-Taste oder durch Abschalten des Netzes beenet werden.

12.4.3 Interruptprogramm

Durch einen Impuls des Timers (vgl. Abschn. 12.3) wird das Interruptprogramm (Bild 12.4) aufgerufen. Dessen Aufgabe ist von der Betriebsart ("Entwicklung" oder "Regelung") abhängig. Es ist nicht sinnvoll, die Betriebsart aus der Stellung des Wahlschalters abzulesen. Stellt man ihn nämlich während des Betriebs um, so bliebe das Hauptprogramm in der alten Betriebsart, während das Interruptprogramm nach der neuen Art arbeiten würde; die beiden Programmteile könnten nicht mehr ordnungsgemäß zusammenarbeiten. Um das zu verhindern, fragt das Interruptprogramm die Entwicklungsflag ab. Ein Wechsel der Betriebsart ist nur möglich, wenn zuerst der Wahlschalter umgestellt und danach das Hauptprogramm (durch Drücken der RESET-Taste oder Einschalten der Stromversorgung) gestartet wird.

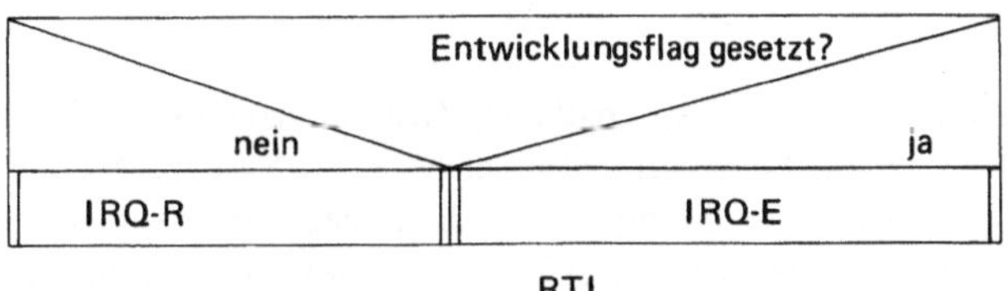

Bild 12.4
Interruptprogramm

Je nach dem Wert der Entwicklungsflag verzweigt das Interruptprogramm zu dem für den Reglerentwurf gültigen Teil IRQ-E (vgl. Abschn. 12.4.5) oder zum Teil IRQ-R (s. Bild 12.5), der den normalen Regelbetrieb übernimmt. Der Teil IRQ-R (Struktogramm: Bild 12.5) hat zwei Aufgaben. Zunächst muß er feststellen, ob und gegebenenfalls welcher Regelkreis abzutasten ist. Für den betreffenden Kreis wird dann die Stellgröße berechnet und die Heizung eingeschaltet. Als zweite Aufgabe hat er alle Heizungen abzuschalten, deren Einschaltzeit abgelaufen ist. Diese Aufgabe ist von der ersten unabhängig.

Durch die gewählte Zeitorganisation (s. Abschn. 12.3) können diese Aufgaben ziemlich einfach gelöst werden. Grundlage für die Ablaufsteuerung bildet ein „Hauptzähler" von 8 bit Länge, der bei jedem Interrupt dekrementiert wird. Nach jedem sechzehnten Interrupt muß wieder ein Regelkreis abgetastet werden; da 16 Regelkreise vorhanden sind (von denen einige „leer" mitlaufen können, also real gar nicht zu existieren brauchen), sind nach $16 \cdot 16 = 2^8$ Interrupts alle Regelkreise einmal bearbeitet worden. Da der

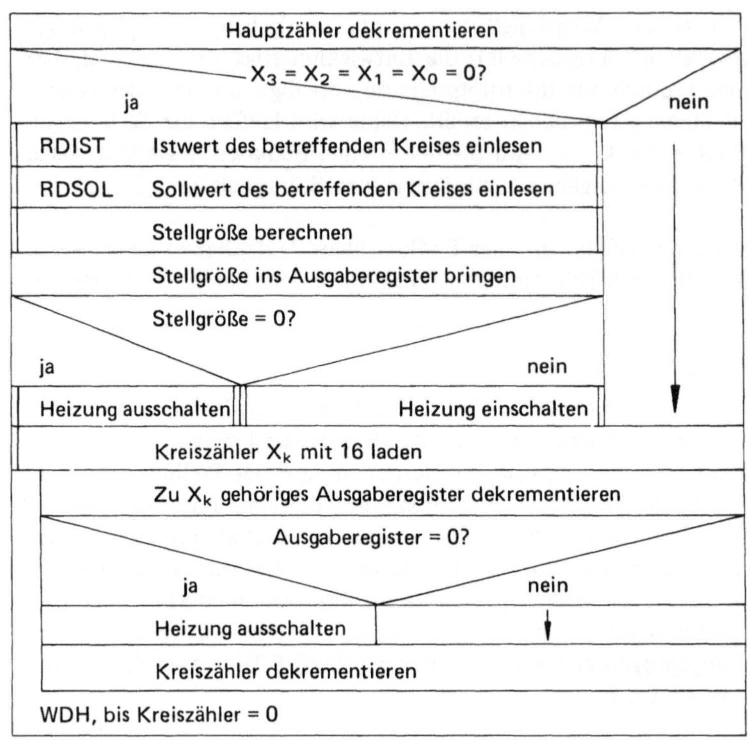

Bild 12.5 Interruptprogramm für die Regelung

Hauptzähler nach 2^8 Interrupts ebenfalls seinen ursprünglichen Zustand erreicht, kann er für die Ablaufsteuerung verwendet werden. Sein Bitmuster sei $X_7 X_6 X_5 X_4 X_3 X_2 X_1 X_0$. Wenn die vier niederwertigen Bits alle gleich Null sind, so ist ein Regelkreis abzutasten; die vier höherwertigen Bits geben die Nummer des betreffenden Kreises an. Andernfalls geht das Programm sofort zur Bearbeitung der zweiten Aufgabe über.

Ist die Bedienung eines Regelkreises erforderlich, so werden Ist- und Sollwert eingelesen (vgl. Abschn. 12.4.4) und die Stellgröße berechnet. Dabei ist zu beachten, daß für jeden Kreis eigene Reglerparameter und i. a. auch eine eingene Reglerstruktur verwendet werden. Die berechnete Stellgröße wird in ein „Ausgaberegister" gebracht. Ist sie gleich Null, so wird die betreffende Heizung aus-, andernfalls eingeschaltet. Im letzteren Fall erfolgt das Ausschalten, sobald die Einschaltzeit abgelaufen ist.

Wenn die Ausgabe der Stellgröße beendet ist, oder wenn kein Regelkreis abzutasten war, wird die zweite Aufgabe bearbeitet. Die berechnete Stellgröße gibt an, wie lange die zugehörige Heizung eingeschaltet bleiben muß, und zwar in Einheiten der Grundzeit t_0. Daher wird bei jedem Interrupt das Ausgaberegister dekrementiert; die Heizung ist auszuschalten, sobald dessen Inhalt zu Null wird. Da alle 16 Regelkreise auf dieselbe Weise zu behandeln sind, wird zunächst ein „Kreiszähler" X_k mit 16 geladen. Das durch X_k angezeigte Ausgaberegister wird dekrementiert und erforderlichenfalls die betreffende Heizung abgeschaltet. Durch eine Schleife werden alle 16 Heizungen behandelt. Damit ist das Interruptprogramm beendet.

12.4.4 Weitere Programme

Das Unterprogramm RDIST liest den Istwert des betreffenden Regelkreises ein. Wenn dafür mehrere Sensoren vorhanden sind, werden die Sensorsignale der Reihe nach eingelesen, bei Bedarf linearisiert und daraus der gewichtete Mittelwert gebildet. Die erforderlichen Faktoren stehen im gepufferten CMOS-RAM; dort befindet sich außerdem eine Tabelle für die Zuordnung der Sensoren zu den einzelnen Regelkreisen.

Das Unterprogramm RDSOL liest den Sollwert für den jeweiligen Regelkreis ein. Der betreffende Wert ist durch eine Reihe von Bedingungen gemäß Abschn. 12.1 bestimmt; diese Bedingungen können für die einzelnen Kreise unterschiedlich sein. Die Vorgangsweise ist im Struktogramm Bild 12.6 zusammengefaßt.

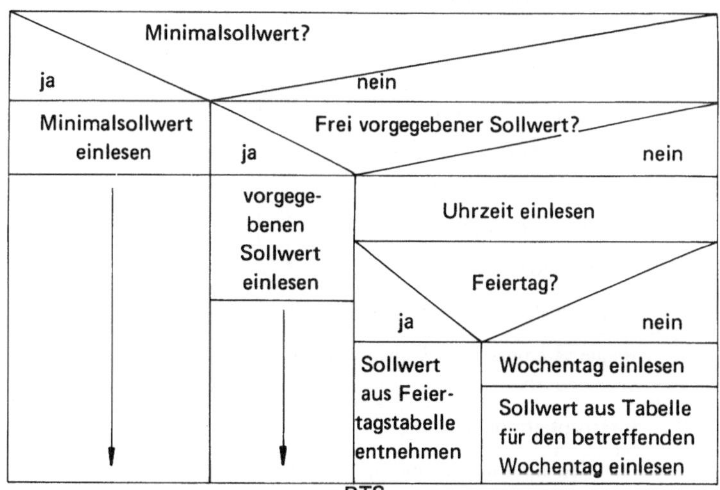

Bild 12.6

Sollwert einlesen

12.4.5 Entwicklungssystem

In Abschn. 8.3.2 wurden die Anforderungen, die an ein Reglerentwicklungssystem zu stellen sind, bereits umrissen. Da die Gestaltung eines solchen Entwicklungssystem von den Bedürfnissen des Anwenders wesentlich mitbestimmt ist, dürfen die folgenden Ausführungen lediglich als unverbindlicher Vorschlag gewertet werden.

Das Entwicklungssystem soll folgende Aufgaben erfüllen:

1) Abgleich der Sensoren.
2) Zuordnung der Sensoren zu den Heizungen.
3) Ermittlung und Dokumentieren der Prozeßübergangsfunktion.
4) Erprobung verschiedener Regelalgorithmen (für jeden Regelkreis einzeln) mit Dokumentation des jeweiligen Prozeßverlaufs; dazu müssen Reglerstruktur und Reglerparameter eingegeben und geändert werden können.

Dazu sind wiederum zwei Programmpakete erforderlich, nämlich ENTW (vgl. Bild 12.3) und IRQ-E (vgl. Bild 12.4). Letzteres wird bei jedem Interrupt aufgerufen und dient zur Bestimmung der Prozeßübergangsfunktionen und zur Regelung der einzelnen Kreise.

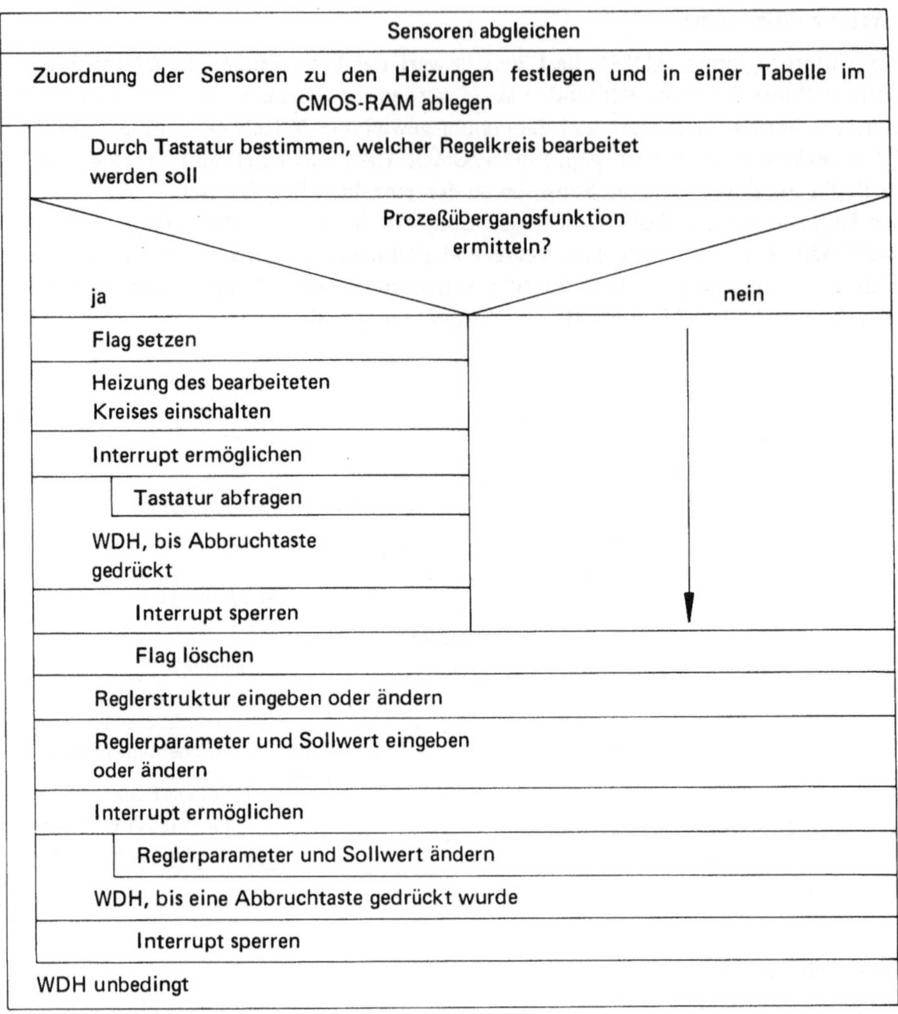

Bild 12.7 ENTW

Das Struktogramm für ENTW ist in Bild 12.7 angegeben. Zunächst müssen die Sensoren abgeglichen werden; wegen der Fertigungstoleranzen ist dabei jeder Sensor einzeln zu behandeln. Nachdem anschließend die Zuordnung der Sensoren zu den Heizungen festgelegt und in einer Tabelle im gepufferten CMOS-RAM gespeichert ist, können die Regelkreise der Reihe nach behandelt werden. Über die Tastatur wird einer der Kreise ausgewählt. Wenn die Prozeßübergangsfunktion bestimmt werden soll, so wird eine „Übergangsfunktions-Flag" gesetzt, damit das Interruptprogramm entsprechend informiert ist. Anschließend wird die betreffende Heizung eingeschaltet und der Interrupt ermöglicht. Damit beginnt die Bestimmung der Übergangsfunktion; sie läuft so lange weiter, bis eine Abbruchtaste gedrückt wird.

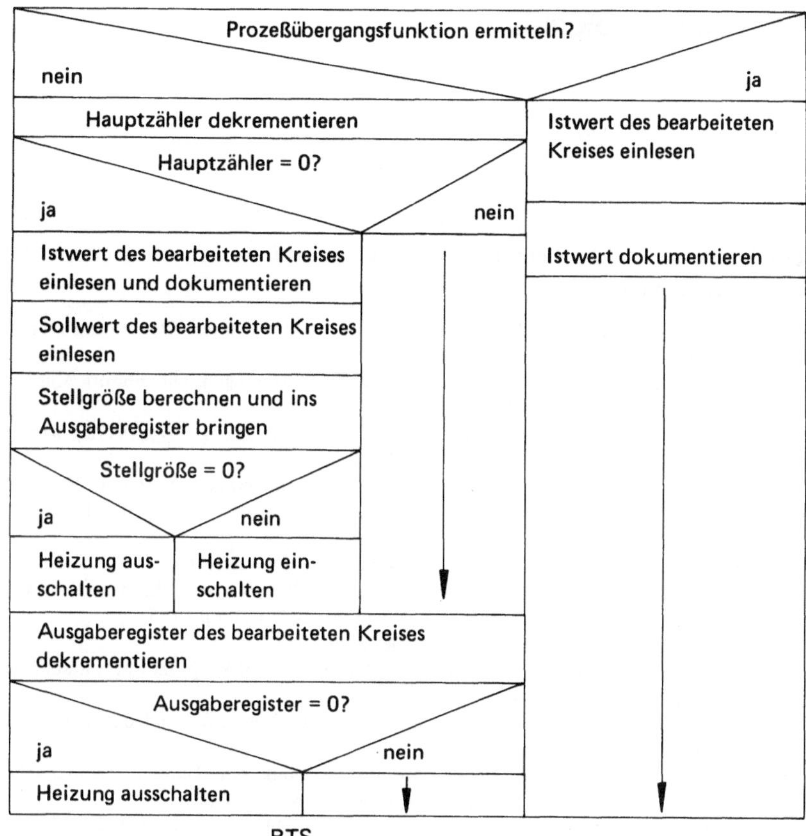

Bild 12.8
IRQ-E

Ist die Bestimmung der Prozeßübergangsfunktion beendet, oder war ihre Ermittlung nicht erforderlich, so wird die Übergangsfunktions-Flag wieder gelöscht. Nachdem die Reglerstruktur, die Reglerparameter und der Sollwert eingegeben bzw. geändert wurden, wird der Interrupt ermöglicht; damit beginnt die Regelung des betreffenden Kreises. Während der Regelung können Reglerparameter und Sollwert bei Bedarf geändert werden. Durch Drücken einer Abbruchtaste wird der Regelvorgang beendet; anschließend kann derselbe oder ein anderer Regelkreis bearbeitet werden.

Die Beendigung des Reglerentwurfs erfolgt durch Drücken der RESET-Taste.

Das Struktogramm für IRQ-E zeigt Bild 12.8. Wenn die Prozeßübergangsfunktion zu ermitteln ist, wird der Istwert des betrachteten Regelkreises eingelesen und dokumentiert (z. B. ausgedruckt). Andernfalls wird die Regelung durchgeführt. Der Ablauf ist derselbe wie in Bild 12.5 mit dem Unterschied, daß nur ein Regelkreis behandelt wird.

Literaturverzeichnis

Das Literaturverzeichnis enthält auch Angaben, auf die im vorliegenden Buch nicht direkt Bezug genommen wird.

[1] *Birck, H.* und *Swik, R.:* Mikroprozessoren und Mikrorechner, Oldenbourg München 1980, ISBN 3-486-24431-0

[2] *Davies, W. D. T.:* Systemerkennung für adaptive Regelungen, Oldenbourg München und Wiley & Sons Frankfurt 1973, ISBN 3-486-34101-4

[3] *Dittmar, E.:* Mikrocomputer-Einsatz in der Automatisierung, Vogel-Verlag Würzburg 1979, ISBN 3-8023-0574-4

[4] *Dittmar, E.:* Analog und digital gekoppelt, Elektrotechnik, 62, H. 18, 29. September 1980, S. 24–27; 62, H. 22, 24. November 1980, S. 24–30; 63, H. 7, 13. April 1981, S. 20–22; 63, H. 13/ 14, 27. Juli 1971, S. 34–37

[5] *Feichtinger, H.:* Wie der Computer wieder auf die Füße fällt, mc 2/1982 S. 56

[6] *Ferranti:* A/D-Umsetzer – ihre Parameter, die Wandlungsverfahren und Anwendungsbeispiele, Sonderdruck aus „Elektronikpraxis", Vogel-Verlag Würzburg 1979

[7] *Ferranti:* Datenblatt für den A/D-Wandler ZN425E

[8] *Fischer, D.:* Achtung: Netzausfall, Datensicherung in Mikroprozessorsystemen, Elektronikpraxis Nr. 4, April 1981, S. 28–32

[8] *Föllinger, O.:* Regelungstechnik. Einführung in die Methoden und ihre Anwendung, Elitera-Verlag Berlin 1978, ISBN 3-87087-093-1
Dieses Buch führt in die analoge Regelungstechnik ein. Ohne mathematische Vorkenntnisse (Differential- und Integralrechnung) ist es jedoch nicht lesbar.

[10] *Föllinger, O.:* Lineare Abtastsysteme, Oldenbourg München 1974, ISBN 3-486-34431-5
Das Buch führt in die mathematische Behandlung von Abtastsystemen ein.

[11] *Hoffmann, N.:* Digitale Regelung mit Mikroprozessor, Taschenrechner + Mikrocomputer-Jahrbuch 1981, Vieweg Braunschweig 1980, S. 217–221

[12] *Horst, J.:* Einfacher A/D-Wandler für Mikrocomputer-Anwendungen, Funkschau 1980, Heft 10, S. 110

[13] *Hotes, H.:* Digitalrechner in technischen Prozessen, Walter de Gruyter Berlin 1967

[14] *Isermann, R.:* Digitale Regelsysteme, Springer Berlin Heidelberg 1977, ISBN 3-540-07752-9
Dieses Buch ist eine detaillierte Einführung in die digitale Regelungstechnik. Vorausgesetzt werden Grundkenntnisse in der analogen Regelungstechnik; die mathematischen Anforderungen sind ziemlich hoch.

[15] *Jentsch, W.:* Digitale Simulation kontinuierlicher Systeme, Oldenbourg München 1969

[16] *Knauer, R.* und *Pelka, H.:* Interface zur Anschaltung von Sensoren an Mikrocomputer, Siemens Components 18 (1980) Heft 6, S. 306 f.

[17] *Krüger, R.* und *Dickers, P. J.:* Schnelle Mathematik für den TMS 9900, Taschenrecher + Mikrocomputer-Jahrbuch 1980, Vieweg Braunschweig 1979, S. 146

[18] *Kurz, H.:* Erprobung und Vergleich von parameteradaptiven Regelalgorithmen bei verschiedenen Prozessen, Regelungstechnik 28. Jahrgang 1980, Heft 1, S. 2–10

[19] *Latzel, W.:* Regelung mit dem Prozeßrechner, Bibliographisches Institut Zürich 1977, ISBN 3-411-01520-9

[20] *Leonhard, W.:* Extrapolierender Digitalregler auf der Basis einer nichtalgebraischen Beschreibung der Regelstrecke, Regelungstechnik 28. Jahrgang 1980, Heft 7, S. 220–226

[21] *Lesea, A.* und *Zaks, R.:* Mikroprozessor-Interface-Techniken, MSB-Verlag Markdorf 1980, ISBN 3-922187-00-5

[22] *Limann, O.:* Sensible Sensoren. Elektronische Meßwertaufnehmer – Prinzipien und Anwendungsbeispiele, Franzis-Verlag München 1981, ISBN 3-7723-1581-X

[23] *Martin, W.:* Mikrocomputer in der Prozeßdatenverarbeitung. Aufbau und Einsatz der Mikrocomputer zur Überwachung, Steuerung und Regelung, Hanser-Verlag München Wien 1977, ISBN 3-446-12373-3

[24] *Meier, R.:* Mit APU mehr Leistung, Elektrotechnik, 62, H. 8, 28. April 1980, S. 16–21

[25] *Müller, H. J.:* Arbeiten mit 74XX, Verlag Frech Stuttgart 1976, ISBN 3-7724-0185-6

[26] *Nicholson, W., Blasco, R.* und *Reddy, K.:* Schnelles Rechenwerk erweitert Mikroprozessor-Systeme, Elektronik, Sonderheft III: Mikroprozessoren, Franzis-Verlag München 1979, S. 77–84

[27] *Oppelt, W.:* Kleines Handbuch Technischer Regelvorgänge, Verlag Chemie, Weinheim/Bergstr. 1964

[28] *Pranzas, G.:* Temperaturkompensation bei Meßgrößen, Elektronik 5/1981, S. 121 f.

[29] *Rosenberg, W.:* Der PID-Regler und seine Optimierung im Regelkreis, Elektronik 1968 Heft 12, S. 365–370

[30] *Schöne, A.:* Prozeßrechensysteme der Verfahrensindustrie. Prozeßmodelle, Systemtheorie und Anwendungen, Hanser Verlag München 1969

[31] *Schubert, J.:* Stabilisierungsschaltungen mit Halbleitern, Verlag Frech Stuttgart 1969

[32] *Schwarz, H.:* Zeitdiskrete Regelungssysteme, Vieweg Braunschweig 1979, ISBN 3-528-03069-0
Das Buch führt in die digitale Regelung ein. Es wendet sich an den Theoretiker; die Anforderungen sind dementsprechend hoch.

[33] *Schwarz, H.:* Mehrfachregelungen, 1. Band Springer-Verlag Berlin 1967, 2. Band Springer-Verlag Berlin 1971

[34] *Siemens:* SMP-FSL-Demonstrationsmodell für die Anwendungen Messen, Steuern und Regeln, Ausgabe 5.80

[35] *Siemens:* Datenblatt für den 8-bit-D/A-Wandler SAB 3060P

[36] *Starkermann, R.:* Mehrgrößen-Regelsysteme I, Bibliographisches Institut Zürich 1974, ISBN 3-411-01460-1

[37] *Stuhlmüller, P.:* Intelligente Heizungsregelung. So spart man Energie und Kosten, Chip 11/1979, S. 28 –33, 64
Dieser Artikel beschreibt eine mikroprozessorgeregelte Heizung.

[38] *Tietze, U.* und *Schenk, Ch.:* Halbleiter-Schaltungstechnik, Springer-Verlag Berlin Heidelberg 1978, ISBN 3-540-08628-5

[39] *Unbehauen, H., Göhring, B.* und *Bauer, B.:* Parameterschätzverfahren zur Systemidentifikation, Oldenbourg München 1974, ISBN 3-486-39841-5

[40] *Valentaten, M.:* Preiswertes A/D-Umsetzsystem mit Mikrocontroller, Elektronik 1980, Heft 23, S. 79–82

[41] *Valvo:* Datenblatt über scheibenförmige Heißleiter

[42] *Wegert, R.:* Stromausfallsicherung für Mikroprozessorsysteme und RAM-Speichereinheiten, Chip 7/1980 S. 68

[43] *Zander, H.:* Geschwindigkeit ist keine Hexerei. Umsetzverfahren für Hochgeschwindigkeits-A/D-Wandler, Elektronikpraxis Nr. 2, Februar 1982, S. 40–49

[44] Taschenrechner + Mikrocomputer-Jahrbuch 1982, Vieweg Braunschweig 1981

[45] PID-Regler auf Mikrocomputerbasis, Elektro-Anzeiger 34. Jg. 1981, Nr. 17, S. 35–39

[46] COLORA PTZ 3000, Mikroprozessorgesteuerter, frei programmierbarer digitaler Sollwertgeber, Firmenschrift der Colora Meßtechnik GmbH, 7073 Lorch/Württ.

[47] Monolithische D/A-Wandler, Marktübersicht, Elektronikpraxis Nr. 6, Juni 1981, S. 56 f.

[48] Benchmark-Rallye. TMS 9900 schlägt 8085 und Z80, Chip 3/1980 S. 44–50

Sachwortverzeichnis

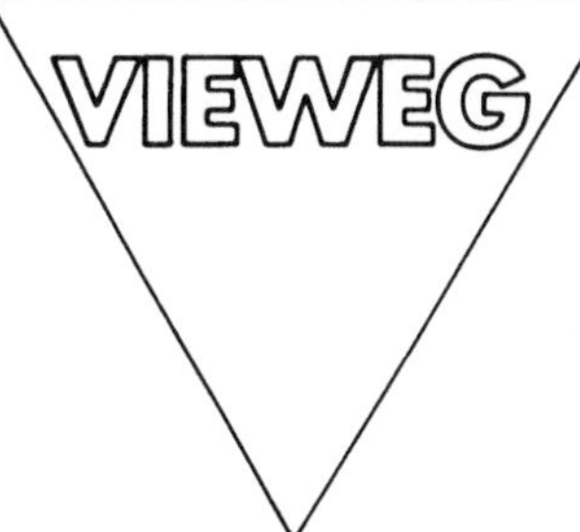

Manfred Reuter
Regelungstechnik für Ingenieure

3., neu bearb. Aufl. 1981. XIII, 322 S. 16,2 X 22,9 cm. (Viewegs
Taschenbücher der Technik). Br.

<u>Inhalt</u>: Mathematische Behandlung einzelner Regelkreisglieder —
Die Regelstrecke — Regeleinrichtungen — Das BODE-Diagramm —
Logarithmische Darstellung von Amplituden- und Phasengang —
Stabilitätskriterien — Optimierung — Kriterien zur Einstellung von
Regelkreisen — Nichtlineare Glieder im Regelkreis — Unstetige
Regelung — Simulation mittels Analogrechner — Anhang.

Die dritte Auflage dieses Buches ist in seiner Zielsetzung eine
Einführung in die Grundlagen der Regelungstechnik geblieben. Es
behandelt die klassischen mathematischen Methoden zur Untersuchung dynamischer Systeme. Zahlreiche Beispiele und Aufgaben
dienen der Vertiefung des gebotenen Stoffes. Aufgrund der aus-
führlichen Darstellung ist das Buch zum Selbststudium geeignet. Es
wendet sich an die mehr praxisbezogenen Studiengänge der
Elektrotechnik und des Maschinenbaus.

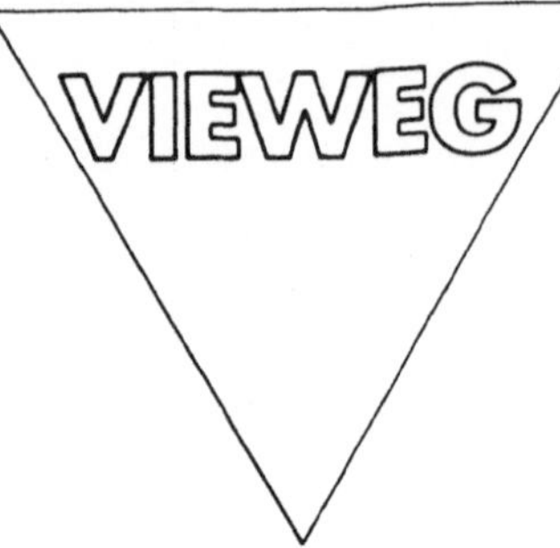

Werner Leonhard
Einführung in die Regelungstechnik

1981. XII, 342 S. mit 378 Abb. 16,2 X 22,9 cm. Br.

Das Buch wendet sich in erster Linie an Studierende der Elektrotechnik, des Maschinenbaues und der Physik an Technischen Hochschulen und Universitäten. Es umfaßt die wesentlichen Teile der linearen und nichtlinearen Regelungslehre, wie sie im Rahmen einer einführenden Vorlesung etwa ab 5. Semester behandelt werden können. Die Auswahl des Stoffes erfolgte nach didaktischen Gesichtspunkten und aufgrund der Bedeutung für die Praxis. Neben den theoretischen Ableitungen enthält das Buch zahlreiche auf Anwendungen bezogene Hinweise.

Werner Leonhard und Ekkehard Schnieder
Aufgabensammlung zur Regelungstechnik

Lineare und nichtlineare Regelvorgänge. Für Elektrotechniker, Physiker und Maschinenbauer ab 5. Semester. 1983. IX, 184 S. mit 57 Aufgaben samt Lösungen und zahlr. Abb. 16,2 X 22,9 cm. Br.

57 Aufgaben aus den Gebieten lineare und nichtlineare Regelungstechnik mit vollständigem Lösungsgang. Die Gliederung des Buches entspricht dem Lehrbuch ,,Leonhard, Einführung in die Regelungstechnik''.